FRENCH FOR BUSINESS
LE FRANÇAIS DES AFFAIRES

FRENCH FOR BUSINESS
LE FRANÇAIS DES AFFAIRES

2e ÉDITION
MISE À JOUR ET AUGMENTÉE

Claude Le Goff,

Professeur associé,
Directrice de la section « Français » de MIBS
(Master in International Business Studies)
University of South Carolina.

PREFACE A LA DEUXIEME EDITION

Depuis la publication de ce manuel en 1986, de nombreux changements ont eu lieu dans le monde des affaires, d'autres sont en train de se produire.
Cette seconde édition tient à la fois compte des grandes modifications qui ont affecté les Télécommunications, la Bourse, des changements dans la terminologie des transports et laisse entr'apercevoir certaines des répercutions que 1992 va avoir sur l'économie française lorsque les barrières douanières auront complètement disparu à l'intérieur de la C.E.E.
Les exercices ont été, en partie, modifiés pour incorporer les tout derniers examens de la CCIP.
Bien que certains mots ne figurant pas dans les dialogues, mais utilisés dans des exercices, aient été ajoutés dans le lexique à la fin du volume, il va sans dire que tous les mots employés ne peuvent se trouver dans ce manuel et qu'il est conseillé aux étudiants de consulter, le cas échéant, un dictionnaire français-anglais usuel, et éventuellement, un dictionnaire français-anglais commercial.
Hormis ces modifications, le format général de la première édition a été conservé.
Une nouvelle édition du « Livret du Professeur » accompagne cette deuxième édition.

ISBN 2.218 02469.1

SOMMAIRE

INTRODUCTION

Ce manuel a été conçu tout spécialement en vue d'assurer la préparation au CERTIFICAT PRATIQUE DE FRANÇAIS COMMERCIAL de la CHAMBRE DE COMMERCE & D'INDUSTRIE DE PARIS, d'étudiants de 3e année de collège. Pour ce faire, il est basé à 90 % sur les annales de cet examen, depuis sa création.
La préparation de l'examen pose une question : jusqu'où peut-on, doit-on aller dans la « technicité » des affaires ?
On peut se référer à la définition qui nous est donnée dans la brochure (page 1) « Examens de français des affaires pour étrangers » de la Chambre de Commerce & d'Industrie de Paris, je cite : « Cet examen, de premier degré, sanctionne de bonnes connaissances de la langue courante, complétées par des notions de la langue des affaires. » Nous trouvons, plus loin (page 6) sous la rubrique ***Programme :*** *« Le bon maniement du français général (connaissances des structures écrites et orales de notre langue et d'un lexique courant - fin niveau 2) sera complété par de bonnes notions du :*
Vocabulaire commercial usuel : *mesures, monnaies, publicité, relations téléphoniques, télégrammes, télex..., situations de la vie quotidienne : à la banque, à la poste, au magasin... ; rédaction de lettres simples ; etc.*
Vocabulaire économique essentiel : *celui couramment employé par les organes de presse pour grand public. »*
Afin de nous éclairer davantage, qu'il me soit permis de citer ici M. Jacques Cartier, Directeur des Relations Internationales des Services d'enseignement de la CCIP : « Le Certificat Pratique a été créé pour sanctionner de bonnes connaissances de la langue courante complétées par une bonne connaissance de la langue des affaires... » (Discours prononcé au Colloque organisé par la Commission d'Amérique du Nord de la FIPF sur le Français des Affaires, à Princeton University, le 17 mars 1979).
« Ce certificat atteste de bonnes connaissances de la langue courante complétées par des notions de la langue des affaires. Il s'applique davantage à une connaissance de la langue française pratique utilisée dans un environnement concret commercial et économique » (Discours prononcé au Colloque organisé par la Commission d'Amérique du Nord de la FIPF sur le Français des Affaires, à Los Angeles, University of Southern California, les 11 et 12 avril 1980).
« Il est bien certain que l'étude de la langue reste prioritaire, mais que cette même langue devient également le support, le vecteur de connaissances susceptibles de préparer à une spécialisation ultérieure. » (Discours prononcé au Colloque organisé par la Commission d'Amérique du Nord de la FIPF à Ypsilanti, Eastern Michigan University, les 22 et 23 octobre 1981).
Quelles sont ces bonnes notions ? Et s'agit-il uniquement de notions ? L'étude des annales permet d'apporter une réponse à ces questions et l'on s'aperçoit que les notions sont parfois bien approfondies...
Pour trancher la question, je crois que, plutôt que de notions, je parlerai d'optiques différentes pour caractériser le Certificat Pratique par rapport au Diplôme Supérieur de Français des Affaires.
En employant une image « nautique », je dirai que le point de vue de l'étudiant au niveau du Certificat Pratique est celui du passager, curieux et intéressé, qui visite le bateau de la cale à la passerelle, en posant des questions : qu'est-ce que c'est ? A quoi cela sert-il ? Comment est-ce que cela marche ? Pourquoi fait-on cela ? etc. A la fin de la croisière, il a appris beaucoup de choses et connaît un vocabulaire étendu, sans pouvoir pour autant se substituer au capitaine. Le point de vue du candidat au Diplôme supérieur étant l'optique du capitaine qui, lui, doit savoir tout ce qui se passe à bord, mais qui doit aussi être capable de diriger le navire, de l'amener à bon port, en évitant les écueils et en sachant ce qu'il convient de faire lorsque surviennent des difficultés imprévues.
Optiques différentes sur un même corpus.

C'est pourquoi j'ai choisi la fiction du stagiaire qui visite la firme et pose des questions, s'intéresse à tous les rouages de l'entreprise, mais reste toujours « en dehors », même s'il « aide », il ne sera jamais impliqué dans la gestion, ni appelé à prendre des décisions, à prendre « la barre ». Dans certains cas, il m'a semblé nécessaire de donner quelques explications un peu poussées pour ne pas avoir un simple catalogue de termes techniques, mais sans toutefois entrer dans le domaine fonctionnel proprement dit.

Ce manuel présente aussi l'originalité d'être « à deux vitesses » pour tenir compte de l'hétérogénéité de ces classes préparatoires qui ne sont pas composées que de « majors » de français, car elles attirent aussi des étudiants de l'Ecole de Commerce, des spécialistes de journalisme, de communications, d'affaires internationales dont le niveau de français n'est pas toujours aussi bon que celui des spécialistes de français. Toute l'information passe donc sous forme de dialogue dans un français courant de niveau assez facile, alors que des textes authentiques présentés sous forme de « lectures » permettent aux spécialistes de français de travailler sur des morceaux nettement plus difficiles.

Autre originalité, quelques documents commerciaux ont été ajoutés au manuel afin de permettre aux étudiants d'avoir en main des chèques bancaires, postaux, des traites, des télégrammes, et de pouvoir les remplir correctement.

Une longue expérience de cet enseignement m'a amenée à concevoir une certaine souplesse d'utilisation de ce manuel pour faire face aux besoins très divers de ces classes qui, d'années en années, se suivent sans pourtant se ressembler !

Chaque leçon est prévue pour une semaine de travail au niveau collégial. Le professeur aura toute liberté de diviser le dialogue en 2 ou 3 sections, ou de le faire étudier dans son ensemble, selon le niveau de sa classe, il pourra exiger la mémorisation de tout ou partie du vocabulaire, quitte à faire des vérifications fréquentes par la suite. La quantité d'exercices, tirés en presque totalité des examens, permet au professeur de faire un choix, d'en assigner certains par écrit, d'interroger oralement sur d'autres et d'en garder pour des tests et des examens. Il est souhaitable de faire un test toutes les quatre leçons.

Le niveau de langue des étudiants est très important, car la préparation ne laisse pas au professeur le temps d'enseigner de la grammaire de façon systématique, c'est pourquoi il est conseillé d'imposer comme « prerequisites » à l'inscription dans cette classe, un cours (si possible avancé) de grammaire et composition et un cours de conversation. S'il s'avère néanmoins nécessaire de faire de la grammaire corrective, il y aura lieu d'adjoindre, à la demande, une grammaire comme, par exemple, le Nouveau Bescherelle ou la Grammaire française de base, publiés chez le même éditeur.

Il est aussi vivement recommandé d'utiliser Le Journal français d'Amérique pour la discussion des articles sur l'économie et les affaires ainsi que Civilisation française quotidienne de Paoletti et Steele, comme livre de lecture.

Si les commentaires de texte semblent trop ardus au début du cours (ce sont des textes d'examen normalement donnés à la fin du semestre), il convient que le professeur guide les étudiants d'assez près au commencement, pour les laisser ensuite « trotter devant lui », la bride sur le cou, quitte à ne commencer à les noter que vers le milieu du semestre.

Très souvent, des collègues des Ecoles Secondaires m'ont demandé dans les Colloques, si je pensais qu'il leur serait possible de dispenser cet enseignement à leurs élèves. Je crois qu'avec de bons étudiants on doit pouvoir utiliser le manuel sur deux semestres, et peut-être même présenter les meilleurs sujets à l'examen. Il faut cependant souligner une fois de plus que cet enseignement se fonde sur une bonne connaissance de la langue française, de la culture et de la civilisation mais qu'il ne saurait en aucun cas s'y substituer.

Claude Le Goff

1. La banque

Paul Jones, étudiant américain, titulaire d'un M.B.A., est en France pour faire des stages dans des firmes industrielles et commerciales et se familiariser avec les techniques françaises.
Il va à la banque, il y a une agence de la Société Générale à deux pas du foyer d'étudiants où il réside.
Les clients font la queue aux guichets. Paul attend son tour.

Paul : Mademoiselle, j'ai un chèque à toucher...

La guichetière : Il faut endosser votre chèque, Monsieur, c'est-à-dire écrire « Pour acquit » au dos et signer.

Paul : Voici.

La guichetière : Il faut remplir un bordereau de versement à votre compte, en voici un.

Paul : Mais, je n'ai pas encore de compte, je vais justement en ouvrir un...

La guichetière : Si vous n'avez pas encore de compte, vous ne pouvez pas toucher ce chèque, il est pré-barré.

Paul : Qu'est-ce que cela veut dire ?

La guichetière : Vous voyez ces deux barres parallèles en travers du chèque, cela veut dire que ce chèque doit être déposé sur un compte : on ne peut pas vous donner d'argent liquide.

Paul : Que c'est compliqué ! Alors, je vais commencer par ouvrir un compte, j'ai 3 000 dollars.

La guichetière : Mais, Monsieur, je ne peux pas accepter des dollars pour ouvrir un compte en francs français. Il faut d'abord changer vos dollars. Attendez, je vais me renseigner... »

Quelques instants plus tard, la jeune fille revient :

La guichetière : « Excusez-moi, Monsieur, de vous avoir fait attendre, mais je suis seulement en stage dans cette banque, et je ne connais pas encore bien tous les services, alors je préfère demander.

Paul : Vous êtes stagiaire, vous aussi !

La guichetière : Oui, pourquoi ?

Paul : C'est merveilleux, moi aussi ! Je suis venu en France pour faire des stages dans l'industrie et le commerce ! Mais, dites-moi ce que je dois faire de mon chèque.

La guichetière : C'est l'heure de la fermeture, maintenant...

Paul : Permettez-moi de vous inviter à prendre un verre, vous m'expliquerez le fonctionnement de la banque.

La guichetière : D'accord. Je vais vous rejoindre à la terrasse du café en face dans quelques minutes.

A la terrasse du café.

Paul : Je ne me suis pas présenté : je m'appelle Paul Jones, j'ai une maîtrise en administration commerciale et je viens de New York.

La jeune fille : Je m'appelle Virginie Lefranc, j'ai un diplôme d'H.E.C. et j'habite Paris.

Paul : Vous savez, la banque, en Amérique, c'est beaucoup plus simple ! Le même employé peut tout faire : encaisser un chèque, verser de l'argent...

Virginie : Ouvrir un compte ?

Paul : Non, pour cela il faut s'adresser à la personne chargée des nouveaux comptes, il faut remplir un formulaire avec toutes sortes de renseignements, déposer sa signature et une somme d'argent pour ouvrir le compte et l'on reçoit un petit chéquier provisoire en attendant que les chèques définitifs soient imprimés avec votre nom, votre adresse, votre numéro de téléphone et aussi votre numéro de compte...

Virginie : Ici, aussi, sauf que vous n'avez pas de chèques provisoires, autrefois il y avait des chèques omnibus qui permettaient de retirer de l'argent de votre compte en attendant le carnet de chèques qui vous est envoyé une dizaine de jours après l'ouverture de votre compte, mais on les emploie de moins en moins car maintenant la plupart des agences sont équipées en informatique, ce qui permet toutes les opérations : retraits, virements etc...

Paul : Tout à l'heure vous m'avez dit que mon chèque était pré-barré, pourquoi fait-on cela ?

Virginie : Pour votre protection. C'est pour décourager les voleurs.

Paul : Je ne comprends pas.

Virginie : Si vous perdez votre portefeuille et votre chéquier, celui qui les trouve, ou celui qui les a volés, ne peut plus se présenter à la banque pour encaisser un chèque en imitant votre signature, car il ne peut pas obtenir d'argent liquide et s'en aller. Il doit déposer ce chèque sur son compte. S'il a un compte, il est connu. On peut suivre le chèque et retrouver son bénéficiaire.

Paul : Ah, je comprends, c'est comme aux Etats-Unis lorsqu'on écrit « For deposit only » au verso d'un chèque avant de l'endosser.

Virginie : Oui, mais comme les chèques sont pré-barrés depuis 1978, c'est-à-dire que les barres sont imprimées sur tous les chèques, on est sûr de ne pas oublier.

Paul : On ne peut pas faire de chèque au porteur alors ?

Virginie : Si, mais le porteur doit avoir un compte. Il peut endosser le chèque au profit d'un autre bénéficiaire, et ainsi de suite, mais le dernier devra déposer le chèque sur son compte. Ainsi, on pourra toujours remonter d'endossataire en endossataire jusqu'au premier bénéficiaire. En tout cas, ce qu'il ne faut pas faire, c'est un chèque en blanc !

Paul : Qu'est-ce que c'est ?

Virginie : C'est un chèque signé, mais sans montant indiqué.

Paul : Oui, bien sûr, le bénéficiaire peut écrire le montant qu'il veut ! A ce propos, comment appelle-t-on un « mauvais » chèque ?

Virginie : Vous voulez dire un chèque dont le montant est supérieur à la somme que vous avez en dépôt à la banque ? C'est un chèque sans provision. C'est interdit par la loi et vous pouvez passer en correctionnelle pour émission de chèque sans provision, c'est considéré comme un acte d'escroquerie.

Paul : En correctionnelle ?

Virginie : Oui, vous êtes passible d'une peine de 1 à 5 ans de prison et le tribunal correctionnel peut également vous condamner à une amende de 3 600 à 36 000 francs.

Paul : Ah, voici le garçon, que désirez-vous boire ?

Virginie : Un Coca.

Paul : Alors, deux Cocas, s'il vous plaît. C'est ainsi que l'on dit « Coke » en France ?

Virginie : C'est plus vite dit que Coca-Cola ! Demain, dès l'ouverture de la banque, je vais prendre rendez-vous pour vous avec le sous-directeur de l'Agence, Mme Leblanc, pour votre ouverture de compte, comme cela vous n'attendrez pas. Il faudra apporter votre carte nationale d'identité, enfin, je veux dire, votre passeport, dans votre cas, ainsi qu'un certificat de domicile ou une quittance de loyer et une feuille de paye.

Paul : Mais, je n'ai pas tout cela !

Virginie : En tout cas, il faut faire la preuve que vous êtes stagiaire et que vous demeurez dans un foyer d'étudiants. De toutes façons, vous allez déposer 3 000 dollars, enfin l'équivalent en francs français, c'est une provision suffisante.

Paul : Merci, Virginie, pour tous ces renseignements, j'ai l'impression que maintenant, je comprends beaucoup mieux le système bancaire français.

Virginie : Merci, Paul, pour ce bon Coca, et à demain.

Le lendemain, dans le bureau de Mme Leblanc.

Mme Leblanc : Vous avez maintenant un compte dans notre banque. Nous vous enverrons un relevé bancaire deux fois par mois pour vous permettre de connaître la position de votre compte. En plus des avantages bien connus que votre qualité de client vous confère, je désire attirer votre attention sur d'autres services de la banque. Nous pouvons, par prélèvement automatique, régler pour vous vos factures de gaz, d'électricité, votre redevance de téléphone, votre taxe de télévision, votre loyer etc... sans que vous ayez à vous en préoccuper. Voici des R.I.B., des relevés d'identité bancaire, que vous pourrez remettre aux administrations intéressées si vous voulez bénéficier de ce service. De même vous pouvez en donner un à votre employeur pour que votre salaire soit viré directement à votre compte. Si vous êtes temporairement gêné financièrement, la banque peut vous consentir un découvert, c'est-à-dire que nous honorerons vos chèques, même si la provision est insuffisante, moyennant un intérêt, bien entendu. J'attire aussi votre attention sur notre service des titres : un expert financier peut vous conseiller pour votre portefeuille, et vous aider dans vos investissements, dans le placement de vos disponibilités et effectuer vos transactions boursières, c'est-à-dire vos achats et ventes d'actions et d'obligations. Je peux aussi vous conseiller un très bon placement : notre contrat épargne-logement à 7% d'intérêts nets d'impôts, c'est le meilleur financement immobilier.

Paul : Merci beaucoup, Madame, mais je ne suis ici que temporairement.

Paul redescend du bureau de Mme Leblanc, tout joyeux :

Paul : Voilà, c'est fait, j'ai un compte ouvert maintenant, grâce à vous. Merci, Virginie ! Je vais même avoir une Carte Bleue qui, à ce que j'ai compris, est non seulement une carte de crédit, mais aussi une carte qui va me permettre d'avoir accès aux D.A.B., aux distributeurs automatiques de billets, 24 heures sur 24 et de tirer jusqu'à 1 800 francs par semaine où que je me trouve en France ! Mais, je ne sais pas si je vais m'en servir...

Virginie : Pourquoi ? C'est très pratique ! Vous pourrez même utiliser les G.A.B., les guichets automatiques de banque, si vous voulez faire des opérations plus complexes que de simples retraits...

Paul : Mais, je n'aurai plus le plaisir de vous voir ! En attendant, voici mon chèque endossé à verser au crédit de mon compte et maintenant veuillez me donner 500 francs.

Virginie : Parfait, il n'y a plus de problème. Voici votre reçu.

Paul : Et mon argent ?

Virginie : Il faut attendre que le caissier vous appelle. Quand ce sera votre tour, vous irez à la caisse pour toucher votre argent. Au revoir Paul.

Paul : Merci. Au revoir Virginie, et à bientôt, j'espère.

N.B. La description des opérations d'ouverture de compte s'applique aux ressortissants français. Dans la réalité, Paul Jones aurait un compte « Etranger ».

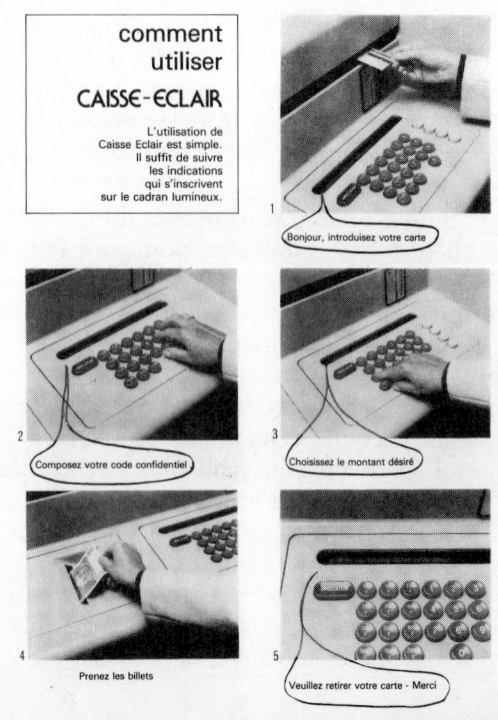

VOCABULAIRE

une agence : *a branch*
faire la queue : *to stand in line*
un guichet : *a window (in a bank)*
toucher un chèque : *to cash a check*
le guichetier : *the teller*
endosser : *to endorse*
remplir : *to fill*
un bordereau de versement : *a deposit slip*
un compte : *an account*
l'argent liquide (m) : *cash*
un stage : *an internship*
un(e) stagiaire : *an intern*
la fermeture : *closing time*
prendre un verre : *to have a drink*
H.E.C. : *Ecole des Hautes Etudes Commerciales, one of the most famous French graduate schools of business.*
encaisser (un chèque) : *to cash (a check)*
verser : *to pay*
un formulaire : *a form*
déposer sa signature : *to give an authorized signature*
un chéquier : *a check-book*
un chèque omnibus : *a counter check*
un carnet de chèques : *a check-book*
un retrait : *a withdrawal*
un virement : *a transfer*
le bénéficiaire : *the beneficiary*
au verso : *on the back*
au porteur : *to the bearer*
un endossataire : *an endorsee*
un chèque en blanc : *a blank check*
le montant : *the amount*
un chèque sans provision : *a check with insufficient funds*
passer en correctionnelle : *to appear in a district court for criminal cases*
une émission de chèque sans provision : *(writing) bad checks*
une escroquerie : *swindling*
passible de : *liable to*
une peine : *a penalty, punishment, sentence*
une amende : *a fine*
une carte nationale d'identité : *an I.D. card issued by the Police Headquarters (Préfecture de Police)*
un certificat de domicile : *is delivered by the Police station or the townhall to verify your address*
une quittance de loyer : *a rent receipt*
une feuille de paye : *a payroll sheet*
faire la preuve : *to show proof*
un relevé bancaire : *a bank statement*
la position (d'un compte) : *the balance (of an account)*
attirer l'attention de... sur... : *to call sb's attention to...*
le prélèvement automatique : *automatic deduction*
une facture : *an invoice, a bill*
une redevance : *a tax, dues*
le loyer : *rent*
le salaire : *salary, wages*
virer : *to transfer*
un découvert : *an overdrawn account*
consentir un découvert : *to grant an overdraft*
honorer : *to honor, meet, accept*
un intérêt : *an interest*
le service des titres : *investment department*
un portefeuille (de titres) : *a portfolio*
un investissement : *an investment*
un placement : *an investment*
les disponibilités (f) : *available funds, liquid assets*
une transaction boursière : *stock exchange transaction*
une action : *share, stock*
une obligation : *a bond*
épargne-logement : *a special savings plan to buy a house*
net d'impôt : *tax-free*
le financement : *financing*
une carte de crédit : *a credit card, account card (Brit.)*
un distributeur automatique de billets / D.A.B. : *automatic teller machine, A.T.M.*
un guichet automatique de banque/G.A.B. : *automatic teller machine / A.T.M.*
un reçu : *a receipt*
le caissier : *the cashier*
la caisse : *the cashier's window*
emprunter : *to borrow*
un emprunt : *borrowing*
prêter : *to lend, to loan*
un prêt : *a loan*

QUESTIONS ORALES

1. Qui est Paul Jones ?
2. Pourquoi est-il en France ?
3. Où habite-t-il ?
4. Comment appelle-t-on un(e) employé(e) de banque qui prend soin des clients derrière un guichet ?
5. Pourquoi la guichetière va-t-elle se renseigner ?
6. Pourquoi les chèques sont-ils pré-barrés maintenant ?
7. Qu'est-ce qu'un portefeuille de titres ?
8. Peut-on aller en prison si on émet des chèques sans provision en Amérique ?
9. Comment dit-on « Coke » en français ?
10. Quels sont les autres services de la banque ?
11. Pourquoi est-ce pratique d'avoir une Carte Bleue ?
12. Est-ce le même employé qui prend le chèque à encaisser et qui donne de l'argent ?

EXERCICES ECRITS

1. Terminez la phrase de façon significative :

1. Il est défendu d'émettre un chèque ....
   - barré
   - au porteur
   - en blanc
   - sans provision

2. Certaines banques envoient tous les jours .... à leurs clients.
   - une identification
   - un chéquier
   - un relevé bancaire
   - un chef-comptable

3. Le chèque est essentiellement un moyen de ....
   - vérification
   - règlement
   - émission
   - présentation

4. Une grande variété de .... est proposée aux futurs acquéreurs.
   - loyers
   - financements
   - termes
   - modes

5. Notre banque finance 90 % des .... dans le secteur agricole.
   - bilans
   - prêts
   - intérêts
   - revenus

6. C'est en .... que vous pouvez constituer un patrimoine à votre banque.
   - économisant
   - dilapidant
   - épargnant
   - dépensant

7. De nombreux étudiants font pendant leurs vacances scolaires .... dans une entreprise.
   - une tentative
   - un stage
   - un emploi
   - une visite

8. Grâce aux terminaux électroniques installés par les banques il devient plus facile de consulter à tout moment la .... de son compte.
   - position
   - carte
   - feuille
   - somme

9. Il est poursuivi parce que son chèque était ....
   - à découvert
   - sans provision
   - barré
   - consigné

10. Le compte en banque donne droit à l'utilisation d'un ....
    - ordre de virement
    - paiement
    - carnet de chèques
    - découvert

2. Mettez les phrases suivantes au pluriel :

1. N'inscris pas la somme, fais-moi un chèque en blanc.
2. Je règle la taxe de télévision, la redevance du téléphone et mon loyer par prélèvement automatique.
3. Il a déposé son argent à la banque.

3. Complétez les phrases ci-dessous :

1. Veuillez vous .... à ce bureau .... vous donnera .... les informations nécessaires à .... sujet.
2. Si j'étais certain de recevoir cet argent ....

4. Faites une phrase en employant les mots suivants :

- Banques - multiplier - agences.
- Chèque - encaisser - banque.

5. Lisez la phrase suivante puis COMPLETEZ la seconde phrase pour qu'elle ait le même sens que la première :

Les banques sont <u>disposées à donner leur appui.</u>
Les banques sont .... à ....

6. Vrai ou faux ?

1. "Payer en liquide" signifie "payer par chèque"	VRAI	FAUX
2. Un chèque en blanc ne mentionne pas le nom du bénéficiaire	VRAI	FAUX
3. L'endossataire est celui qui signe le chèque	VRAI	FAUX

7. Donnez un synonyme des mots suivants :

épargner :
financer :

8. Donnez un antonyme des mots suivants :

emprunt ≠
débiteur ≠

9. Version :

1. C'est leur banquier qui leur a conseillé d'acheter des obligations et des actions.

2. Julie a fait un bon placement, elle a souscrit un contrat d'épargne-logement à 7 % d'intérêts, nets d'impôts.

3. La réforme du système bancaire doit favoriser les investissements productifs et renforcer la productivité industrielle.

4. Où que vous soyez en France, vous pouvez retirer jusqu'à 1 500 francs d'argent liquide par semaine avec notre Carte Bleue.

5. Au fur et à mesure que se développent le commerce et l'industrie, les banques ont vu leur rôle s'accroître prodigieusement.

6. Malgré de nombreux rappels, je n'ai toujours pas reçu de relevé de compte depuis mon dernier retrait.

7. La carte de l'American Express est acceptée dans des milliers de magasins partout dans le monde.

8. Je vais demander à ma banque de me prêter une partie de la somme nécessaire.

9. Ils auront à rembourser leur emprunt avant la fin de l'année.

10. Je n'ai pas tiré sur mon compte depuis un mois.

10. Thème :

1. Société Générale is a leading French bank providing a comprehensive range of international banking services in the world.

2. Most Japanese banks have expanded abroad in the 1980's to serve their domestic customers who want to invest and borrow overseas.

3. Lloyd's has always been one of the best known financial institutions in the world.

4. We send out the accounts at the end of every month.

5. The trading profits of the bank and its subsidiaries for the year ended 31 December 1989 were $ 195.3 million

6. You buy with an account card so there is no need to carry cash or write out cheques.

7. We supply medium and long term financing in yen or other currencies.

8. Banks provide their customers with letters of credit and travellers cheques.

9. Savings account earn a 5.8% interest.

10. The last decade had seen increasing competition between banks and other financial institutions and the development of new financial techniques.

11. Vous devez la somme de F 1 470,35 à Tourisme Total, votre agence de voyages. Etablissez, en règlement, le chèque ci-dessous.

BNP

F. . . . .

Ordre : . . . .

. . . .

Date : . . . .

N° 892 101

B.P.F. . . . .

BANQUE NATIONALE DE PARIS

PAYEZ CONTRE CE CHÈQUE NON ENDOSSABLE, SAUF au profit d'une banque, d'une caisse d'épargne ou d'un établissement assimilé LA SOMME DE . . . .

. . . .

A l'ordre de . . . .

A. . . . ., le. . . . .

Payable BNP
Champs-Elysées

CHEQUE N° 892 101

12. Lors de la rédaction de ce texte, un certain nombre de mots ont été « effacés ».

Avant l'impression définitive, **complétez le texte** à l'aide des mots donnés ci-dessous dans l'ordre alphabétique :

compte	équivalent	profit	talons	valables
confidentiel	portefeuille	réclamation	trace	voleur

LES CONSEILS DU BANQUIER

Ne conservez pas sur vous, bien plié au creux de votre . . . ., un chèque déjà signé que le . . . . éventuel n'aurait plus qu'à remplir à son . . . .

Inscrivez soigneusement les . . . . de vos chéquiers de manière à pouvoir facilement retrouver la . . . . de chaque chèque.

Chaque fois que vous entamez un nouveau chéquier, notez-en les numéros sur un papier séparé, surtout quand vous utilisez plusieurs chéquiers en même temps, en compte-joint par exemple.

Vérifiez vos relevés de . . . . dès que vous les recevez. Le délai de . . . . n'est que de un mois ; au-delà, vos observations risquent de ne plus être . . . .

Une carte bleue est l'. . . . . d'un chéquier. N'inscrivez jamais sur la carte elle-même le numéro de code . . . . qui vous permet d'utiliser les distributeurs automatiques.

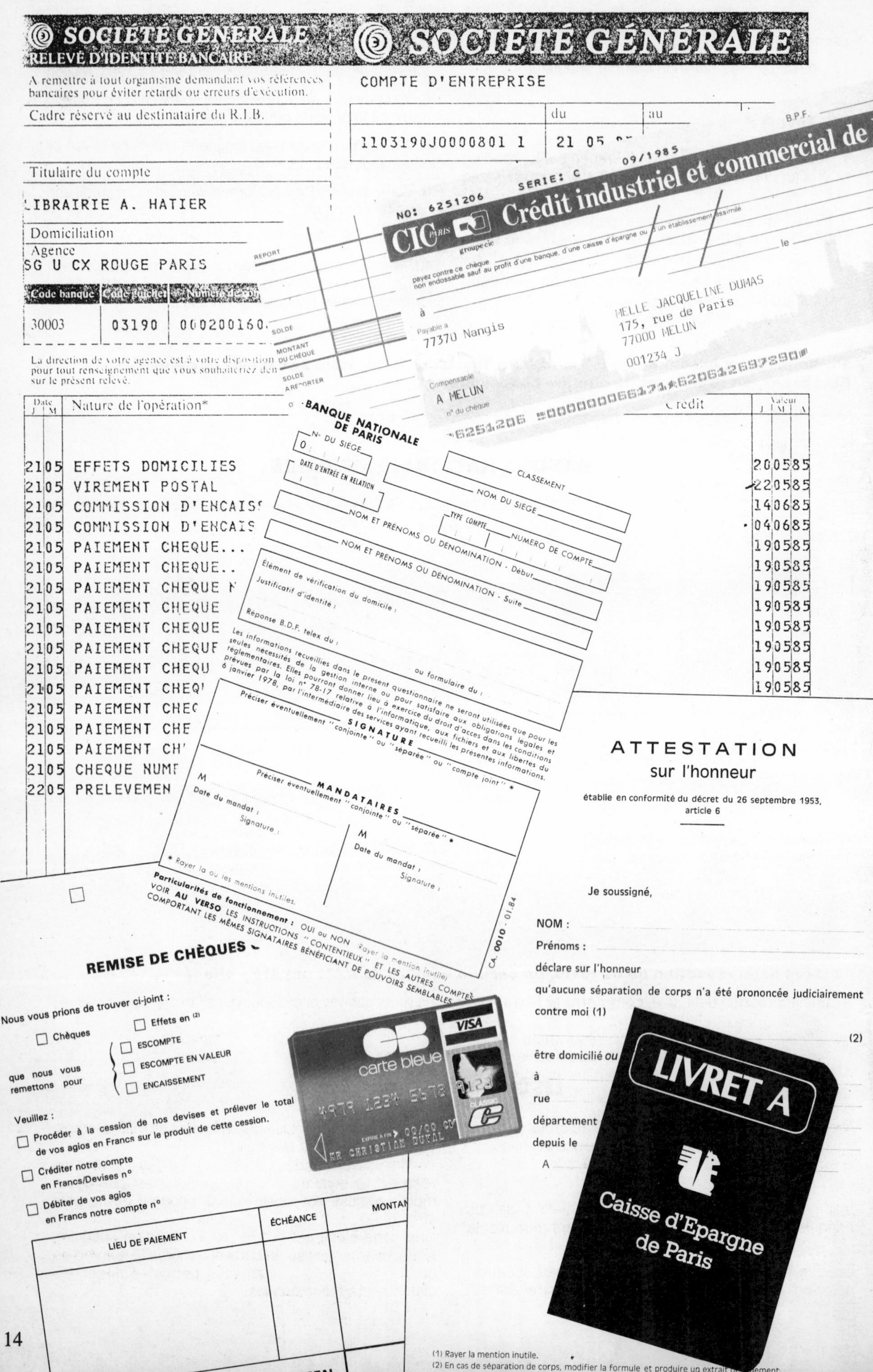

SOCIÉTÉ GÉNÉRALE
RELEVÉ D'IDENTITÉ BANCAIRE

A remettre à tout organisme demandant vos références bancaires pour éviter retards ou erreurs d'exécution.

Cadre réservé au destinataire du R.I.B.

Titulaire du compte

LIBRAIRIE A. HATIER

Domiciliation
Agence
SG U CX ROUGE PARIS

Code banque	Code guichet	Numéro de compte
30003	03190	000200160.

La direction de votre agence est à votre disposition pour tout renseignement que vous souhaiteriez dans le présent relevé.

SOCIÉTÉ GÉNÉRALE

COMPTE D'ENTREPRISE

	du	au
1103190J0000801 1	21 05	

Date J M	Nature de l'opération*	Crédit	Valeur J M A
21 05	EFFETS DOMICILIES		20 05 85
21 05	VIREMENT POSTAL		22 05 85
21 05	COMMISSION D'ENCAIS		14 06 85
21 05	COMMISSION D'ENCAIS		04 06 85
21 05	PAIEMENT CHEQUE...		19 05 85
21 05	PAIEMENT CHEQUE..		19 05 85
21 05	PAIEMENT CHEQUE N		19 05 85
21 05	PAIEMENT CHEQUE		19 05 85
21 05	PAIEMENT CHEQUE		19 05 85
21 05	PAIEMENT CHEQUE		19 05 85
21 05	PAIEMENT CHEQU		19 05 85
21 05	PAIEMENT CHEQ		19 05 85
21 05	PAIEMENT CHEC		
21 05	PAIEMENT CHE		
21 05	PAIEMENT CH		
21 05	CHEQUE NUMF		
22 05	PRELEVEMEN		

REPORT
SOLDE
MONTANT DU CHÈQUE
SOLDE A REPORTER

CIC PARIS groupe cic
Crédit industriel et commercial de P
NO: 6251206 SERIE: C 09/1985
B.P.F.
payez contre ce chèque non endossable sauf au profit d'une banque, d'une caisse d'épargne ou d'un établissement assimilé
à
le
Payable à 77370 Nangis
MELLE JACQUELINE DUMAS
175, rue de Paris
77000 MELUN
001234 J
Compensable A MELUN
n° du chèque

BANQUE NATIONALE DE PARIS

N° DU SIEGE
DATE D'ENTRÉE EN RELATION
CLASSEMENT
NOM DU SIEGE
NOM ET PRÉNOMS OU DÉNOMINATION - Début
TYPE COMPTE
NUMÉRO DE COMPTE
NOM ET PRÉNOMS OU DÉNOMINATION - Suite
Élément de vérification du domicile :
Justificatif d'identité :
Réponse B.D.F. telex du : ou formulaire du :

Les informations recueillies dans le présent questionnaire ne seront utilisées que pour les seules nécessités de la gestion interne ou pour satisfaire aux obligations légales et réglementaires. Elles pourront donner lieu à exercice du droit d'accès dans les conditions prévues par la loi n° 78-17 relative à l'informatique, aux fichiers et aux libertés du 6 janvier 1978, par l'intermédiaire des services ayant recueilli les présentes informations.

SIGNATURE
Préciser éventuellement "conjointe" ou "séparée" ou "compte joint" *

MANDATAIRES
Préciser éventuellement "conjointe" ou "séparée" *
M
Date du mandat :
Signature :
M
Date du mandat :
Signature :

* Rayer la ou les mentions inutiles.

Particularités de fonctionnement : OUI ou NON (Rayer la mention inutile)
VOIR AU VERSO LES INSTRUCTIONS "CONTENTIEUX" ET LES AUTRES COMPTES COMPORTANT LES MÊMES SIGNATAIRES BÉNÉFICIANT DE POUVOIRS SEMBLABLES

CA. 0010 - 01.84

REMISE DE CHÈQUES

Nous vous prions de trouver ci-joint :
☐ Chèques
☐ Effets en (2)
que nous vous remettons pour
☐ ESCOMPTE
☐ ESCOMPTE EN VALEUR
☐ ENCAISSEMENT

Veuillez :
☐ Procéder à la cession de nos devises et prélever le total de vos agios en Francs sur le produit de cette cession.
☐ Créditer notre compte en Francs/Devises n°
☐ Débiter de vos agios en Francs notre compte n°

LIEU DE PAIEMENT	ÉCHÉANCE	MONTAN

TOTAL

ATTESTATION
sur l'honneur

établie en conformité du décret du 26 septembre 1953, article 6

Je soussigné,

NOM :
Prénoms :
déclare sur l'honneur
qu'aucune séparation de corps n'a été prononcée judiciairement contre moi (1)
(2)
être domicilié ou
à
rue
département
depuis le
A

(1) Rayer la mention inutile.
(2) En cas de séparation de corps, modifier la formule et produire un extrait de jugement.

13. Compréhension de texte :

N.B. Ce texte ne traite pas de la banque, mais il se place assez bien en début d'une étude sur le monde des affaires.

LE MANQUE DE FORMATION, UN DANGER POUR LES NOUVEAUX VENUS DU COMMERCE.

Qui sont les 28 600 nouveaux commerçants entrés l'an dernier dans la profession ? Une étude, réalisée par le Centre d'étude du commerce et de la distribution à la demande du Ministère du Commerce et de l'Artisanat, essaie de répondre à la question avec pour but de mieux apprécier les besoins en formation de ces commerçants. Le secteur du commerce est un des rares secteurs qui créent aujourd'hui des emplois ; il mérite à ce titre qu'on s'y intéresse et qu'y soient encouragées les initiatives.

Première constatation : moins de 20 % seulement de ces nouveaux commerçants (4 500 en 1978) ont suivi un stage d'initiation. C'est dire que la plupart d'entre eux s'engagent dans cette profession sans y avoir été préparés. Le nouveau commerçant s'entoure de conseils dans un cas sur deux seulement et encore le fait-il auprès d'interlocuteurs variés, les structures professionnelles les plus à même de l'aider n'étant pas les plus sollicitées. Rien d'étonnant dans ces conditions que leur mortalité soit extrêmement élevée : 30 % des inscriptions au registre du commerce se soldent chaque année par un échec.

Ces nouveaux commerçants sont jeunes : 63 % ont moins de 35 ans, 86 % moins de 45 ans. Ils viennent d'horizons très différents. Un sur deux est un ancien salarié formé sur le tas. 12 % ont un niveau d'instruction supérieur. La forte proportion de jeunes commerçants tend à prouver que l'obstacle financier lui-même est plus facilement surmontable aujourd'hui que par le passé.

La majorité d'entre eux ont le même mobile : devenir leur propre patron. Le commerce n'apparaît comme un refuge au chômage que pour 20 % d'entre eux. Les nouveaux commerçants se manifestent sur l'ensemble du territoire aussi bien en ville qu'en milieu rural. Ils s'intéressent surtout aux types de commerces liés à l'élévation du niveau de vie de la population et à marges élevées : 20 % se tournent vers la culture et les loisirs ou le commerce d'agrément et de luxe, 22 % vers l'équipement de la personne et 18 % vers l'équipement du foyer. Néanmoins, et bien qu'il s'agisse d'un marché plutôt fermé, les créateurs sont relativement nombreux (18 %) dans l'alimentaire.

A travers cette étude, le commerce continue à apparaître aux yeux des futurs commerçants comme une activité facile à exercer, nécessitant plus de capitaux que de savoir. Seule une minorité se prépare convenablement à son nouveau métier. Préparation insuffisante, contraintes du marché, peu ou pas prises en compte dans le choix de la localisation de la branche expliquent sans doute la trop forte mortalité infantile des nouvelles entreprises et mettent en évidence la nécessité d'accentuer l'effort en matière de formation préalable.

G.P. (*Les échos*, 2 avril 1979)

[A] **Répondez** aux questions suivantes
1. Donnez un autre titre à ce texte.
2. Pourquoi le Ministère du Commerce et de l'Artisanat a-t-il fait réaliser une étude ?
3. Quelles sont les raisons qui expliquent l'échec important de ces nouveaux venus du commerce ?
4. Certains types d'activités sont préférés à d'autres. Dites pourquoi ?
5. A votre avis, est-il nécessaire de se préparer à l'exercice d'un nouveau métier ?

[B] **Complétez** le tableau suivant :

NOUVEAUX COMMERÇANTS		% oui	% non	% total
Stage d'initiation				100
		30	70	100
âge			37	100
	moins de 45 ans			100
Ancien salarié formé sur le tas				100
Refuge au chômage				100
domaine d'activités	culture, loisirs, agréments ou luxe			100
			82	100
				100
	autres activités			100
Créateurs dans l'alimentaire				100

14. Correspondance

[1] Vous avez égaré votre carnet de chèques.
Il comportait 25 formules de la série AM numérotées de 702 301 à 702 325. Vous aviez utilisé 3 chèques de ce carnet. Vous **écrivez** à votre banque pour qu'elle prenne les mesures qui s'imposent.

[2] La Société Française du Chèque de Voyage (S.F.C.V.) - 12, rue du Capitaine Guynemer, 92081 LA DEFENSE Cédex 19 - émet, conjointement avec de grandes banques françaises, des chèques de voyage appelés « Chèques Express ».
Comme vous aurez l'occasion de venir en France à plusieurs reprises dans l'année, ce moyen vous éviterait de changer de l'argent à chaque voyage.
Vous écrivez donc à la S.F.C.V. pour savoir où vous procurer ces « Chèques Express », quelles sont les formalités nécessaires pour les obtenir, comment les utiliser, que faire en cas de perte ou de vol.

15. Jeu de rôles

On vous a remis un chèque à votre ordre en paiement, mais vous n'avez pas remarqué que votre nom est mal orthographié, que votre client s'est trompé de date : il a écrit 5 janvier 1988, au lieu de 1989 et de plus il y a une différence entre la somme portée en chiffres (qui est le montant de la facture) et la somme qu'il a écrite en toutes lettres. Vous allez à votre banque pour déposer ce chèque. Vous parlez d'abord à la guichetière, puis au sous-directeur de l'agence.

Pour quels services s'adresse-t-on aux banques ?

Les services qu'offre la banque à ses clients sont conçus de manière à ce qu'elle puisse accumuler dans son réservoir le maximum de disponibilités.

SERVICE DE CAISSE

La banque a augmenté le nombre de ses guichets pour être plus près du domicile de ses clients et assurer leur service de caisse sans gêne pour eux. Elle leur fournit gratuitement les formulaires de chèques permettant le retrait en espèces pour les paiements courants, le règlement des dettes par envoi au créancier et donc l'alimentation du compte de ce dernier. Un autre procédé, le virement de compte à compte, suppose connus à l'avance les éléments permettant de situer le compte du créancier. Ce virement peut être « automatique », c'est-à-dire résulter d'un ordre donné une fois pour toutes avec des échéances périodiques. Tel est le cas du virement de salaire mensuel et, dans l'autre sens, de la domiciliation des quittances de gaz, électricité, téléphone, eau, radio, télévision, bimestrielles ou annuelles, ainsi rendues payables au guichet de la banque. La carte de crédit permet des achats sans manipulation d'espèces ou de chèques, les factures étant débitées au compte périodiquement. Les paiements de dépannage permettent les retraits dans les sièges autres que celui où est tenu le compte. Enfin, les lettres de crédit et accréditifs et surtout les chèques de voyage, facilitent les transferts pour se procurer des moyens de paiement à l'étranger. En leur adressant aussi fréquemment qu'ils le désirent, des relevés de toutes les opérations passées à leur compte, la banque fournit à ses clients un support de gestion et de contrôle de leur budget.

Bien qu'elle subisse la concurrence des services financiers de la Poste (mandats et chèques), la banque a vu augmenter considérablement son travail matériel par sa fonction d'intermédiaire dans les opérations de règlement, et l'alourdissement consécutif de ses frais généraux lui cause des soucis.

LES SERVICES AUX ENTREPRISES

L'octroi de crédits

Tout règlement requiert l'existence d'une provision préalable, c'est-à-dire d'un crédit au compte ou d'une autorisation de la banque de rendre le compte débiteur.

Les crédits à court terme

Lorsqu'une entreprise vend ses produits à terme, elle doit attendre un, deux ou trois mois pour recevoir le prix convenu, mais elle peut émettre un effet de commerce ou traite demandant au débiteur de payer à son banquier. Si elle la garde jusqu'à l'échéance, la traite servira de moyen de recouvrement et elle est assortie de sanctions en cas de non-paiement. Si elle préfère recevoir plus rapidement son montant, déduction faite de certains frais, l'entreprise demande à son banquier d'escompter la traite, ce qu'il fera s'il recueille de bons renseignements sur le débiteur, et il la présentera à l'échéance pour se rembourser.

Plutôt que d'escompter des traites, opération qui comporte des manipulations assez onéreuses, la banque peut accorder un crédit en compte courant. Le montant en est fixé par accord entre banquier et client, en tenant compte de l'importance et de la cause du besoin, des perspectives et des délais de remboursement. Le risque du banquier est évidemment de n'être pas remboursé, ou de subir un retard dans les prévisions de remboursement, c'est pourquoi il étudie avec soin la situation du client, surveille son évolution et fixe une limite maximale à son concours. Dans le crédit en compte courant, les versements faits au compte reconstituent une marge disponible pour de nouveaux retraits, et le client ne paie d'intérêts débiteurs que sur le montant effectif du débit.

Ces crédits servent à reconstituer la trésorerie du client, à pallier les décalages entre les paiements (sorties) et les rentrées attendues, entre les achats de matières et d'énergie et les ventes de produits finis, dans un cycle qui dépasse rarement 6 mois à un an. C'est le domaine du court terme, dont la durée maximale a été fixée à 2 ans.

Les crédits à moyen terme

Lorsqu'il s'agit de régler des investissements, c'est-à-dire des sommes immobilisées en moyens de production, il faut parfois compléter les moyens propres de l'entreprise par des crédits plus longs, qui seront remboursés sur les bénéfices attendus des nouveaux moyens de production. L'équipement en matériel courant doit être, en principe, amorti en quelques années : un crédit à moyen terme (maximum 7 ans) suffira donc et sera remboursé par fractions échelonnées. Au contraire, s'il s'agit de construire une usine ou d'acquérir un matériel lourd, le délai de remboursement pourra s'étaler jusqu'à 10 ou 15 ans, voire davantage : c'est du long terme.

Les crédits à l'exportation

Il existe une classe de concours pour lesquels peuvent être utilisées toutes les formules à court, moyen et long terme, ce sont les crédits à l'exportation. Pour développer ses marchés, une entreprise est amenée à accorder des facilités de plus en plus longues, surtout si elle veut obtenir la clientèle de pays en voie de développement dont les besoins sont sans commune mesure avec leurs moyens actuels, s'ils n'ont pas de pétrole en contrepartie.

La contrepartie pour la banque

Bien que la banque s'efforce de trouver des ressources qui restent à sa disposition aussi longtemps que nécessaire pour servir de contrepartie à des crédits à moyen ou long terme, elle n'aurait pas pu faire face à la demande accrue par les besoins de la reconstruction il y a 30 ans, puis de la modernisation constamment nécessaire de l'industrie et de l'aide aux pays en voie de développement, sans l'autorisation implicite que lui donnait la pratique de la transformation.

La technique de la mobilisation apporte une soupape de sécurité au banquier. Elle consiste à convertir un débit en engagement d'escompte, en faisant signer au débiteur des billets que la banque peut réescompter à la Banque de France ou au marché monétaire, ce qui lui permet de faire face à l'éventualité où des demandes de remboursement émanant de ses clients excéderaient son encaisse.

Autres formes de concours

• En dehors des crédits par caisse et des crédits par escompte, une autre classe de services à la clientèle ne suppose aucun décaissement au moment de leur octroi, ce sont les crédits par signature. La banque prête son propre crédit, concrétisé par une signature, à un client qu'elle sait solvable, mais qui est moins connu qu'elle, par exemple d'un fournisseur étranger avec lequel il souhaite passer un contrat important. Ou bien c'est l'Etat qui cherche à avoir le maximum de quiétude sans faire une longue enquête, et pour cela demande un cautionnement bancaire garantissant soit la bonne fin d'un marché administratif, soit le paiement à terme d'un impôt ou d'un droit de douane. La banque se substituera au débiteur principal si celui-ci ne verse pas les fonds à l'échéance, et ce sera à elle de poursuivre le recouvrement de sa créance.

• La banque enfin, prête son concours aux entreprises qui cherchent à accroître leurs ressources à long terme en les aidant soit à augmenter leur capital par appel aux souscriptions du public, soit à lancer une émission d'obligations. Ces opérations exigent le recours à des techniques spécifiques.

LES SERVICES AUX PARTICULIERS

• La banque reçoit une bonne part de ses ressources du particulier, qui passera par elle pour placer son épargne, en compte à terme ou en valeurs mobilières. La banque prête ses guichets et ses démarcheurs pour leur placement lors des émissions mais aussi elle assure le paiement des coupons et des remboursements, ainsi que toute les opérations se situant aux différentes phases de leur existence ; elle se charge de la conservation des titres ou loue des compartiments de coffre-fort. Le particulier pourra lui confier la gestion de son patrimoine.

• Le particulier utilise aussi le concours à court, moyen et long terme que la banque met à sa disposition. A court terme, sous forme de crédit personnel pour faire face à une grosse dépense facile à régler en étalant le remboursement sur plusieurs mois (mıariage et installation, déménagement, etc.), à court ou moyen terme, pour financer des achats à crédit (voiture, caravane, bateau, équipement du foyer), à moyen ou long terme, pour acquérir un logement. Citons enfin des services annexes tels qu'assurances, bureau de voyages, etc.

Charles LOMBARD
les Cahiers français, n° 169,
« La banque », janv. fév. 1975

Notes sur la lecture :

La domiciliation : indication du lieu de paiement, en général la banque du débiteur.

Une quittance : est un document libérant le débiteur de sa dette et prouvant le paiement. On emploie aussi le mot quittance comme synonyme de note à payer : quittance d'électricité.

Un paiement de dépannage : la possibilité de tirer de l'argent dans une agence autre que celle où le tireur a un compte.

Une lettre de crédit : est adressée par un banquier à un de ses correspondants pour lui demander de payer une somme d'argent ou de consentir un crédit au bénéficiaire de la lettre, en général, la lettre est remise par le banquier à son client qui pourra ainsi percevoir la somme dans un autre lieu.

Un accréditif : est une lettre de crédit permettant à un exportateur de percevoir à sa banque le crédit qui lui a été ouvert sur l'ordre du banquier de l'importateur en règlement des marchandises expédiées à ce dernier.

L'octroi de crédits : l'avance de crédits.

Un effet de commerce : les lettres de change, les billets à ordre et les chèques sont des effets de commerce.

Une lettre de change : ou traite est un effet de commerce par lequel le créancier (ou tireur) invite le débiteur (ou tiré) à payer à une certaine personne le bénéficiaire (en général le banquier du tireur) une certaine somme à une certaine date.

La souscription du capital : pour qu'une société anonyme soit valablement constituée, tout son capital social doit être souscrit, c'est-à-dire que les futurs actionnaires se sont engagés, par un bulletin de souscription, à effectuer un versement correspondant au nombre d'actions souscrites.

Une obligation : est un titre de créance contre une société, elle est négociable et fait partie d'un emprunt collectif, elle donne droit à des intérêts et au remboursement du montant nominal à échéance fixée.

Un coupon : était un ticket numéroté, détachable de l'action et qui représentait le dividende, c'est-à-dire la part de bénéfices versée aux actionnaires chaque année.

Un titre : toute action ou obligation émise par des sociétés ou collectivités publiques.

Un coffre-fort : la banque met à la disposition de ses clients des cases permettant d'y enfermer bijoux, objets précieux et papiers importants.

2. Le secrétariat

Paul s'est rendu à Montreuil dans une P.M.E. afin de s'initier à tous les rouages de l'entreprise dans laquelle il va faire son stage : une fabrique de meubles dont la raison sociale est "Les GALERIES DU MEUBLE". Il demande à voir le gérant, M. Perrier.

Paul : Bonjour Madame, je m'appelle Paul Jones et je voudrais voir M. Perrier.

Mme Moreau : Bonjour Monsieur. Je suis Suzanne Moreau, Secrétaire de Direction. Soyez le bienvenu, M. Perrier est absent aujourd'hui, mais il m'a chargée de vous accueillir et de vous faire les honneurs de la maison... Il a dû se rendre à Perpignan pour affaires, mais je pense qu'il sera là demain ou après-demain au plus tard. Avez-vous des questions à me poser ?

Paul : Oui, en fait, j'ai remarqué que sur votre papier à en-tête il y avait "LES GALERIES DU MEUBLE", S.A.R.L., j'ai étudié dans mon cours de français des affaires, les différentes formes de sociétés françaises, mais j'ai un peu oublié... Que veut dire ce sigle ?

Mme Moreau : C'est une société à responsabilité limitée mais si vous voulez plus de détails juridiques, M. Perrier est licencié en droit et il se fera un plaisir de répondre à vos questions, il est beaucoup plus calé que moi dans ce domaine.

Paul : Eh bien, j'en profiterai pour préciser mes notions sur les sociétés... C'est l'organigramme qui est affiché derrière vous ? Il est impressionnant !

Mme Moreau : Vous trouvez ! Nous avons 4 services principaux : le service technique, le service commercial, le service administratif et le service juridique...

Paul : Tiens, je remarque qu'il n'y a pas de responsable dans le service administratif.

Mme Moreau : Eh bien, vous avez l'œil comme on dit ! C'est exact, et c'est la raison pour laquelle mon bureau disparaît sous le courrier. Notre Directeur Administratif prend sa retraite et de plus Hélène, une de nos sténo-dactylos, vient de donner sa démission pour se marier et partir pour la province avec son mari. Nous avons fait passer des annonces dans les journaux et nous

nous sommes adressés aux bureaux de placement. Nous avons reçu toutes ces demandes d'emploi. Il faut faire une première sélection et convoquer les candidats les plus qualifiés pour leur faire passer une entrevue. Pouvez-vous m'aider à trier ces candidatures. Vous vérifierez que chaque demande est bien accompagnée d'un curriculum vitae, que le candidat ou la candidate a indiqué ses prétentions, les diplômes dont il ou elle est titulaire ainsi que les postes qu'il ou elle a occupés.

Paul : Ses prétentions ?

Mme Moreau : Oui, cela veut dire le salaire désiré pour commencer, et aussi en ce qui concerne la carrière, l'avancement possible par la suite...

Paul : Quels diplômes exigez-vous pour le Directeur Administratif ?

Mme Moreau : C'est un poste de cadre supérieur, qui aura des responsabilités à assumer, donc des diplômes d'H.E.C., de SupdeCo, de l'ESSEC par exemple, pour la dactylo, soit un C.A.P. avec de l'expérience, soit un B.T.S.. Installez-vous à ce bureau. Voici les dossiers... Je dois m'absenter pour aller à l'atelier de montage, et à la comptabilité, mais je repasserai à mon bureau avant midi. Voici une agrafeuse et si vous avez besoin de chemises, il y en a dans ce tiroir...

Paul : Mais... j'en porte déjà une !

Mme Moreau : C'est le même mot, mais avec un sens différent : je crois qu'en anglais vous dites : "folder"...

Paul : Ah oui, je vois, les papiers sont habillés, ils ont aussi leur chemise !

Une heure plus tard.

Mme Moreau : L'ordinateur était en panne, le réparateur est venu et maintenant ça marche ! Il n'y a pas eu d'appels téléphoniques pendant mon absence ?

Paul : Deux, j'ai fait des fiches et dit que vous rappelleriez, voici...

Mme Moreau : Merci.

Paul : J'ai classé dans la chemise bleue les dossiers des candidats au poste de Directeur Administratif et dans la chemise jaune ceux des candidates sténo-dactylos. J'ai mis de côté les applications incomplètes sans résumé ou dont les diplômes ne correspondaient pas.

Mme Moreau : Les applications sans résumé ?

Paul : Ah ces faux amis ! Je veux dire les demandes d'emploi sans curriculum vitae, bien sûr !

Mme Moreau : En tout cas, je vois que vous mettez beaucoup d'application à retenir ce vocabulaire technique. Bravo !

Paul : J'ai remarqué qu'un candidat demandait s'il y avait des prestations. Qu'est-ce que cela veut dire ?

Mme Moreau : Des prestations en nature ? C'est par exemple un logement de fonction si l'entreprise loge son personnel, ou bien une voiture de service... Nous n'en accordons pas, mais nous avons un restaurant pour le personnel avec des repas à un prix modique parce qu'il est en grande partie subventionné par l'entreprise. De plus, les frais de déplacements du Directeur administratif sont entièrement pris en charge par la maison. Mais il est midi passé, venez vite déjeuner dans notre "trois étoiles" !

Après le déjeuner.

Sophie : Monsieur Jones ? Madame Moreau m'a demandé de vous faire visiter notre service. Je m'appelle Sophie Durand et je suis Correspondancière.

Paul : Bonjour mademoiselle. Correspondancière ?

Sophie : Oui, je suis chargé de la correspondance.

Paul : C'est-à-dire que vous prenez le courrier en sténographie sous la dictée et qu'ensuite, vous le dactylographiez ?

Sophie : Non, cela c'est le travail des sténodactylos. Moi je rédige un certain nombre de lettres en tenant compte des annotations portées dans la marge par les chefs de service concernés, mais il y a beaucoup de courrier que je fais seule ! J'ai mis en mémoire dans la machine à traitement de textes un certain nombre de lettres type et je n'ai qu'à ajouter les renseignements appropriés.

Paul : Par exemple ?

Sophie : Oh, toutes les lettres d'accompagnement de documents, comme les chèques, les traites à l'acceptation, les confirmations de commande, les envois de catalogues, de prix courants, les accusés de réception, de paiement, les avis d'expédition de marchandises, etc. même les lettres de rappel. Avant que notre service ait été doté d'ordinateurs, j'avais des dossiers avec des modèles de lettres et un formulaire pour les débuts et les fins de lettres, si cela vous intéresse, je peux vous le prêter...

Paul : Avec grand plaisir !

Sophie : Vous remarquerez que toutes ces lettres sont normalisées et que nous utilisons le normolettre pour la présentation. C'est beaucoup plus facile ainsi de trier le courrier à l'arrivée et de le distribuer dans les différents services après l'avoir enregistré.

Paul : Enregistré ?

Sophie : Oui, le courrier est ouvert avec cette machine à décacheter et chaque lettre est timbrée avec le dateur qui indique la date d'arrivée et inscrite dans un registre sur lequel on portera la date de départ de la réponse.

Paul : Est-ce que les services conservent les lettres que vous leur envoyez ?

Sophie : Non, nous centralisons dans ce service les dossiers avec les lettres traitées et les doubles des réponses et nous les archivons : vous savez que la loi nous oblige à conserver toute la correspondance pendant 10 ans. En cas de litige, la correspondance commerciale peut servir de preuve, c'est assez dire à quel point il faut être prudent quand on écrit ! Et le classement doit être fait avec beaucoup de soin car il faut pouvoir retrouver immédiatement le document demandé : « Un document mal classé est un document perdu » disait mon professeur de correspondance commerciale…

Paul : Ah, c'est incroyable ! Si mon prof de français des affaires voyait cela ! Une lettre avec la vedette à gauche... Ce serait un F. ! (*)

Sophie : Pourquoi ?

Paul : Oh, parce qu'elle était féroce pour la correspondance et qu'elle nous faisait aussi utiliser le normolettre...

Sophie : Mais cette lettre vient de notre fournisseur de bois du Québec. Là-bas, ils présentent les lettres à l'américaine, enfin, en ce qui concerne la vedette et les Pièces jointes qui sont indiquées en bas à gauche.

Paul : Oui, tiens, je n'avais pas remarqué ! En France, il faut les mettre sous les références.

Sophie : Le format aussi est différent au Canada : 21×28 au lieu de 21×29,7 cm en France.

Paul : Mais à part cela, les lettres ressemblent beaucoup aux lettres françaises. Et, en plus du courrier, qu'est-ce que vous faites ?

Sophie : Je tape aussi les notes de service...

Paul : Vous notez les services ?

Sophie : Mais non, une note de service, c'est une communication écrite que l'on utilise à l'intérieur d'une entreprise. Elle contient des prescriptions ou des directives de l'administration aux différents services.

(*) F. une mauvaise note.

Paul : Ah oui, je vois, c'est ce que nous appelons "memo".

Sophie : Et puis, il y a aussi le télex… Depuis que nous l'avons, nous n'envoyons presque plus jamais de télégrammes, vous savez... seulement aux gens qui n'ont pas de téléscripteurs.

Paul : Il faudra que vous m'appreniez à utiliser cette machine, car je n'ai encore jamais "téléxé".

Sophie : Eh bien, justement, écoutez le téléscripteur vient de se mettre en marche, nous recevons un télex, venez voir :

*

GALMEUBLE 750002 F
260 0914
H NORD 5443621 F

ATTN SECRETAIRE GENERAL

RETOUR PREVU DEMAIN MATIN VOL AI 5439 ORLY OUEST.

PREVOIR ACCUEIL ET TRANSPORT SUR PARIS, ORGANISER REUNION DES ARRIVEE AU SIEGE.

PREVENIR TOUTE L'EQUIPE.
PREPARER DOSSIER CLIENT (MAISON DU BONHEUR)

SALUTATIONS

PERRIER GAL MEUBLES

*

GALMEUBLE 750002 F
H NORD 5443621 F

Paul : C'est assez semblable à un télégramme, finalement.

Sophie : Oui, mais… cela peut se faire directement sans passer par la poste et aussi, quand il y a une réponse, on peut la faire parvenir presque instantanément de la même manière ! Et cela peut même servir de preuve en cas de litige.
Pouvez-vous porter ce télex à Mme Moreau ? Elle doit prévenir le chauffeur et préparer la réunion etc. Je vous saurai gré de le faire avant 4 h...

Paul : Avec plaisir, mais comme vous êtes formelle... "Je vous saurai gré..."

Sophie : Déformation professionnelle !! A force de taper des formules de ce genre, on finit par les employer dans la conversation !

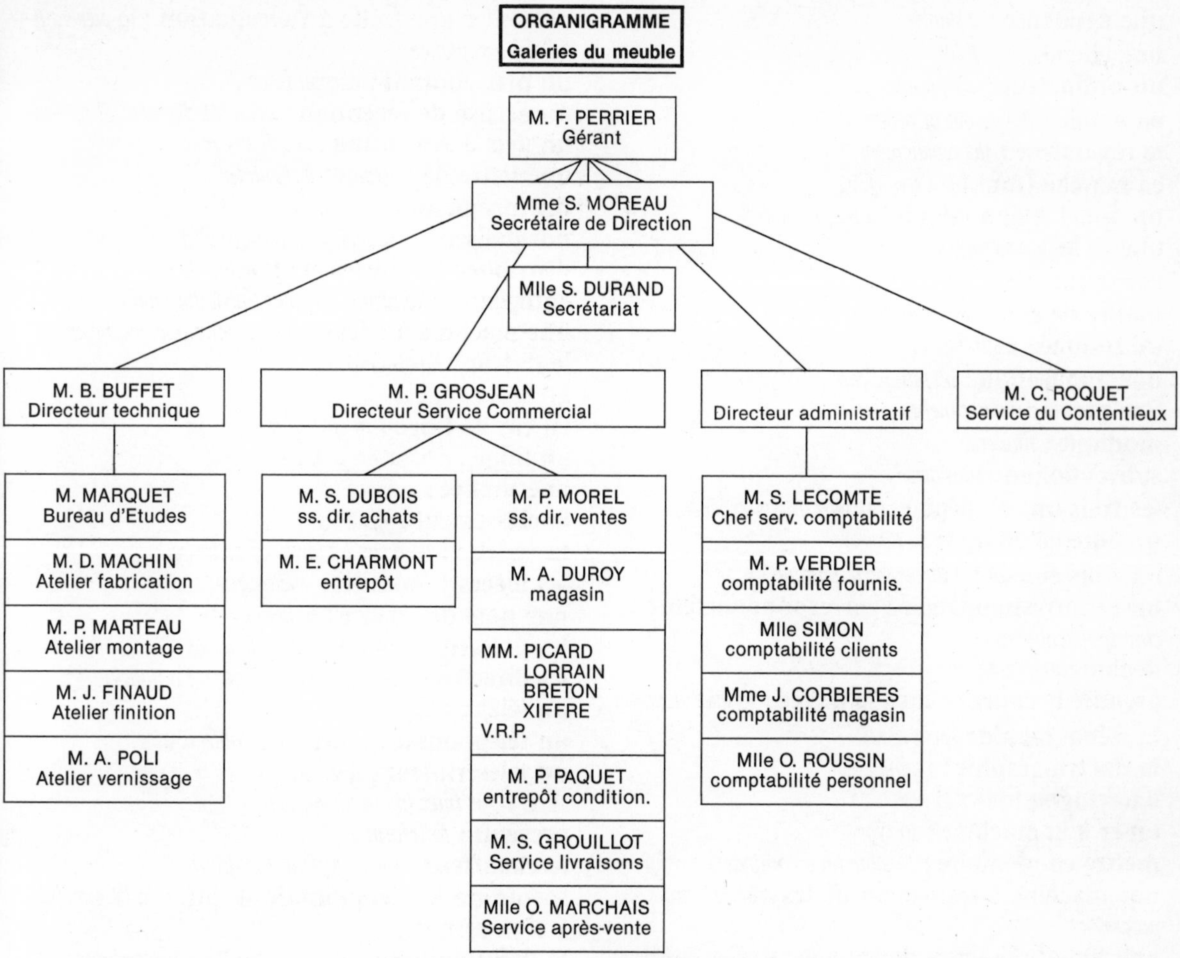

ORGANIGRAMME
Galeries du meuble

- M. F. PERRIER — Gérant
  - Mme S. MOREAU — Secrétaire de Direction
    - Mlle S. DURAND — Secrétariat
  - M. B. BUFFET — Directeur technique
    - M. MARQUET — Bureau d'Etudes
    - M. D. MACHIN — Atelier fabrication
    - M. P. MARTEAU — Atelier montage
    - M. J. FINAUD — Atelier finition
    - M. A. POLI — Atelier vernissage
  - M. P. GROSJEAN — Directeur Service Commercial
    - M. S. DUBOIS — ss. dir. achats
      - M. E. CHARMONT — entrepôt
    - M. P. MOREL — ss. dir. ventes
      - M. A. DUROY — magasin
      - MM. PICARD, LORRAIN, BRETON, XIFFRE — V.R.P.
      - M. P. PAQUET — entrepôt condition.
      - M. S. GROUILLOT — Service livraisons
      - Mlle O. MARCHAIS — Service après-vente
  - Directeur administratif
    - M. S. LECOMTE — Chef serv. comptabilité
    - M. P. VERDIER — comptabilité fournis.
    - Mlle SIMON — comptabilité clients
    - Mme J. CORBIERES — comptabilité magasin
    - Mlle O. ROUSSIN — comptabilité personnel
  - M. C. ROQUET — Service du Contentieux

VOCABULAIRE

se rendre à : *to go to*
les P.M.E. (petites et moyennes entreprises) : *Small & medium-size firms (can be used in the singular : une P.M.E.)*
une entreprise : *a firm*
une fabrique : *a factory, a manufacture*
un meuble : *a piece of furniture*
la raison sociale : *the name of the firm*
le gérant : *the manager*
la Secrétaire de Direction : *the executive secretary*
le papier à en-tête : *letter-head stationery*
une S.A.R.L. (Société à Responsabilité Limitée) : *a limited liability company (no real equivalent)*
un sigle : *an acronym*
un licencié en droit : *bachelor of laws*
calé(e) en... (fam.) : *knowledgeable, well up in...*
un organigramme : *an organization chart*
affiché : *posted*
un responsable : *person in charge*
avoir l'œil : *to have an eye for*
prendre sa retraite : *to retire*
donner sa démission : *to resign*
une annonce : *an advertisement, classified ad.*
le bureau de placement : *employment bureau, agency*
une demande d'emploi : *a job application*
convoquer : *to call*
trier : *to sort*
une candidature : *a candidacy, an application*
vérifier : *to check*
un curriculum vitae : *C.V., or resume*
les prétentions (f) : *the applicant's expectations*
titulaire (adj.) : *holder*
occuper un poste : *to hold a position*
le salaire : *the salary*
l'avancement (m) : *promotion*
un cadre : *an executive*
HEC. : *Hautes Etudes Commerciales*
SupdeCo : *Ecole supérieure de Commerce*
ESSEC : *Ecole Supérieure de Sciences Economiques et Commerciales*
un C.A.P. : *Certificat d'Aptitude Professionnelle (a proficiency certificate)*
un B.T.S. : *un Brevet de Technicien Supérieur*
un dossier : *a file, a record, dossier*
s'absenter : *to leave*
repasser au bureau (fam.) : *to come back to the office*

une agrafeuse : *a stapler*
une chemise : *a folder*
un ordinateur : *a computer*
en panne : *down, out of order*
le réparateur : *the repair man*
ça marche (fam.) : *it's working*
un appel téléphonique : *a telephone call*
une fiche : *a memo*
rappeler : *to call back*
mettre de côté : *to set aside*
un résumé : *a summary*
une application : *attention, care*
une prestation : *benefits*
modique : *moderate*
subventionné : *subsidized*
les frais (m) de déplacement : *travel expenses*
prendre en charge : *to take over*
un trois étoiles : *a three star restaurant*
un(e) correspondancier/correspondancière : *a correspondance clerk*
le courrier : *mail*
prendre le courrier sous la dictée : *to take dictation*
la sténographie : *short hand*
la dactylographie : *typing*
dactylographier : *to type*
taper à la machine : *to type*
mettre en mémoire : *to store (in a computer)*
une machine à traitement de textes : *a word processor*
une traite/une lettre de change : *a bill of exchange*
l'acceptation (f) : *acceptance*
présenter une traite à l'acceptation : *to present a bill for acceptance*
un prix courant : *current price*
un accusé de réception : *acknowledgement of receipt*
un avis d'expédition : *a delivery note*
une lettre de rappel : *a reminder*
un formulaire : *a formulary*
normaliser : *to standardize, to normalize*
distribuer (le courrier) : *to remit, deliver*
enregistrer : *to record, to enter (incoming mail)*
une machine à décacheter : *letter opening machine*
le dateur : *date stamp*
archiver : *to file*
en cas de litige : *in case of a litigation*
un litige : *a litigation, a dispute, a suit*
une preuve : *a proof*
le classement : *filing*
la vedette : *name and address of addressee*
les pièces jointes (f) : *enclosures*
une note de service : *a memo*
les prescriptions (f) : *the regulations*
les directives (f) : *the general lines (of a policy)*
un télex : *telex*
un télégramme : *a telegram, a cable, a wire*
un téléscripteur : *a teleprinter*
A.I. : *Air Inter (domestic airline)*
prévenir : *to inform*
le chauffeur : *the chauffeur, the driver*
savoir gré à quelqu'un de + inf. : *to be grateful to sb for doing sthg*
la déformation professionnelle : *professional idiosyncrasy*
à force de... : *by dint of, by means of*

QUESTIONS ORALES

1. Que voit-on sur un organigramme ?
2. Que peut-on faire quand on cherche du travail ?
3. Qui fait-on venir quand l'ordinateur (ou une machine) est en panne ?
4. Dans quoi Paul a-t-il mis les dossiers des candidats ?
5. Est-ce que le restaurant de l'entreprise est vraiment un "trois étoiles" ?
6. Que fait un correspondancier ?
7. A quoi servent un "normolettre" ? un "dateur" ?
8. Combien de temps doit-on garder la correspondance ?
9. Qu'appelle-t-on la "vedette" ?
10. Qu'est-ce qu'une note de service ?

EXERCICES ECRITS

1. Ecrivez le mot ou l'expression qui vous paraît convenir :

1. Pour cet emploi la .... sera en rapport avec les compétences et l'expérience du candidat.
   - qualification
   - prestation
   - adéquation
   - rémunération

2. Directeur de société, âgé de 49 ans, largement expérimenté cherche .... où il aura des responsabilités à ....
   - logement
   - présumer
   - véhicule
   - assumer
   - situation
   - faire face
   - famille
   - diriger

3. En 1989, plus de 1 000 offres d'emplois sont parvenues au bureau de .... de notre association.
   - placement
   - financement
   - travail
   - recherche

4. Société recherche comptable. Adresser C.V., photo et .... au journal qui transmettra.

- ambitions
- prétentions
- solutions
- confirmation

5. Il est cadre supérieur. Son .... annuel s'élève à quelque 90 000 F par an.

- salaire
- traitement
- bénéfice
- solde

6. Notre société est à la recherche d'un .... administratif possédant de réelles qualités d'organisation.

- comptable
- contribuable
- incapable
- responsable

7. Si vous êtes intéressé par notre annonce, veuillez nous faire parvenir votre ....

- cursus
- curriculum vitae
- petite annonce
- catégorie sociale

8. Depuis qu'elle est au chômage, elle lit .... dans les journaux.

- les petites annonces
- les offres d'emploi
- les demandes d'emploi
- les publicités

9. Nous avons le regret de vous annoncer que votre .... n'a pas été retenue pour le poste de contrôleur interne.

- candidature
- application
- choix
- assistance

10. Nous avons le plaisir de vous confirmer votre .... à compter du premier de ce mois.

- travail
- compromission
- engagement
- commencement

11. Veuillez ...., Monsieur, l'expression de nos sentiments distingués.

- agréer
- honorer
- connaître
- utiliser

12. Dorénavant, tous nos documents seront .... afin que leur forme et leur dimension soient identiques.

- avalisés
- régularisés
- normalisés
- formalisés

13. Nous tenons à vous remercier de la .... avec laquelle vous avez répondu à notre lettre.

- compétitivité
- rapidité
- dextérité
- continuation

14. Je vous .... gré de me fournir cette documentation le plus rapidement possible.

- saurai
- serai
- saurais
- serais

15. Notre service télex permet la liaison directe de deux ....

- abonnés
- préposés
- destinataires
- expéditeurs

16. Des écoles ont décidé de mieux vous informer sur leurs débouchés ; pour recevoir gratuitement des informations : .... la ou les filières qui vous intéressent et adressez ce bon à Orientation Service.

- cochez
- signez
- casez
- croisez

17. Avec nos remerciements, nous vous prions d'agréer, Messieurs, l'expression de nos .... dévoués.

- salutations
- respects
- compliments
- sentiments

18. Nous prions instamment nos annonceurs d'avoir l'............. de répondre à toutes les lettres qu'ils reçoivent.

- attention
- obligeance
- obligation
- honneur

19. Il a été décidé de .... votre service d'un équipement micro-informatique.

- donner
- douer
- doter
- procurer

20. La miniaturisation et la baisse des coûts des équipements ont été à l'............. de l'essor considérable de l'informatique et de ses prolongements, la télématique et la bureautique.

- issue
- origine
- exemple
- initiative

2. Mettez au pluriel les phrases suivantes :

1. La société dispose d'un bureau central commun à chaque filiale. C'est le siège social où se tient l'assemblée générale.
2. Le projet d'expansion doit être sérieusement calculé.
3. Je vous prie d'agréer, Monsieur, l'expression de ma considération.

3. Finissez logiquement les phrases ci-dessous :

1. Vous trouverez ci-joint ....
2. .... à l'assurance de nos sentiments dévoués.
3. Dans l'attente de vos nouvelles, ...
4. Restant à votre disposition ....
5. Veuillez nous faire savoir par téléphone ....

4. Ecrivez en toutes lettres :

1. Paris, le 08.01.1989

....

2. Veuillez payer la somme de 1 878 F

....

5. Faites une phrase en employant les mots ou groupes de mots suivants :

- Candidature - travail - l'année prochaine.
- Secrétaires - travailler - classement - dossiers en retard.
- Remercier - votre commande du - bien recevoir.
- Faire parvenir - urgent - prévisions de ventes.
- Convocation - indiquant - se présenter.

6. Vrai ou faux :

1. Preuve juridique, la correspondance commerciale doit être conservée pendant 10 ans. [VRAI] [FAUX]
2. L'objet d'une lettre est le résumé de ce qu'elle contient. [VRAI] [FAUX]

7. Version :

1. Ce n'est pas de cadres dont nous manquons, mais bien d'ouvriers qualifiés.

2. En 1988, plus de 600 offres d'emploi sont parvenues au bureau de placement de notre association.

3. Notre société est à la recherche d'un responsable administratif possédant de bonnes qualités d'organisation et capable d'assumer des tâches variées.

4. Il faut favoriser l'expansion des petites et moyennes entreprises.

5. Je n'aurai pas le temps de repasser à mon bureau avant mon départ : préparez-moi le dossier tout de suite.

6. Sait-elle taper à la machine ? Je ne le pense pas car elle n'en a rien dit dans son curriculum vitae.

7. Les petites annonces dans un journal permettent de trouver quelquefois un emploi.

8. Pour être retenus, les candidats devront être âgés de 30 à 35 ans et de préférence titulaires d'un diplôme universitaire.

9. Notre succès commercial est dû principalement à l'expérience et à la formation de nos salariés.

10. Nous vous confirmons notre télégramme du 28 courant et nous vous prions de nous excuser pour le désagrément que vous a causé cet incident.

11. La note de service est un message écrit destiné à transmettre, à l'intérieur de l'entreprise, des informations, des instructions ou directives.

12. Nous avons bien reçu votre lettre du 15 mars qui a retenu toute notre attention.

13. Nous vous prions d'agréer, Messieurs, l'expression de nos sentiments dévoués.

14. Si vous avez besoin de plus amples renseignements, veuillez nous le faire savoir.

15. Faites suivre les documents à la succursale de Limoges sous bordereau d'envoi.

8. Thème

1. Even in a computerized office, everybody should have an idea about filing, a document which is not properly filed is as good as lost.

2. The new organization chart has been posted since last Monday.

3. We must stop work a whole day to repair the computer.

4. We accept your resignation with regret but with deep appreciation for your dedicated and effective service to our company.

5. The reason for changing my job is that I do not earn enough.

6. Partner or purchaser sought for garment production facility in rural Irish Republic.

7. French speaking secretary to work in Africa on a two year contract, all expenses paid.

8. A leading and rapidly growing company is looking for highly qualified individuals.

9. British graduate, aged 43, fluent in French. Background in systems and organization. Currently responsible for all administrative functions of London based UK subsidiary of major French Company, including finance, personnel, data processing, general services. Seek alternative position in London area due to closure of company. Available immediately.

10. We look forward very much to hearing from you.

11. Will you please send me a copy of your latest illustrated catalogue ?

12. The manager's secretary is typing the letter he has just dictated.

13. I acknowledge receipt of your letter of the 25th of this month.

14. Thank you again for your kindness. Yours sincerely.

15. I must say that we have had very few breakdowns in our data processing department.

9. Correspondance

[1] Vous présentez votre candidature à une firme française dans laquelle vous souhaiteriez effectuer un stage au cours de vos prochaines vacances.

TRAVAIL A FAIRE

Rédigez brièvement votre curriculum vitae ainsi que la lettre d'accompagnement.

[2] Vous venez de recevoir un courrier d'un de vos correspondants français vous demandant de lui trouver un stage pour l'été dans une entreprise industrielle.
En fonction des recherches que vous avez effectuées, vous lui répondez en lui décrivant, par la même occasion, la situation actuelle de l'emploi dans votre pays.

TRAVAIL A FAIRE

Rédigez la lettre demandée.

[3] Vous êtes à la recherche d'un emploi. Après avoir consulté les petites annonces dans la presse et les offices spécialisés, vous avez écrit à plusieurs entreprises. Dans les réponses que vous recevez, deux vous offrent un rendez-vous le même jour, sensiblement à la même heure.

TRAVAIL A FAIRE

Dans l'obligation de faire un choix, vous **écrivez** à l'entreprise auprès de laquelle vous ne pouvez vous rendre, la lettre conforme à vos intérêts.

[4] En raison de l'urgence de la situation, vous décidez de remplacer la correspondance ci-dessous par un télégramme (voir fac-similé p. 173) :

Messieurs,

Le 20 janvier dernier nous vous avons adressé la commande n° 376, portant sur des ensembles (blousons et pantalons) en toile coton luxe (modèles Eilat, Luxor et Californie).

A la date de ce jour et malgré nos différents appels téléphoniques, nous n'avons rien reçu de vous.

Comme vous le savez, les pièces commandées sont des articles de vente saisonnière pour lesquels nous commençons à recevoir des commandes. Il va sans dire que tout retard supplémentaire de livraison nous causerait un sérieux préjudice.

Si vous êtes dans l'impossibilité de nous donner satisfaction immédiatement, nous vous prions de nous le faire savoir aussitôt afin que nous puissions envisager de nouvelles dispositions.

Bien entendu, une réponse rapide et un règlement satisfaisant de cette affaire nous paraissent indispensables au maintien de nos bonnes relations.

Nous vous prions d'agréer, Messieurs, l'expression de notre considération distinguée.

Le Président-Directeur Général
Jean LAMBERT

CURRICULUM VITAE

BARON, née DUPRE
nom Marie-Pierre
esse 15, rue Victor Hugo 69100 VILLEURBANNE

le 23 février 1963 à Perpignan (22 ans)
iée (sans enfant)
ionalité : française
fession du mari : informaticien

RMATION

31 Baccalauréat, série B
lycée JB Say à Perpignan

33 B.T.S. de Secrétariat
Supdeco de Lyon

ngues : espagnol (écrit et parlé)
anglais (écrit et parlé)
allemand (notions)

PLOI ACTUEL

Secrétaire sténo-dactylogra

Marie-Pierre BARON
15, rue Victor Hugo
69100. VILLEURBANNE

Monsieur le Chef du Personnel
Les Galeries du Meuble
35, rue du Faubourg Saint-Antoine
75012. PARIS

Lyon, le 15 septembre 1985

Objet : poste de secrétaire
P.J. : curriculum vitae.

Monsieur le Chef du Personnel,

J'ai lu votre annonce dans "Le Monde" du 14 septembre et je me permets de solliciter le poste de secrétaire sténo-dactylo actuellement vacant dans votre entreprise.

Ma formation et mon expérience me semblent bien correspondre à celles requises pour cet emploi, comme vous pourrez le voir sur mon curriculum vitae. Si vous voulez obtenir des renseignements complémentaires, vous pouvez vous adresser à M. Ducreux, Directeur administratif chez Batimat sous les ordres de qui je travaille depuis 1983.

Mon mari vient d'être nommé à Paris et c'est une des raisons pour lesquelles je désire trouver un emploi dans cette ville. Je recherche aussi une entreprise qui me permette d'utiliser mes connaissances en langues à l'avenir et qui m'offre des possibilités d'évolution de carrière.

En espérant qu'il vous sera possible de prendre ma demande en considération, je vous prie d'agréer, Monsieur le Chef du Personnel, l'expression de mes sentiments dévoués.

M. P. Baron

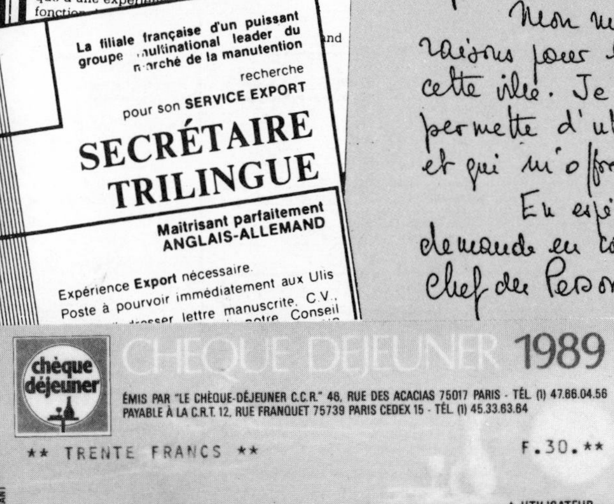

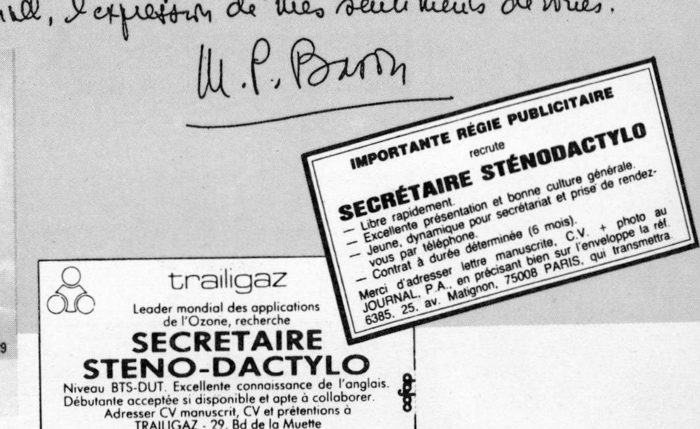

[5] **Ecrivez** le télégramme suivant en langage normal :

Cause grève, arrivée Paris retardée/
Annuler réservation chambre hôtel/
Confirmation séjour dès que possible/
Merci/

[6] L'entreprise où vous travaillez envisage de faire bénéficier son personnel de chèques-déjeuner (également appelés tickets-restaurants).
Ces chèques sont revendus aux salariés par l'employeur ; ce dernier prend généralement en charge la moitié de leur prix. Les salariés peuvent les utiliser pour payer leurs repas dans la plupart des restaurants.
Pour obtenir davantage d'informations sur les modalités d'obtention, le coût et les avantages de cette formule, vous **écrivez** à la Société du Chèque-déjeuner en donnant tous les renseignements utiles sur votre entreprise.

[7] Circulaire :
Dans l'entreprise où vous travaillez, la question des repas est à l'ordre du jour ; la Direction souhaite que le personnel se prononce sur le choix suivant :
— installation d'une cantine en self-service au sous-sol de l'établissement, offrant des repas rapides à des prix modiques ;
— ou bien, distribution de tickets-restaurants permettant de déjeuner agréablement dans les nombreux restaurants du quartier (les tickets, qui ont une valeur de 35 francs, sont payés 17,50 francs par les salariés).

TRAVAIL A FAIRE

Vous **rédigez** une lettre circulaire d'information à la suite de laquelle le personnel devra se prononcer.

[8] **Rédigez** sous forme de télégramme le message suivant :

Messieurs,

Comme suite à votre livraison du 15 courant, nous vous confirmons que nous avons bien reçu la machine d'essai commandée.

Celle-ci nous ayant donné entière satisfaction, veuillez nous expédier au plus tôt, par la S.N.C.F., 10 exemplaires du même modèle. Nous en effectuerons le règlement aux conditions habituelles.

Veuillez agréer, Messieurs, l'expression de nos salutations distinguées.

[9] Fiche téléphonique
A l'aide de la fiche téléphonique qui vous est proposée ci-dessous, vous **laissez par écrit** à M. ANDRE tous les renseignements utiles obtenus après la conversation de Mme GRAND avec M. BARTOLI.
— "Allô, bonjour... Ici M. BARTOLI, Directeur des Etudes de la Chambre de Commerce et d'Industrie de Reims. Je souhaiterais parler à M. ANDRE.
— Bonjour Monsieur. Je suis Mme GRAND, sa secrétaire... M. ANDRE est absent cet après-midi. Puis-je prendre un message ?
— C'est-à-dire que... de passage à Paris, demain dans la journée, j'aurais voulu le rencontrer...
— A quel sujet, s'il vous plaît ?
— C'est à propos de la visite qu'il doit effectuer chez nous le mois prochain... la banque de données commune... vous voyez ?
— Bien sûr. Est-il possible de vous rappeler en fin de journée ?
— Impossible, hélas ! Je prends la route dans quelques minutes.
— Bien... attendez... je consulte son agenda. Voyons... demain à 16 heures... cela vous convient-il ?
— Pas de problème. J'y serai. Merci beaucoup.
— De rien. Au revoir, M. BARTOLI.
— Au revoir, Madame, A demain."

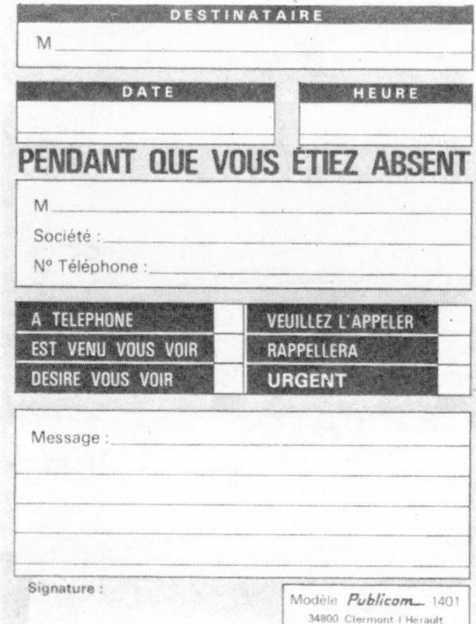
DESTINATAIRE
M
DATE | HEURE
PENDANT QUE VOUS ÉTIEZ ABSENT
M
Société :
N° Téléphone :
A TELEPHONE | VEUILLEZ L'APPELER
EST VENU VOUS VOIR | RAPPELLERA
DESIRE VOUS VOIR | URGENT
Message :
Signature :
Modèle Publicom 1401
34800 Clermont-l'Hérault

N° 698 TÉLÉGRAMME
Étiquettes
Timbre à date
N° d'appel :
INDICATIONS DE TRANSMISSION
Ligne de numérotation
ZCZC
N° télégraphique
Taxe principale.
Taxes accessoires
Total . .
Ligne pilote
N° de la ligne du P.V. :
Bureau de destination Département ou Pays
Bureau d'origine | Mots | Date | Heure | Mentions de service
Services spéciaux demandés : (voir au verso)
Inscrire en **CAPITALES** l'adresse complète (rue, n° bloc, bâtiment, escalier, etc...), le texte et la signature (une lettre par case ; **laisser une case blanche entre les mots**).
Nom et adresse
TEXTE et éventuellement signature très lisible
Pour accélérer la remise des télégrammes indiquer le cas échéant, le numéro de téléphone (1) ou de télex du destinataire
TF ______ TLX ______
Pour avis en cas de non remise, indiquer le nom et l'adresse de l'expéditeur (2) :
728678 Y - Cy. Paris - 7/80.

10. Lors de la rédaction de cet article sur l'informatique, un certain nombre de mots ont été "oubliés". Avant l'impression définitive, complétez le texte à l'aide des mots donnés ci-dessous dans l'ordre alphabétique.

communication	quotidienne
démontrer	robots
développement	sociaux
individuels	société
modifiera	travail

LA REVOLUTION INFORMATIQUE

Que l'informatique envahisse progressivement tous les aspects de notre vie . . . . n'est presque plus à . . . . tant est puissant son . . . . actuel. Et pourtant nous ne voyons que la partie émergée de l'iceberg, l'essentiel du développement des ordinateurs se trouvant dans les centres de calcul des entreprises malgré la diffusion récente des ordinateurs . . . . et de la micro-informatique.

L'informatique aujourd'hui, c'est la calculette de poche et les jeux électroniques, mais aussi le premier homme sur la lune, les . . . . intelligents, les missiles pour la Défense Nationale, la monnaie électronique et bien d'autres applications qui touchent de plus en plus notre vie quotidienne. L'ordinateur modifie, et . . . . plus encore, l'organisation du travail, les rapports entre les individus, les rapports de pouvoir entre les différents groupes . . . . Sera-t-il facteur de chômage ou permettra-t-il une réduction du temps de . . . . , introduira-t-il une société autoritaire et dictatoriale, ou sera-t-il un moyen de libération et de . . . . entre les hommes ? Parce qu'il met en cause toutes les facettes de la vie sociale, l'ordinateur pose un problème de . . . .

11. Compréhension de texte :

LA NOTION D'ENTREPRISE

Pour une personne étrangère à la vie des entreprises, elles se ressemblent toutes. On ne voit que des bureaux avec leurs traditionnels moyens de communication : téléphone, machines à écrire, machines à reproduire... quelquefois des ateliers et des laboratoires.

Leur organisation interne se traduit par des organigrammes détaillés, mais sur lesquels n'apparaissent pas les échanges, les transferts, le mouvement des hommes et des informations. En bref, tout ce qui fait l'activité de l'entreprise.

Et pourtant, l'entreprise a une vie propre. Elle naît, croît, se développe, arrive à maturation et meurt. Elle peut être représentée par une seule personne (un avocat ou un artiste par exemple), ou prendre la forme d'un regroupement d'artisans ou d'une entreprise agricole. Dans cette optique plus générale, est entreprise toute activité qui aboutit à vendre un produit ou un service sur le marché des biens de consommation ou de production.

L'entreprise exerce donc deux fonctions principales. L'une au niveau des individus : la production de biens et de services utiles à la satisfaction des besoins et des hommes. L'autre, au niveau de la société : créer de la richesse et contribuer ainsi à l'élévation du niveau de vie de la population d'un pays.

D'après Joël de Rosnay
"le macroscope",
le Seuil, 1975

[A] **Répondez** aux questions suivantes :

1. Qu'est-ce qu'une entreprise vue de l'extérieur ?
2. Quelle est, en fait, la véritable activité d'une entreprise ?
3. Quelles sont les différentes formes que peuvent prendre les entreprises ?
4. Quelles sont les fonctions principales des entreprises ?
5. Donnez une définition personnelle de l'entreprise.

[B] **Résumez** le texte ci-dessus en 8 lignes maximum.

CORRESPONDANCE COMMERCIALE FORMULAIRE

Un commerçant, un patron de petite entreprise, éventuellement le gérant d'une petite S.A.R.L., emploient généralement "Je", alors que les grosses entreprises, les chefs de service des sociétés, etc., choisissent d'utiliser la première personne du pluriel "Nous". Quelle que soit la personne choisie, il faut s'y tenir d'un bout à l'autre de la lettre. **JAMAIS DE JE/NOUS DANS UNE LETTRE COMMERCIALE.**

Présentation matérielle :

On juge une maison sur son courrier, il faut donc en soigner la présentation matérielle.
Utiliser le NORMOLETTRE pour la présentation matérielle d'une lettre commerciale.
La vedette, c'est-à-dire le nom et l'adresse du destinataire, figure à droite. Présentation identique à celle de l'enveloppe (voir p. 28).
Le lieu d'origine et la date figurent SOUS la vedette.
A gauche, se trouvent : les références
l'objet
les pièces jointes
Au-dessus se trouve l'appel :
Le nom propre ne figure JAMAIS dans l'appel, mais le titre doit suivre (s'il y en a un).
Madame,
Messieurs,
Monsieur le Président-Directeur,

Style :

Il doit être simple, mais soigné, EVITER LES TERMES FAMILIERS, il doit être agréable et aisé, précis et concis, toujours courtois et poli, même lorsque vous exprimez un désaccord ou que vous présentez une réclamation.
Un seul sujet par lettre, une seule idée par paragraphe. Si vous avez une commande à faire, une réclamation au sujet d'une livraison, une question pour le service de comptabilité, ces trois services étant dans la même entreprise, ECRIVEZ TROIS LETTRES, vous recevrez des réponses beaucoup plus rapidement.
Votre lettre doit être convaincante, mais aussi diplomate et... extrêmement PRUDENTE. Ne promettez pas plus que vous ne pouvez tenir, même pour plaire au client. La correspondance est un moyen de preuve en cas de contestation devant le Tribunal de Commerce (art. 109 du Code de Commerce). Et l'article 11 du Code oblige les commerçants à conserver leur correspondance pendant 10 ans.

Formules de début de lettre :

1. Pour débuter une correspondance, pour offrir ses services :

J'ai le plaisir de vous annoncer que...
J'ai l'avantage de vous informer...
Je prends la liberté de vous faire connaître que...
J'ai l'honneur de vous faire savoir que... (est une formule un peu vieillie, surtout utilisée dans la correspondance administrative).
ou bien : *Nous avons l'honneur, le plaisir...*

2. Pour demander des renseignements

Nous vous serions obligés de nous faire connaître, si possible par retour du courrier...
Je vous prie de me faire parvenir, dans les meilleurs délais, votre catalogue...
Vous nous obligeriez beaucoup en nous donnant des renseignements sur...
Nous aimerions savoir s'il est toujours possible d'obtenir... qui faisait l'objet de votre annonce parue dans (journal, magazine) du (date).

3. Pour confirmer une conversation téléphonique ou un télégramme ou rappeler une correspondance précédente :

Comme suite à notre conversation téléphonique de ce jour (d'hier), j'ai le plaisir de vous confirmer que...
Nous vous confirmons notre lettre du (date de la lettre) par laquelle nous vous faisions savoir que...
Je vous rappelle ma lettre du (date) au sujet de...

4. Pour passer une commande :

Nous vous serions obligés de nous faire parvenir dans le plus bref délai possible...
Veuillez, je vous prie, m'expédier le plus tôt possible...
Prière de nous envoyer immédiatement...

5. Pour recommander quelqu'un ou quelque chose :

J'ai l'honneur de vous recommander tout particulièrement M. X...
C'est avec plaisir que je recommande chaleureusement M. Z. qui m'a donné toute satisfaction pendant les nombreuses années pendant lesquelles il a collaboré avec moi...
Nous recommandons à votre bienveillant accueil...

6. Pour répondre à une lettre de demande de renseignements ou à une commande :

En réponse à votre lettre du (date), nous avons l'avantage de...
Je vous remercie de votre lettre du (date) et je m'empresse de vous communiquer les renseignements demandés.
Conformément à votre demande du (date), vous trouverez ci-inclus les documents voulus...
Me conformant à vos instructions données le (date), j'ai l'avantage de vous faire parvenir (savoir)...

Je viens de recevoir votre lettre du (date) et je vous confirme la mienne du (date) qui s'est croisée avec la vôtre...
J'accepte les conditions que vous me proposez par votre lettre du (date)...
Nous avons examiné la demande (la proposition) formulée dans votre lettre du (date) et c'est avec plaisir que...
En exécution de vos ordres, nous vous expédions aujourd'hui même...
Nous sommes disposés à donner suite à votre demande du (date)...

7. Lettre d'accompagnement de documents :

Veuillez trouver, ci-joint, notre catalogue (prix courant, brochure publicitaire), etc.
Nous vous prions de trouver, ci-joint, un chèque n°... de F. (montant du chèque), tiré sur (nom de la banque), en date de ce jour, en règlement de votre facture n°... Nous vous serions obligés, pour la bonne règle, de nous accuser bonne réception de cet envoi.
En possession de votre relevé du (date), j'ai l'avantage de vous envoyer ci-inclus un chèque... (un mandat-poste de F...).

8. Accusé de réception :

Nous avons bien reçu votre lettre du (date)...
Nous avons bien reçu votre chèque de F. (montant) en règlement de notre facture n°... et nous vous en remercions bien vivement.
Nous sommes en possession de votre commande du (date) et nous vous en remercions vivement.
Nous prenons bonne note du désir exprimé dans votre lettre du (date) et nous nous empressons de...
Je m'empresse de vous remercier pour le chèque de F.... que je viens de trouver dans mon courrier.

9. Envoi de traite à l'acceptation :

En couverture de nos factures n°..., n°..., et conformément à notre entente préalable, nous avons tiré sur vous une traite de F...., à 30 jours fin de mois.
Nous vous serions obligés de bien vouloir nous la retourner, dûment munie de votre acceptation, dans les meilleurs délais.

10. Pour réclamer le paiement d'une facture :

Je prends la liberté d'attirer votre attention sur ma facture n°... qui n'a pas encore été réglée, et je vous serais reconnaissant de bien vouloir faire le nécessaire.
Notre comptable nous fait remarquer que votre compte est débiteur de F...., que vous restez devoir sur notre relevé du mois dernier.
Nous vous serions obligés de bien vouloir...

11. Pour s'excuser, refuser, ou reconnaître une erreur :

Nous avons le regret de vous informer que...
C'est avec regret que...
Je suis au regret de ne pouvoir donner une suite favorable à votre requête du...
Malgré mon vif désir, il m'est impossible de donner suite à vos propositions...
Nous nous voyons dans la nécessité de décliner votre offre de...
Nous croyons devoir vous faire remarquer, en réponse à votre lettre du (date) que...
J'apprends avec un vif regret qu'une erreur s'est glissée dans...

Formules finales de politesse :

La formule finale doit toujours former un paragraphe séparé.
On calculera la longueur de la lettre afin de ne pas être obligé de renvoyer la salutation en tête d'une nouvelle page.
Il faudrait s'arranger pour faire passer en haut de cette page, la fin de la phrase précédente, si l'on ne peut faire tenir la salutation en bas de page, tout en laissant un espace suffisant pour la signature.
Si l'on doit utiliser une deuxième page, indiquer dans le bas de la première page à droite : .../...

1. Formules courantes employées par le client :

Veuillez agréer, Monsieur, nos salutations distinguées.
Je vous prie d'agréer, Messieurs, l'expression de mes sentiments distingués.
Agréez, Madame, mes salutations distinguées. (Cette finale est un peu sèche).
Agréez, Monsieur, mes sincères salutations.

2. Formules courantes employées par le fournisseur :

Nous vous prions de bien vouloir agréer, Messieurs, l'expression de nos sentiments dévoués.
Veuillez croire, Monsieur, à l'assurance de nos sentiments dévoués.
Dans l'espoir d'être favorisés de vos ordres, nous vous prions d'agréer, Messieurs...
Dans l'espoir de vos prochains ordres, je vous prie de croire, Madame, à l'assurance de mes sentiments dévoués.
Dans l'espoir que vous accepterez ces conditions, nous vous présentons, Messieurs, nos salutations les plus empressées.
En attendant le plaisir de vous lire, nous vous prions d'agréer, M...
Toujours dévoués à vos ordres, nous vous présentons, M...
Nous serions particulièrement heureux de traiter avec vous d'autres affaires, et, dans cette attente, nous vous prions d'agréer, Messieurs, l'expression de nos sentiments distingués.
Dans l'attente d'une prompte réponse, je vous prie d'agréer, M...
Veuillez agréer, Monsieur, l'expression de mes sentiments les meilleurs. (Cette formule suppose des relations plus cordiales, plus amicales, plus anciennes aussi, même en affaires).

3. Formules à utiliser pour écrire à une personnalité, à un supérieur hiérarchique :

Je vous prie de croire, Monsieur le Président, à mes sentiments respectueux.
Je vous prie de croire, Monsieur le Directeur, à mes sentiments respectueux et dévoués.
Je vous prie d'agréer, Monsieur le Directeur, l'expression de mon respectueux dévouement.

4. Formule finale d'un homme à une femme :

Je vous prie d'agréer, Madame, mes salutations respectueuses (l'expression de mes sentiments respectueux).

N.B. On peut toujours faire précéder la salutation proprement dite d'une formule d'usage de ce genre :
Nous espérons que ces renseignements vous donneront satisfaction et nous vous présentons, Messieurs, nos salutations distinguées.
En vous remerciant d'avance de votre amabilité...

L'enveloppe

L'enveloppe porte en général en haut à gauche, l'en-tête de la firme avec l'adresse complète de l'expéditeur.
Le nom du destinataire se place au centre de l'enveloppe.
Monsieur, Messieurs, Madame, Mesdames, Mademoiselle, Mesdemoiselles, doit toujours être écrit en toutes lettres. On peut mettre le prénom entier ou en abrégé :
Monsieur Jean Dupré
Monsieur J. Dupré
au-dessous se placent le numéro et le nom de la rue :
14, rue de l'Opéra
au-dessous le code postal suivi sans virgule du nom de la ville :
75001 PARIS

Les grandes entreprises possèdent généralement un numéro CEDEX (courrier d'entreprises à distribution exceptionnelle) qui figure dans l'adresse, il est bon de l'ajouter après le nom de la ville afin de faciliter la distribution du courrier :
75008 PARIS CEDEX 006

Pour éviter toute erreur lors de la mise sous enveloppe des lettres, les entreprises emploient bien souvent des enveloppes à fenêtres et l'on plie la lettre de manière à faire apparaître la vedette derrière la fenêtre.

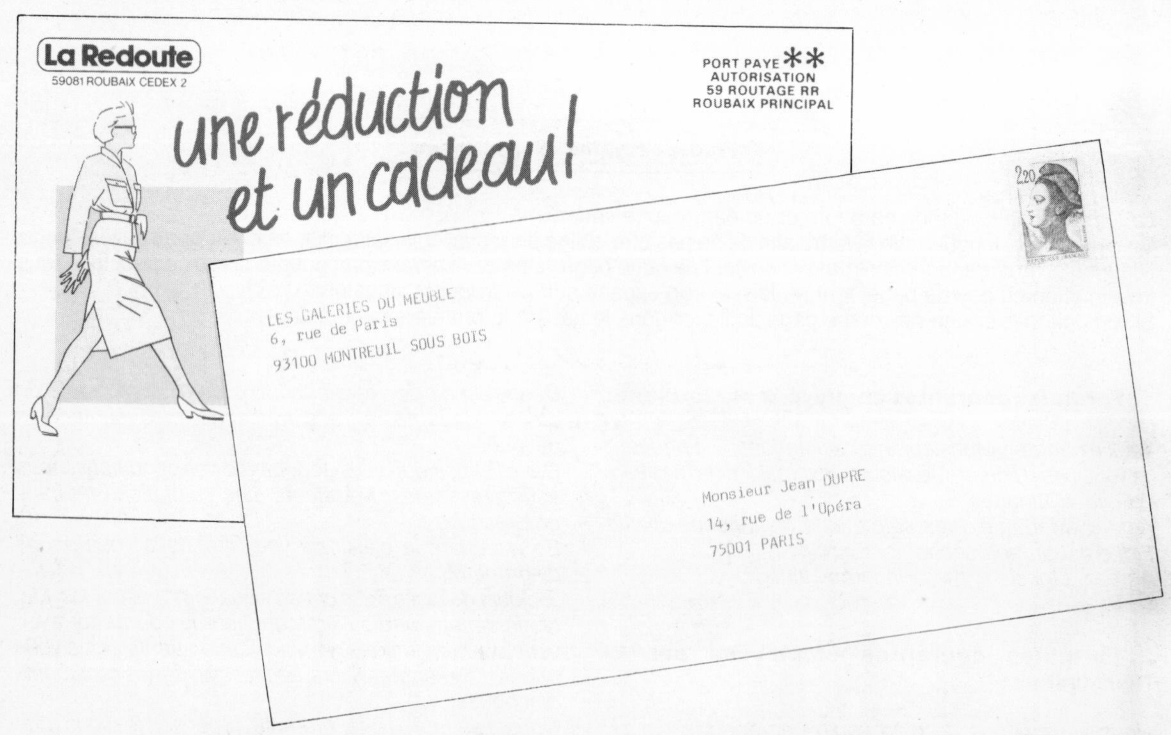

RAISON SOCIALE OU DÉNOMINATION COMMERCIALE DE L'EXPÉDITEUR

Forme Juridique de la société et montant du capital social

Adresse complète

Zone 1

Boîte postale	Numéro d'appel téléphonique
Adresse télégraphique enregistrée	Numéro de télex
Compte-courant postal	Références bancaires
Nº d'inscription au R.C. ou à la Ch. des m.	Numéro d'identification INSEE

Zone 2 (renseignements complémentaires ou motif publicitaire)

NOM ET TITRE

Société ou organisme

Nº voie, éventuellement localité

Département. Bureau distributeur

Zone 3 (nom et adresse du destinataire)

La zone 2 et la zone 3 peuvent être inversées.

Zone 4 (références)

VOS RÉF. :

NOS RÉF. :

OBJET :

P.J.-ANN. :

Lieu de départ

Le (date dactylographiée)

Zone 5 (texte)

Repère de pliage

Place en hauteur du titre de civilité (à déterminer d'après la longueur du texte)

Zone 3. Indiquer le département par son numéro suivi d'un espace.

- *Alinéas séparés par un interligne double de celui du texte.*
- *Retraits à la première ligne de chaque alinéa : non obligatoires. Longueur du retrait : non fixée.*
- *Sous-titres : précédés d'un interligne double de celui du texte,*
- *suivis par un interligne simple ou double.*
- *Signes « à suivre » : si une page comporte une suite, l'indiquer par trois points ou par deux groupes identiques de points séparés par une barre de fraction. Ce signe est placé à 25 mm du bord droit de la feuille et à un interligne double au-dessous de la dernière ligne du texte.*
- *Signes de fin de texte : indique qu'il ne reste plus normalement que la place nécessaire à une ligne de texte, à la formule de politesse, à la signature.*
- *Signe de bas de page : on ne peut dactylographier qu'une ligne !*
- *Lettre dépassant une page. Éviter d'utiliser le verso. Reporter tout ou partie du dernier alinéa, la formule de politesse et la signature sur la page « suite ».*
- *Signature. Réserver une hauteur de 30 mm. Faire précéder ou suivre la signature des noms et qualités du signataire. Porter ces mentions à l'alignement de la marge de gauche ou à la verticale de la date de la lettre.*
- *Post-scriptum : il doit être précédé de P.S.*
- *Page « suite ». Elle peut porter sur la première ligne : la référence abrégée de l'expéditeur, la date de la lettre, le nº du feuillet.*

Marge de gauche

Marge moyenne de droite

NORMOLETTRE A 4

210×297

MODÈLE DÉPOSÉ

LES ÉDITIONS FOUCHER

128, Rue de Rivoli PARIS (Iᵉʳ)

Placer Normolettre sur la feuille à dactylographier et pointer au crayon, les repères indispensables.

Signe fin de texte

Signe bas de page

Zone 6 *Renseignements complémentaires préimprimés.*

Demain, la bureautique

La Bureautique, est-ce simplement un mot made in France pour inciter à vendre des équipements de bureau le plus souvent importés de l'extérieur ? Ou bien ce vocable traduit-il une étape capitale dans les méthodes d'organisation du travail de bureau ?

LA BUREAUTIQUE : QU'EST-CE QUE C'EST ?

La bureautique représente des projets de réorganisation du travail de bureau qui tentent de répondre à l'évolution des contraintes économiques des entreprises, en mettant en œuvre des outils techniques nouveaux.

Concrètement, la bureautique, aujourd'hui, c'est surtout le traitement de texte. La gamme de produits proposés va de la machine à écrire *électronique* (machine à écrire normale dotée d'une mémoire de travail) au *mini-ordinateur* avec plusieurs postes de travail (terminaux écran/claviers et imprimantes) en passant par la *machine à traitement de texte* proprement dite (un écran, un clavier et une imprimante).

Ceci dit, les entreprises doivent savoir que les possibilités d'automatisation offertes par les matériels et les logiciels se multiplient :

• Les machines à traitement de texte permettent de saisir, de traiter (ajouter, insérer, corriger, centrer, justifier, césurer des mots), de stocker et de restituer (sur écran ou sur imprimante) du texte tels que des lettres ou des rapports.

• Les systèmes de courrier électronique : à partir du terminal d'un ordinateur, on peut expédier des messages vers un autre ordinateur ; inversement, on peut recevoir sur son terminal les messages émis par d'autres terminaux au sein d'un réseau de télécommunication.

• Les télécopieurs permettent la reproduction instantanée à distance via une ligne téléphonique, de tout document (imprimé, photographie ou dessin).

• Les agendas électroniques permettent des inscriptions de rendez-vous ou recherche automatique de plages horaires communes à plusieurs personnes.

• Les autocommutateurs programmables régulent l'activité téléphonique (rappel automatique de postes occupés, filtrage, numérotation extérieure abrégée...).

• Les systèmes de photocomposition offrent, par rapport aux machines à traitement de texte, des possibilités de composition des textes plus précises et plus variées (choix des paramètres typographiques, des corps et types de caractères...) et une sortie "photo" des documents.

Ainsi donc, la bureautique se présente comme une extension du phénomène informatique dans l'entreprise : l'information touche des tâches et des procédures jusque là "protégées" de l'informatique.

LA BUREAUTIQUE EST-ELLE RENTABLE ?

Les applications de type bureautique sont potentiellement rentables pour l'entreprise : les changements envisageables sont de nature à améliorer la productivité et, d'une manière plus large, la qualité du travail de bureau.

Des gains potentiels de productivité

Ils peuvent résulter de la conjonction de phénomènes tels que notamment :

• La suppression, par automatisation, de tâches manuelles répétitives (pour envoyer une lettre personnalisée à 100 destinataires, avec une machine à écrire classique, il faut taper 100 fois la lettre ; avec une machine à traitement de texte, il suffit de taper une fois la partie commune de la lettre et une fois la partie personnalisée, la "fusion" du texte de base et des parties spécifiques se faisant à l'impression.

• Le raccourcissement des circuits et des procédures (un système intégrant traitement de texte et photocomposition permet d'économiser les procédures classiques de composition : on entre le texte au terminal avec seulement en plus, les codes nécessaires pour composer le texte).

• La "banalisation" des tâches : grâce à la facilité et à la rapidité d'utilisation permises par le logiciel de traitement de texte, les corrections d'un texte peuvent être réalisées plus rapidement par "l'auteur" lui-même.

• Les gains de place par rapport au système d'archives ou de pelurier : le stockage de texte dans la mémoire de l'ordinateur ou sur des microfiches, permet de gagner de la place et d'économiser des allées et venues dans le service et entre les services.

Des gains potentiels de qualité

Ils peuvent concerner notamment :

• La présentation des informations et des documents : la possibilité de personnaliser et de soigner par justification à droite — la présentation d'un texte peut avoir un impact commercial appréciable.

• Les délais de réponse aux événements : le courrier électronique permettra d'accélérer la communication au sein de l'entreprise et entre celle-ci et son environnement.

• La fiabilité des informations, les possibilités de modification des textes offertes par les machines à traitement de texte rendent plus aisées, donc plus spontanées, les procédures de rectification et d'actualisation des informations stockées et diffusées.

• L'enrichissement du travail de conception et de prise de décision : il est permis par la possibilité de stocker, trier, combiner, comparer et diffuser des données numériques, textuelles et graphiques.

Des effets pervers

Des chiffres circulent à propos de la rentabilité des diverses applications de la bureautique. Mais on doit savoir que l'expérience montre notamment que :

• Ces gains sont plus ou moins importants selon le type d'activité concernée (pour ce qui concerne le traitement de texte, ces gains seront plus significatifs pour de volumineux rapports que pour de courtes lettres non répétitives).

• La recherche de gain maximum implique des solutions techniques intégrant un maximum de fonctions bureautiques et informatiques (gestion de fichiers, traitement de texte, comptabilité, courrier électronique, photocomposition...).

• Les changements peuvent avoir des "effets pervers" (l'auteur profitant des possibilités de modification des textes peut provoquer une augmentation du volume de papier).

• Les gains seront de plus en plus recherchés au niveau des "activités nobles", celles de conception et de décision : le travail du cadre sera de plus en plus modifié.

• Les critères classiques de mesure de la productivité et de la qualité du travail de bureau sont mal adaptés par rapport à ces changements (comment apprécier l'impact commercial de la présentation d'un texte ?).

• Enfin, n'oublions pas que ces gains sont POTENTIELS ; ils peuvent être hypothéqués en particulier par des facteurs sociaux ; des personnels mal formés ou peu motivés "sous-utiliseront" les systèmes techniques.

PROGRES TECHNIQUES ET BAISSE DE COUTS

Le développement des outils bureaucratiques est une manifestation concrète des récents PROGRES TECHNIQUES enregistrés tant sur le plan de l'intégration des composants (ex : micro-processeur) que sur l'imbrication de plus en plus poussée des techniques informatiques et de télécommunication (télématique). Donnons-en simplement un exemple. Une machine de traitement de texte est dans sa forme la plus simple, une machine à écrire, capable en plus d'enregistrer un texte frappé au kilomètre par un opérateur, puis de le restituer autant de fois que nécessaire, mis en page, justifié, les titres centrés, avec en plus la possibilité de le corriger, d'en modifier le découpage en paragraphes et en pages, d'y insérer des phrases, et d'y inclure par exemple des noms et adresses qui changent à chaque restitution. Tout ceci au moyen de quelques commandes simples et dans un temps très court.

L'équivalent en matériel électronique de la matière grise pour réaliser de telles fonctions, qui ne supposent pas de comprendre le texte traité, mais plus simplement de savoir reconnaître le début d'un mot ou les signes de ponctuation, est grossièrement d'environ cinquante mille transistors associés à une mémoire électronique contenant l'équivalent d'une vingtaine de pages dactylographiées, pour le texte lui-même et pour le programme de traitement.

Aujourd'hui, cette électronique qui est un peu le cerveau de la machine, occupe une carte de vingt centimètres de longueur sur quinze de large, et se vend au prix de dix mille francs. Il y a seulement huit ans, cet encombrement et ce prix étaient multiplié par dix.

LA BAISSE DE COÛTS des composants électroniques de base explique l'intérêt économique que peuvent représenter d'ores et déjà ces outils pour les entreprises.

D'après "*Le Courrier de la Chambre de Commerce et d'Industrie de Paris*"

A technique nouvelles, définitions nouvelles

Informatique : Désigne tout ce qui a trait au traitement électronique de l'information par ordinateur.

Ordinateur : Machine électronique permettant le traitement automatique de l'information à partir de programmes enregistrés.

Logiciel : Désigne la matière grise de l'ordinateur : ensemble de tous les programmes qui sont à sa disposition.

Télématique : Résultat du mariage entre TÉLÉCOMMUNICATION et INFORMATIQUE donnant la possibilité d'accès immédiat et à distance, à l'information gérée par un ordinateur, grâce à un terminal : une télévision, un téléphone, après adaptation, peuvent être utilisés dans ce but.

Bureautique : Automatisation des tâches de secrétariat et de Bureau grâce à des matériels électroniques, similaires aux ordinateurs mais en plus petits (mini-informatique). Une certaine polyvalence est requise pour recouvrir au niveau du bureau, ces tâches aussi variées que le traitement de textes, le courrier répétitif, le traitement de l'information (gestion de fichiers, archivage, recherche documentaire), la comptabilité, la paie, etc.

Terminal : Poste de travail constitué par un écran et un clavier, relié à distance à un ordinateur (éventuellement par ligne téléphonique) et permettant d'entrer ou de recevoir de l'information.

Base de données et banques de données : Une base de données bibliographiques est un système de recherche d'informations permettant de retrouver des références d'articles ou d'ouvrages à partir de mots clés.
Une banque de données par contre, permet de retrouver directement l'information : elle peut être numérique (séries chronologiques, etc.), textuelle (texte juridiques, etc.), factuelle (renseignements sur les entreprises, etc.).

Producteur et serveur : Le producteur de bases ou de banques de données fournit les informations. Le serveur en assure la diffusion commerciale à partir d'un ordinateur accessible à distance.

Programme : Suites ordonnées d'instructions destinées à traiter des informations pour obtenir des résultats.
Ces instructions sont rédigées dans un langage accepté par l'ordinateur.

Notes sur la lecture :

matériel	hardware
logiciel	software
insérer	to insert
césurer	couper un mot - to hyphenate
une plage horaire	une heure convenable pour tous les gens concernés
le filtrage	screening
une tâche	un travail - a task, a chore
une pelure	on gardait tous les doubles de la correspondance sur papier pelure (onion skin copies)
une micro-fiche	a microfilm
la fiabilité	reliability
un effet pervers	an adverse effect

3. Les sociétés françaises

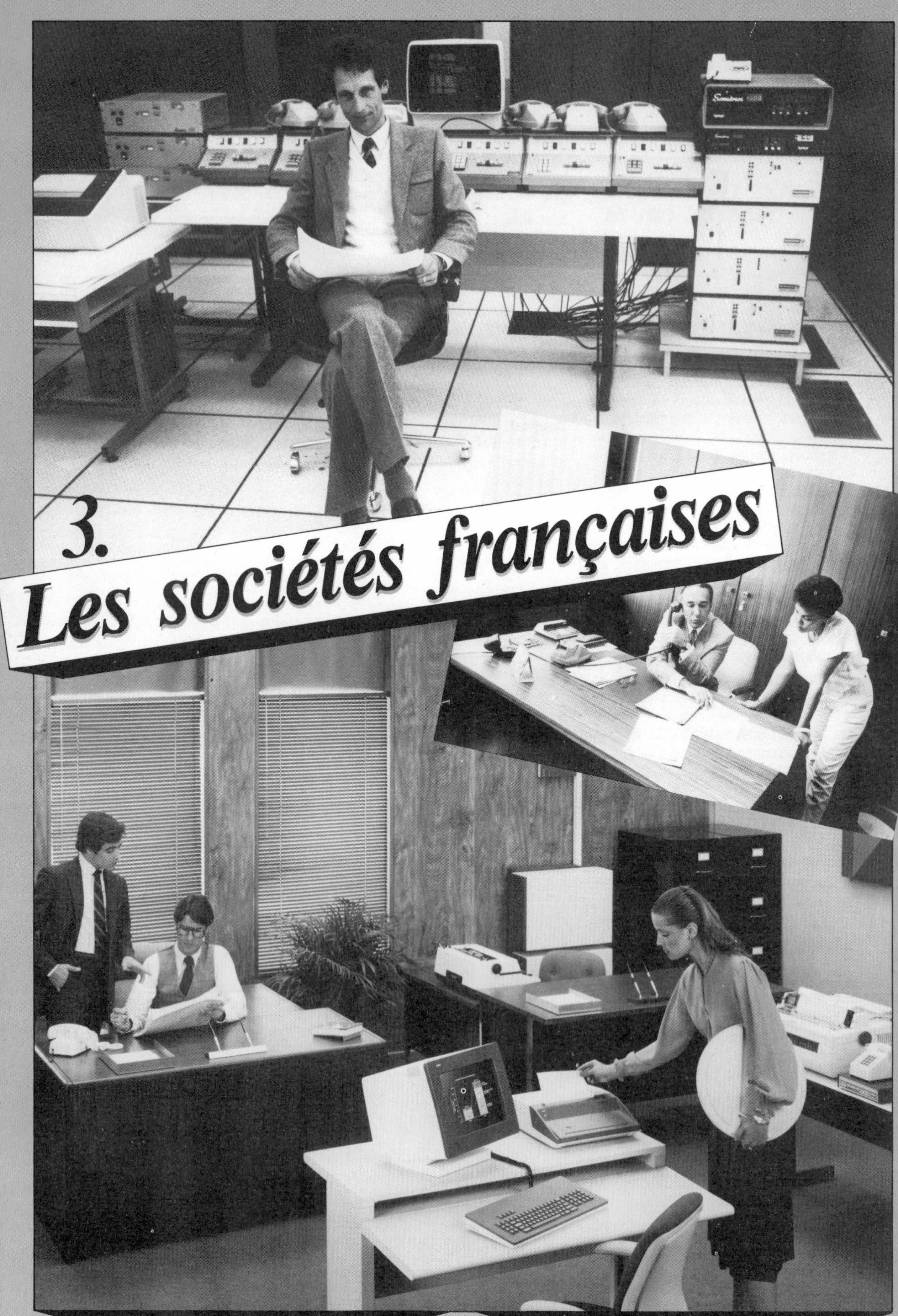

M. Perrier : Bonjour, cher Monsieur. J'espère que vous ne m'en voulez pas trop de n'avoir pu vous accueillir moi-même, mais ce voyage à Perpignan ne pouvait pas être remis à plus tard.

Paul : Je comprends fort bien et je dois dire que Mme Moreau m'a reçu très aimablement.

Perrier : Oui, elle m'a même dit qu'elle vous avait donné du travail dès le premier jour !

Paul : Mais, je suis là pour cela, et c'était très intéressant...

Perrier : Elle m'a dit aussi que vous vouliez me poser des questions sur les sociétés françaises.

Paul : Dans mon cours de français des affaires, j'ai étudié les différentes formes de sociétés françaises, mais je ne suis pas sûr d'avoir tout compris, c'est assez différent chez nous ! Puisque vous êtes gérant, je pense que les "Galeries du Meuble" sont une S.A.R.L., une société à responsabilité limitée. Mais quelles différences y a-t-il entre une S.A.R.L. et une Société Anonyme ?

Perrier : Une Société Anonyme est une société beaucoup plus importante. C'est une société de capitaux. Son capital social est représenté par des actions cessibles et souvent côtées en bourse. A sa tête, il y a un P.D.G. et un Conseil d'Administration. Depuis 1966, un nouveau type de S.A. est venu s'ajouter au précédent, dans lequel la direction est assurée par un Directoire de cinq membres au plus, assisté d'un Conseil de Surveillance composé d'actionnaires. Dans les deux cas, les actionnaires participent — de loin — à la gestion, car ils ont le droit de vote lors des Assemblées Générales et ils touchent des dividendes, c'est-à-dire une part de bénéfices proportionnelle au nombre d'actions qu'ils possèdent. Les sociétés anonymes doivent envoyer aux actionnaires le procès-verbal de chaque Assemblée Générale et publier un rapport annuel à la fin de l'exercice comptable...

Paul : Pourquoi dites-vous que les actionnaires participent de loin à la gestion ?

Perrier : Parce que ce sont les membres du Conseil d'Administration qui dirigent la société avec le Président-Directeur Général. Les actionnaires ont une voix par action et ils sont consultés pour un certain nombre de décisions : une éventuelle fusion avec une autre société, une augmentation de capital, un changement dans la raison sociale, etc. Les grandes décisions sont prises par le P.D.G. en conseil d'administration.

Paul : Pourquoi parle-t-on de Société Anonyme ? Moi, cela me fait penser à une société secrète, vraiment très louche ! Un peu comme une lettre anonyme...

Perrier : C'est tout simplement pour la distinguer nettement de la Société en nom collectif qui comporte généralement dans sa raison sociale le nom de famille des associés, alors que dans la S.A., tout comme dans la S.A.R.L. d'ailleurs, la raison sociale reflète plutôt l'activité de la société, par exemple COGENEL (Compagnie Générale d'Electricité), USINOR, etc., ou le lieu d'exploitation : CREUSOT-LOIRE, LA REDOUTE, etc. La société en nom collectif est une société de personnes, et tous les associés sont commerçants et responsables sur la totalité de leurs biens du passif de l'entreprise alors que les actionnaires d'une S.A. ne peuvent perdre, en cas de dépôt de bilan, que la valeur des actions qu'ils possèdent. La S.A.R.L. est aussi une société de personnes, le capital social est représenté par des parts d'intérêt non négociables et non librement cessibles. Le nombre d'associés est limité à 50, au maximum, mais en général, il y en a beaucoup moins, nous ne sommes que quatre. Mais notre responsabilité est limitée à notre apport de capital. Si l'historique de notre entreprise vous intéresse, c'est mon grand-père qui en est le fondateur. Il s'agissait d'une entreprise individuelle et il était commerçant. A sa mort, ses deux fils ont hérité de l'affaire, mon père et mon oncle se sont associés et ont créé une société en nom collectif « PERRIER FRERES, FABRIQUE DE MEUBLES ». Quand ils ont décidé de se retirer des affaires, mon cousin et moi avons pris la décision de dissoudre la société en nom collectif pour en créer une autre, une S.A.R.L., cette fois, en raison de la conjoncture économique actuelle qui présente bien des dangers pour les commerçants, les entreprises sont à la merci des crises économiques, des faillites qui font "boule de neige" et qui peuvent en entraîner d'autres... si vos débiteurs ne peuvent pas vous payer, vous risquez fort de ne pas pouvoir payer vos créanciers ! Pour augmenter le capital de cette nouvelle société, nous avons admis comme associés ma femme et son frère, nous sommes donc quatre...

Paul : Je sais qu'il faut être au moins deux

pour former une S.A.R.L. Mais que se passe-t-il si l'un de ces deux associés meurt ? Est-ce que cela entraîne la disparition de la société ? Est-ce que le survivant devient commerçant responsable sur la totalité de son patrimoine ?

Perrier : Oui, cela entraîne la dissolution de la S.A.R.L. Mais depuis 1986, le législateur a prévu une nouvelle forme juridique d'entreprise : l'E.U.R.L., l'entreprise unipersonnelle à responsabilité limitée, qui permet à un entrepreneur de n'être responsable que sur son apport en capital.

Paul : Une autre question : est-ce au prorata des parts d'intérêts que vous répartissez les bénéfices entre les partenaires ?

Perrier : Oui mais je vous arrête ! Attention au mot "partenaire", il existe en français, mais avec un sens un peu différent : on parle de ses partenaires au bridge, au tennis, mais de ses associés en affaires...

Paul : Ah bon, mais j'ai entendu parler de "partenaires sociaux"...

Perrier : Oui, alors là, il s'agit des représentants du patronat, des syndicats, des délégués du personnel, de l'administration, etc., c'est un autre contexte, politique celui-là...

Paul : Et la commandite ? Vous ne m'en avez pas parlé.

Perrier : Non, parce que c'est une forme en voie de disparition. Il y en a deux types : la commandite simple et la commandite par actions. Deux catégories d'associés dans chaque type, les commandités, qui ont un statut identique à celui des associés en nom collectif, qui sont donc commerçants et responsables sur la totalité de leurs biens. Ce sont eux qui sont chargés de la gestion. Les commanditaires sont ceux qui ont investi de l'argent dans l'affaire. Ils ne sont pas commerçants et leur responsabilité s'arrête au montant de leur investissement. Dans la commandite simple, ils restent associés jusqu'à la dissolution de la société et leur apport est représenté par des parts d'intérêt, tandis que dans la commandite par actions, les commanditaires sont comparables aux actionnaires d'une S.A.

Paul : Merci beaucoup, cela devient beaucoup plus clair ! J'ai encore une petite question : qui touche des tantièmes ?

Perrier : Ils sont interdits depuis le 1er janvier 1978 ! C'était une quote-part des bénéfices qui était distribuée aux administrateurs d'une S.A. Maintenant, pour leur rémunération, ils ne touchent plus que des jetons de présence dont le montant est fixé par l'Assemblée Générale.

Paul : Tout à l'heure vous avez parlé de "dépôt de bilan", je croyais que le bilan était une pièce comptable...

Perrier : C'en est une, en effet, qui fait apparaître l'actif et le passif, mais pendant une période difficile, de stagnation ou de récession, le chiffre d'affaires d'une entreprise peut baisser à tel point que celle-ci ne peut plus faire face à ses échéances, c'est-à-dire payer ses créanciers, elle doit déposer son bilan au tribunal de commerce et le juge prononcera soit le redressement judiciaire, soit la liquidation judiciaire, ou la faillite.

Paul : Encore une question, on a beaucoup parlé récemment de « privatisations », est-ce que c'est la même chose que les dénationalisations ?

Perrier : Oui. Comme vous le savez le gouvernement socialiste avait nationalisé de nombreuses entreprises de pointe, dans l'aviation, l'électronique, l'informatique, ainsi que les banques... Puis, lorsque la droite est revenue au pouvoir, un certain nombre de ces entreprises ont fait l'objet de privatisations, et sont retournées dans le secteur privé, c'est le cas de Saint Gobain, Paribas, etc... Sur cette lancée, on a même privatisé une chaîne de télévision T.F.1 devenue la « Une ».

Paul : Et maintenant qu'il y a de nouveau gouvernement socialiste, va-t-on les nationaliser à nouveau ?

Perrier : Ah, je ne le pense pas, mais... sait-on jamais ?

Paul : Je vous remercie de tous ces renseignements et du temps que vous avez bien voulu m'accorder. Permettez-moi, maintenant, de prendre congé.

VOCABULAIRE

une Société Anonyme : *a corporation (no real equivalent)*
une société de capitaux : *a joint stock company*
le capital social : *nominal capital, stock holder's equity, capital stock*
cessible : *transferable*
coté : *quoted*
un P.D.G. (Président-Directeur Général) : *Chairman of the Board of Directors*
le Conseil d'Administration : *Board of Directors*
un Directoire : *a directorate*
un Conseil de Surveillance : *a board of supervisors*
un actionnaire : *a stock holder, share holder*
une Assemblée Générale : *a General Meeting of shareholders*
toucher des dividendes : *to receive dividends*
le bénéfice : *profit*
le procès-verbal : *the minutes, the report*
le rapport annuel : *the yearly report*
un exercice comptable : *financial year*
une voix : *a vote*
une fusion : *a merger*
une augmentation : *an increase*
louche : *shady (adjective)*
une société en nom collectif (S.N.C.) : *a general partnership*
une société de personnes : *a partnership*
un commerçant : *a trader, a merchant*
le passif : *the liabilities*
le bilan : *the balance sheet*
une part d'intérêt : *a stake, a share*
la raison sociale : *the trade name / corporate name*
se retirer des affaires : *to retire from business*
dissoudre : *to dissolve*
la conjoncture économique : *the economic situation*
la faillite : *bankruptcy*
prorata ; *proportional part*
répartir : *to share, to divide*
un partenaire : *a partner, (sports, game)*
un associé : *a partner, an associate (business)*
un syndicat : *a union*
un délégué du personnel : *a personnel representative*
la commandite : *limited partnership (no real equivalent)*
le commandité : *active partner*
le statut : *regulation, statute*
le commanditaire : *the sleeping partner*
un tantième : *a percentage (no real equivalent)*
une quote-part : *a quota*
une rémunération : *a salary*
un jeton de présence : *director's fees*
l'actif (m.) : *the assets*
la stagnation : *stagnation, dullness*
la récession : *recession*
le chiffre d'affaires : *turnover, sales volume*
une échéance : *date of maturity*
le redressement ou règlement judiciaire : *judiciary settlement*
la liquidation judiciaire (des biens) : *liquidation*
une entreprise de pointe : *high technology firm, leading firm*
l'informatique (f.) : *computer science, data processing*
prendre congé : *to leave*

QUESTIONS ORALES

1. Qui est à la tête d'une S.A.R.L. ? d'une Société Anonyme ?
2. Comment appelle-t-on les associés d'une Société Anonyme ?
3. Quand les actionnaires peuvent-ils voter ?
4. Qu'est-ce qu'un dividende ?
5. Qu'appelle-t-on Société de personnes ?
6. Comment répartit-on les bénéfices dans une S.A.R.L. ?
7. Qu'est-ce qu'un commandité ?
8. Qu'est-ce qu'un commanditaire ?
9. Que fait un commerçant qui ne peut plus payer ses créanciers ?
10. Qu'est-ce qu'une entreprise nationalisée ?

EXERCICES ECRITS

1. Terminez la phrase de façon significative :

1. Le (la) .... est la dénomination sous laquelle un commerçant exerce son activité.
   - label
   - marque
   - raison d'être
   - raison sociale
2. Une société désigne le groupement des ....
   - associés
   - sociétaires
   - partenaires
   - tributaires
3. La .... de notre société est régulière et constante puisqu'elle a décuplé son chiffre d'affaires en dix ans.
   - modération
   - récession
   - progression
   - stagnation
4. La Régie Renault est une entreprise ....
   - nationalisée
   - privatisée
   - privée
   - gouvernementale
5. C'est .... qui assume la gestion d'une Société Anonyme.
   - le directoire
   - le conseil de surveillance
   - l'assemblée générale
   - le commanditaire
6. Le .... de cette société, réuni au mois de décembre, a examiné les résultats de l'exercice en cours.
   - conseil de l'ordre
   - conseil d'administration
   - conseil des prud'hommes
   - conseil d'état
7. Les actionnaires touchent des .... pour chaque action.
   - intérêts
   - dividendes
   - bénéfices
   - agios
8. Cette entreprise fait l'objet d'une .... de redressement judiciaire après les sérieuses difficultés de ces mois derniers.
   - procédure
   - solution
   - poursuite
   - conduite
9. Les actionnaires de cette société vont bénéficier des bonnes performances de la société. Outre un ...., ils vont recevoir une action gratuite pour cinq anciennes.
   - ratio
   - intérêt
   - dividende
   - bénéfice
10. En cette période de crise, les entreprises n'ont jamais été si nombreuses à .... leur bilan.
    - disposer
    - déposer
    - exposer
    - établir

2. Mettez au pluriel les phrases suivantes :

1. La société dispose d'un bureau central commun à chaque filiale. C'est le siège social où se tient l'assemblée générale.
2. Le projet d'expansion doit être très sérieusement calculé.

3. Faites une phrase en employant les mots ou groupes de mots suivants :

- Assemblée Générale - réunir - le mois dernier
- Actionnaires - toucher - dividendes.

4. Vrai ou faux ?

1. Les membres d'un conseil de surveillance perçoivent pour leur travail des tantièmes. VRAI FAUX
2. Une société en nom collectif est une société de capitaux. VRAI FAUX
3. La S.A.R.L. est une société anonyme à responsabilité limitée. VRAI FAUX

5. Choisissez dans la liste des mots ci-dessous celui qui correspond à sa définition et écrivez-le sur la ligne correspondant au bon choix.

chiffre d'affaires - bilan - bénéfice - raison sociale - actionnaire

— .... : inventaire périodique de ce qui est dû par une entreprise.

— .... : détenteur d'une fraction du capital d'une société.

— .... : appellation sous laquelle fonctionne une entreprise.

— .... : montant total des ventes pour une période donnée.

— .... produit net d'une entreprise au terme d'un exercice.

6. Trouvez le mot qui manque dans les phrases suivantes (le même mot dans les phrases a, b, et c) et faites vous-même une phrase utilisant ce mot.

1er mot : ....

a. Lorsqu'une entreprise est en cessation de paiements, le tribunal de commerce peut déclarer le .... judiciaire.

b. Dans toute entreprise ou administration, il y a un .... intérieur.

c. Enfeindre le .... expose à des sanctions.

d. ....

2e mot : ....

a. Le .... est le bénéfice d'une société de capitaux qui est à partager entre les associés.

b. En arithmétique le .... est le nombre qui doit être divisé par un autre.

c. Cet actionnaire touchera de gros ...., à condition qu'aucun incident politique ne survienne.

d. ....

7. Version :

1. Avez-vous lu le procès-verbal de la séance ?

2. Leur bilan montre que c'est une entreprise en pleine expansion.

3. Il faut favoriser l'expansion des petites et moyennes entreprises.

4. Notre P.D.G. doit se rendre à Bruxelles lundi et mardi prochains.

5. Les entreprises de taille moyenne sont souvent des entreprises familiales.

6. Son nom n'apparaît pas dans l'organigramme.

7. On pense que la fusion aura lieu prochainement.

8 Un commerçant est responsable des dettes de son entreprise.

9. Le rapport annuel a été approuvé à l'unanimité.

10. C'est le P.D.G. d'une S.A. dont les actions sont cotées en bourse.

8. Thème :

1. The number of stock-holders in France has risen to 7.5 million.

2. A merger occurs when 2 or more companies of approximately equal size join forces to form a single, larger and consequently stronger unit.

3. The annual general meeting will be held at Winchester House. If you would like to receive a copy of the annual report, please complete the coupon.

4. The General Manager's role is to study the problems relevant to the general policy of the company and make decisions.

5. A sole trader is one who owns a business alone.

6. Many small firms, hit by the recession, have had to file their petitions in bankruptcy.

7. Most of the time, Directors agree with the President of the Board.

8. It is an American firm whose Head office is in New York.

9. Our new subsidiary is doing quite well, the results are encouraging.

10. The modification of the articles of Association will have to be submitted to the General Meeting.

9. Correspondance :

[1] Pour améliorer vos capacités linguistiques et votre connaissance de l'entreprise, vous désirez effectuer, l'été prochain, un stage dans un établissement commercial français.

A cet effet, vous vous proposez de faire publier une annonce dans un journal hebdomadaire français de grande diffusion, en donnant toutes les informations utiles sur vous-même et ce que vous cherchez.

Rédigez et **présentez** cette annonce comme vous souhaiteriez qu'elle paraisse dans ce journal.

[2] Le Directeur Commercial de la société où vous travaillez doit se rendre à Paris pour rencontrer des fournisseurs potentiels. Comme il souhaite en voir un certain nombre en deux jours seulement, il a décidé de louer un bureau avec service de secrétariat et de photocopie, ligne téléphonique et accès à un télex.

Il vous charge de rédiger une lettre pour exposer sa demande et s'informer des tarifs et conditions auprès de plusieurs « centres d'affaires ».

Vous **rédigez** cette lettre.

10. Compréhension de texte :

OUVERTURE DES CONSEILS D'ADMINISTRATION AUX CONSOMMATEURS

Qui mieux que le consommateur lui-même peut savoir quels sont les produits dont il a besoin, ceux qu'il préfère et ceux qu'il souhaite acheter ? Personne. Les entreprises l'ont bien compris puisqu'elles font un large usage des études de marché qui sont précisément là pour leur apporter l'opinion du consommateur et les informer sur les chances de vente de leurs produits.

Pourquoi dans ces conditions limiter cette consultation au consommateur individuel et ne pas l'étendre systématiquement aux organisations représentatives des consommateurs ? Les firmes y gagneraient dans la définition de leur stratégie industrielle et les consommateurs seraient assurés de trouver sur le marché les produits répondant à leurs besoins.

Les partenaires de la production étaient jusqu'ici au nombre de deux : le patronat d'un côté et les organisations syndicales de l'autre. Il devrait y avoir aujourd'hui une place pour l'usager, expliquent les responsables représentatifs de 5 000 associations familiales locales de consommateurs.

Présents aujourd'hui dans les organismes sociaux, ils demandent à l'être également dans les organismes économiques, dans les conseils d'administration des firmes ou dans les organisations professionnelles. C'est, à leur avis, le moyen de laisser les consommateurs intervenir dans la vie économique non plus seulement comme critiques mais comme partenaires majeurs. Dans le but de réaliser des économies de matières premières et de mieux répondre aux besoins des consommateurs, ils souhaitent que soit définie et mise en œuvre une nouvelle stratégie industrielle qui donne la priorité à une conception des produits orientée en fonction de leur "utilité sociale" réelle.

Il est grave, expliquent-ils, de constater que les termes de l'échange dépendent essentiellement des producteurs qui orientent les fabrications et la vente des produits sans réflexion sur leur utilité. Ils souhaitent ouvrir la chasse aux gadgets et à la fausse innovation. Mais toute la difficulté consiste à savoir comment définir cette notion d'"utilité sociale" qui est obligatoirement subjective. En attendant, les consommateurs risquent d'avoir beaucoup de mal à convaincre les industriels qu'innovation ne rime pas toujours avec progrès.

Les Echos, 22 mars 1979

[A] **Répondez** aux questions suivantes :

1. Quel est le rôle des études de marché effectuées par les entreprises ?
2. Quels devraient être, selon les représentants des consommateurs, les partenaires de la production ?
3. Pourquoi est-il souhaitable qu'une nouvelle stratégie industrielle soit définie ?
4. Que veulent exactement les consommateurs qui s'expriment dans ce texte ?
5. Selon vous, le consommateur doit-il être un partenaire de la vie économique ? Pourquoi ?

[B] **Résumez** le texte ci-dessus en une dizaine de lignes.

11. Jeu de rôles :

Le P.D.G. de la société AUX MEUBLES GOURMANDS, S.A. a réuni le Conseil d'Administration pour discuter d'une fusion éventuelle avec LES GALERIES DU MEUBLE. La discussion portera sur les avantages et inconvénients de cette fusion, sur le coût de l'opération, sur les arguments à invoquer pour convaincre M. Perrier, les actionnaires de la S.A. . Une partie du Conseil sera pour la fusion, l'autre sera contre. Qui va l'emporter ? A vous de jouer...

Notes sur la lecture :

le gaspillage : dépense inutile, gâchis (waste).

pérégrin : voyageur.

publicain : dans l'antiquité romaine, le publicain était chargé de faire rentrer les impôts.

l'Evangile : livre qui contient la doctrine de Jésus-Christ.

affermer : donner ou prendre à bail (to give or take on lease).

la perception : tax collection.

le droit : l'ensemble des règles qui régissent les hommes dans une société. La loi.

tranché : résolu.

parachevé : complètement terminé.

Bilan au 31 décembre 1984

Actif	1984 Brut	1984 Amortissements et provisions	1984 Net	1983 Net
Actif immobilisé				
Immobilisations incorporelles				
Frais d'établissement	5 406 108	1 835 608	3 570 500	–
Brevets, licences, marques	197 920	–	197 920	–
Fonds commercial				
Autres				
Immobilisations corporelles				
Terrains				
Constructions				
Installations techniques, matériel et outillage industriel				
Autres				
Immobilisations corporelles en cours				
Avances et acomptes				
Immobilisations financières (1)				
Participations				
Créances rattachées à participations				
Autres titres immobilisés				
Prêts				
Autres				
Total actif immobilisé				
Actif circulant				
Stocks en cours :				
□ Matières consommables				
Avances et acomptes versés sur commandes				
Créances d'exploitation :				
□ Créances clients et comptes rattachés				
□ Autres				
Créances diverses				
Valeurs mobilières de placement				
Disponibilités				
Total actif circulant				
Comptes de régularisation				
Charges constatées d'avance				
Charges à répartir sur plusieurs exercices				
Total comptes de régularisation				
Ecarts de conversion Actif				
Total général				

(1) dont à moins d'un an.

Passif	1984	1984	1983	1983
Capitaux propres				
Capital	136 630 500		124 209 600	
Primes d'émission, de fusion, d'apport	274 176 409		162 388 309	
Ecarts de réévaluation	11 864 573		12 502 673	
Réserves :				
□ Réserve légale	16 432 933		11 386 524	
□ Réserves réglementées	51 080 110		46 319 863	
□ Autres	59 567 304		19 788 081	
Report à nouveau	16 570 842		10 164 754	
Résultat de l'exercice	43 391 324		100 928 200	
Subventions d'investissement	8 357 189		11 337 329	
Provisions réglementées	5 781 288		5 319 728	
Total capitaux propres		**623 852 472**		**504 345 061**
Provisions pour risques				
Provisions pour risques	11 986 720		9 802 137	
Provisions pour charges	1 664 128		–	
Total provisions pour risques		**13 650 848**		**9 802 137**
Dettes (1)				
Dettes financières				
Emprunts obligataires convertibles	206 191 920		–	
Emprunts et dettes auprès des établissements de crédit (2)	121 111 982		237 051 383	
Emprunts et dettes financières divers	56 843 023		71 835 617	
Avances et acomptes reçus sur commandes en cours	443 177		–	
Dettes d'exploitation				
Dettes fournisseurs et comptes rattachés	15 506 748		9 209 613	
Dettes fiscales et sociales	12 831 079		23 597 411	
Autres dettes	5 182 767		–	
Dettes diverses				
Dettes sur immobilisations et comptes rattachés	1 992 866		304 410	
Dettes fiscales (impôt sur les bénéfices)	6 962 406		3 193 888	
Autres	1 002 259		–	
Produits constatés d'avance	–		114 464	
Total des dettes		**428 068 227**		**345 306 786**
Ecarts de conversion Passif	58 110	**58 110**	–	–
Total général		**1 065 629 657**		**859 453 984**
(1) dont à plus d'un an.	347 086 371		253 952 698	
dont à moins d'un an.	80 981 856		91 354 088	
(2) dont concours bancaires courants et soldes créditeurs de banques.	1 428 660		1 428 837	

Les sociétés commerciales

On dénombre en France un peu plus de cent cinquante mille sociétés commerciales. Les neuf dixièmes sont des affaires familiales moyennes et plus souvent petites, ou même de pures façades pour des entreprises individuelles, voire des sociétés de fait ou des sociétés fictives. Mais deux mille de ces sociétés, cotées en Bourse, placent leurs titres dans le public, drainent une part importante de l'épargne privée, dominent la vie de milliers de salariés, tiennent en main tous les secteurs de l'économie nationale. Les revues financières qui dressent l'inventaire périodique des sociétés françaises les plus notables ou des valeurs clefs de la Bourse permettent de fixer des ordres de grandeur. Mais la première société française vient, en Europe, loin derrière Royal Dutch Shell, Unilever, British Petroleum, National Coal Board, l'E.N.I., Imperial Chemical Industries, Philips, Volkswagen, Fiat, Siemens. Et il y a encore plus important que ces sociétés commerciales européennes. Que l'on y songe : la General Motors — il est vrai la plus puissante des sociétés commerciales — réalise chaque année un chiffre d'affaires égal au budget de la France, des bénéfices équivalents au chiffre d'affaires de la S.N.C.F., emploie plus d'un demi-million de salariés et voit son personnel varier d'une amplitude égale au personnel de la Régie Renault.

L'importance des sociétés commerciales n'est pas seulement économique et quantitative. Elle est aussi politique. L'entreprise est le terrain où se joue la lutte des classes, qui prend son tour le plus significatif dans les entreprises privées, c'est-à-dire les sociétés commerciales. Sauf révolution politique, la transformation des conflits sociaux passe par la réforme de l'entreprise et des sociétés. Comme on l'a écrit : "L'entreprise (c'est-à-dire avant tout la société commerciale) est un lieu d'élection pour réussir les conciliations dont nous ressentons la nécessité et dont nous avons commencé l'expérience. Qu'il s'agisse de combiner la planification et les mécanismes du marché ; la liberté d'entreprendre et l'exclusion du gaspillage ; la recherche du profit et le service du bien commun ; la compétition et la loyauté ; l'égalité des chances et les droits tirés de l'héritage : l'autorité des dirigeants et le contrôle de leurs actes... ; les solutions éviteront plus sûrement l'abstraction et l'imprécision si (elles) se construisent à partir de l'entreprise, cellule de l'économie concrète, microcosme social".

Comment donc se constituent, s'organisent et fonctionnent en France, ces sociétés commerciales ? Et d'abord comment se définissent-elles ?

Définition de la société

Il est, pour un juriste, non pas une, mais trois définitions au moins de la société — civile ou commerciale — qui correspondent à trois moments de son histoire, à trois niveaux de son organisation.

La société se définit d'abord comme un *contrat* et plus précisément comme le contrat par lequel deux ou plusieurs personnes conviennent de mettre quelque chose en commun dans la vue de partager le bénéfice qui pourra en résulter. La formule est dans le Code civil à l'article 1832. Ses auteurs l'avaient copiée dans le *Traité du contrat de société*, publié en 1749 par Pothier, lequel la tenait de Domat, qui l'avait inscrite un demi-siècle plus tôt dans ses Lois civiles. Elle était, en fait, dès le XVIIe siècle, la définition ordinaire et La Fontaine l'avait même mise en vers (1). Les premiers éléments s'en trouvaient dans le *Digeste* de l'empereur Justinien, au VIe siècle de notre ère, provenus des travaux et des réflexions inspirés aux juristes de la Rome républicaine et impériale par la considération de ces conventions conclues entre marchands latins et pérégrins ou par ces publicains dont parle l'Evangile, à qui l'Etat affermait la perception des impôts dans les provinces de l'Empire. Notre droit a recueilli et maintenu ce vieil héritage. Aujourd'hui encore, portée par la tradition, soutenue par son style, la définition de l'article 1832, célèbre, vieillie et pieusement conservée, demeure la première que, de génération en génération, les juristes apprennent et se transmettent à l'Ecole comme au Palais.

La société, il est vrai, est aussi une *personne morale*, comme on dit, caractérisée par son objet — l'exercice d'une activité économique — son mode de financement — collectif et privé — et son but — la recherche du profit. Cette deuxième définition n'était pas tout à fait inconnue des législateurs napoléoniens. Mais elle n'est pas dans le Code civil, sinon d'une manière implicite. Et elle ne s'est imposée véritablement à la pratique juridique que dans le cours du XIXe siècle, après la révolution industrielle, avec le développement de ces grandes sociétés capitalistes dont l'organisme est si complexe qu'il paraît animé d'une vie personnelle par-delà le pacte social dont il tient le jour. La reconnaissance de cette personnalité juridique n'est d'ailleurs pas allée sans mal. Il y eut à son sujet de belles batailles dans le monde des juristes. On se demandait si la personnalité des sociétés, simple fiction de la loi, était un privilège dont le législateur devait régler l'attribution ou une réalité devant laquelle le droit lui-même n'avait qu'à s'incliner. On s'interrogerait sur la personnalité des sociétés étrangères, sur celle des sociétés en voie de constitution ou de dissolution, des sociétés nulles. Ces controverses sont aujourd'hui tranchées ou apaisées. Réserve faite de l'association en participation, qui est à peine une société, toutes les sociétés, tant civiles que commerciales, françaises qu'étrangères, sont, à des degrés divers, des personnes morales, des êtres juridiques titulaires de droits, sujets d'obligations, ayant un nom, un domicile, une nationalité, en bref une existence analogue à celle des êtres humains, au plan juridique s'entend, de leur immatriculation à leur liquidation parachevée.

Enfin, il est une troisième définition qui s'est fait jour dans la langue des économistes, qui atteint le grand public et gagne progressivement les juristes eux-mêmes. Elle présente la société comme une forme particulière d'*entreprise économique*, la plus importante après l'entreprise nationale, bien loin devant l'entreprise individuelle ou même coopérative. Cette définition est la plus récente. Elle est aussi la plus litigieuse. Car au caractère volontaire du groupement social exprimé par le mot de contrat, à l'idée d'intérêts propres, structurés et définis, que traduit la notion de personne morale, le concept d'entreprise ajoute l'aspiration encore confuse vers une meilleure coordination des droits du capital et du travail au sein d'un organisme unique et au service d'un projet commun. Et comme cette coordination ne peut se réaliser que par une diminution des pouvoirs du capital et par une augmentation des droits du travail, en bref par une réforme, à tout le moins par la prise de conscience d'une évolution, le mot d'entreprise est devenu un mot de combat et son entrée dans la définition de la société apparaît comme une audace à laquelle les juristes ne sont pas tous résolus, quoique cette troisième définition soit la plus riche, contenant toutes les autres et les dépassant.

Paul Didier
Les sociétés commerciales, Que sais-je?
P.U.F.

(1) La génisse, la chèvre et la brebis, en société avec le lion (livre I, fasc. VI).
La génisse, la chèvre et leur sœur la brebis,
Avec un jeune lion, seigneur du voisinage
Firent société, dit-on, au temps jadis
Et mirent en commun le gain et le dommage.

4. Le service des achats

Paul : Je voudrais parler au Directeur Commercial, Monsieur Grosjean...

Grosjean : C'est moi-même. Vous êtes Paul Jones, notre stagiaire américain, n'est-ce pas ? Monsieur Perrier m'a annoncé votre visite.

Paul : Vous êtes à la tête de deux services si j'ai bien compris.

Grosjean : Oui, en quelque sorte, en fait le service commercial comporte les deux aspects du commerce, c'est-à-dire l'achat et la vente.

Le service des achats s'occupe de toutes les transactions avec nos fournisseurs, producteurs, et grossistes ainsi que des stocks à l'entrepôt.

Nous avons un acheteur, M. Dubois, qui est tout particulièrement chargé des achats de bois. Il lui arrive d'aller en Afrique pour acheter de l'acajou*, de l'ébène*, ou au Québec pour le sycomore*. Il est préférable de se passer d'intermédiaire, surtout que nous achetons en grandes quantités.

Mais il faut aussi des vernis*, de la colle*, de la quincaillerie*... Nous ne faisons pas les sièges*, nous avons des tapissiers* sous-traitants.

Nous devons avoir des stocks suffisants pour approvisionner le service technique, c'est-à-dire pour que les ateliers (découpage, montage et vernissage) ne soient jamais à court de matières premières.

Paul : Combien de fois par an faites-vous un inventaire de toutes les marchandises ?

Grosjean : Légalement, nous devons faire une fois par an un inventaire total des stocks, des produits semi-ouvrés et des produits finis, mais pour des raisons pratiques, nous contrôlons périodiquement nos stocks.

Paul : J'ai remarqué une lettre d'un fournisseur de bois de Trois-Rivières au Québec, M. Gagnon, tout à l'heure au secrétariat...

Grosjean : Ah, oui, nous lui achetons beaucoup de sycomore, il nous accorde un tarif dégressif très intéressant.

Paul : Un tarif des... quoi ?

Grosjean : Dégressif, c'est-à-dire que les prix diminuent en fonction de la quantité.

Paul : Mais, est-ce que les délais de livraison ne sont pas trop longs, on ne peut pas faire venir des piles de bois par avion !

Grosjean : Non, en effet, cela serait beaucoup trop cher, mais le bois nous arrive par cargos et comme nos commandes sont passées régulièrement tous les deux mois, nous avons ainsi un approvisionnement continu.

Paul : Vous avez dit que vous n'aviez pas d'intermédiaires, mais je ne comprends pas bien parce que tout à l'heure, vous avez parlé de grossistes, j'ai toujours cru que les grossistes étaient des intermédiaires entre les producteurs et les fabricants ou les détaillants.

Grosjean : Non, les grossistes sont des commerçants qui achètent en grande quantité et qui revendent ces marchandises selon la demande. Par exemple, nous achetons de la quincaillerie à des grossistes, parce que nous avons besoin de modèles très variés de poignées*, de serrures*, etc., dont les quantités ne sont pas suffisantes pour acheter en gros directement aux fabricants. Pour le bois ou la colle, c'est différent, mais pour les vernis*, aussi nous passons par un grossiste. Les « intermédiaires » sont les commissionnaires, qui sont mandatés pour trouver ou écouler des marchandises, qui achètent et vendent pour le compte d'autrui et qui touchent une commission sur les affaires conclues, ou les courtiers qui mettent en rapport les producteurs et les commerçants et qui sont rémunérés par un courtage.

Paul : Que se passe-t-il si lors de l'exécution de la commande, le fournisseur ne respecte pas les délais de livraison par exemple ?

Grosjean : En effet, cela serait un sérieux problème qui risquerait d'entraver la fabrication. Mais, nous avons plusieurs fournisseurs et le non-respect d'un contrat est une cause de rupture, c'est-à-dire que nous pourrions annuler la commande et la passer d'urgence à un autre fournisseur.

Paul : J'ai une autre question à vous poser : Comment avez-vous trouvé ces fournisseurs de bois exotique en Afrique ou au Canada ?

Grosjean : Nous avons reçu des offres, toute une documentation, des prix courants, des échantillons et notre acheteur est allé sur place et il a passé des commandes à titre d'essai et a demandé un délai de réflexion pour que nous puissions discuter les différentes propositions avant de signer les contrats.

Paul : Est-ce que vous vous occupez aussi des factures et de leur règlement pour les achats ?

Grosjean : Non, c'est le service de la comptabilité qui s'en charge.

Mais, venez, je dois aller voir Charmont, notre magasinier, et je vais vous faire visiter l'entrepôt et voir les stocks.

Paul : Avec plaisir... Mais c'est amusant, je viens de penser que le magasinier n'est jamais dans le magasin ! Ah, ce français !

A Montreuil, à l'entrepôt

Grosjean : Bonjour, Charmont, je viens de trouver votre message et j'en profite pour faire visiter l'entrepôt à Paul Jones, notre stagiaire américain. Quel est le problème ?

Charmont : Nous avons reçu la livraison des Quincailleries Réunies et j'ai réceptionné la marchandise. Tout semblait conforme à la commande, j'ai donc signé le bon de livraison et j'ai envoyé le bon de réception à la comptabilité. Mais en ouvrant les colis pour ranger les marchandises, je viens de constater que dans le carton marqué poignées n° 2025 il y a en fait des poignées n° 2024. J'ai tout de suite téléphoné aux Quincailleries Réunies pour leur signaler l'erreur et leur demander un échange. Apparemment ils sont en rupture de stock pour ce modèle, ils pensaient nous avoir expédié leur dernière caisse... Il va donc falloir attendre une quinzaine de jours avant de recevoir les bonnes poignées...

Grosjean : Félicitations, Charmont, pour avoir découvert cette erreur ! Mais, cela va-t-il retarder notre production ?

Charmont : Non, Monsieur, nous avons encore assez de 2025 pour la fabrication en cours, mais les stocks baissent et c'est pour cela que j'avais demandé de renouveler la commande.

Grosjean : Bien entendu, ils ont facturé cette livraison. Qu'est-ce qu'ils proposent donc de faire ?

Charmont : Il y a deux possibilités : ils vont prendre la caisse lors de leur prochaine livraison et ils vont nous envoyer une facture d'avoir pour la totalité du prix de la caisse, ou bien ils nous proposent de nous céder cette caisse de poignées 2024 avec 3% de réduction, puisque c'est un modèle que nous utilisons et ils nous donneront un avoir pour la différence.

Grosjean : Où en sont les stocks de 2024 ?

Charmont : Avec cette livraison, nous avons des stocks suffisants pour la prochaine série de "Ministre", du moins en ce qui concerne les 2024. Cette caisse resterait donc en surplus. Par contre, cette prochaine série serait retardée si nous ne recevons pas les 2025.

Grosjean : C'est un modèle qui a beaucoup de succès, la ligne est jolie et il est d'un prix raisonnable... Je vais passer au service des ventes et au magasin pour voir si on peut envisager de continuer cette série. Si oui, nous accepterons leur seconde proposition en demandant toutefois une facture rectifiée plutôt qu'une facture d'avoir, surtout si la comptabilité n'a pas encore accepté leur traite...

Charmont : Je pense que c'est ça le problème, car le bon de réception a été envoyé à la comptabilité hier en fin de matinée et la traite a été acceptée hier soir et elle a dû partir au courrier du matin.

Grosjean : Je vais tout de suite vérifier... Je vous tiendrai au courant... Tenez, Paul, venez voir l'entrepôt.

Paul : Mais, c'est énorme... tout ce bois !

Grosjean : Oui, n'est-ce-pas... Et voici la quincaillerie.

Paul : J'admire vraiment M. Charmont ! Comment arrive-t-il à savoir ce qu'il a vraiment en stock !

Grosjean : Nous avons un inventaire permanent sur ordinateur pour chaque modèle. Il suffit d'ajouter ce qui entre et de retrancher ce qui part pour l'atelier ! Mais vous avez raison, cela doit être fait très soigneusement.

Paul : Je suppose que ces hommes sur ces petits chariots électriques sont les manutentionnaires.

Grosjean : Oui, comme vous voyez, ils sont en train de ranger dans les cases voulues les fournitures qui ont été réceptionnées hier. Celui-ci, au contraire, vient prendre des fournitures pour l'atelier de montage. Il a donné un bon à Charmont qui autorise la sortie des fournitures et qui va pouvoir mettre son inventaire à jour en enregistrant la sortie sur l'ordinateur.

Paul : Je n'aurais pas cru que ce travail était aussi complexe et devait être aussi précis...

Grosjean : Nous devons retourner au siège maintenant car j'ai un rendez-vous à 11 h 30. Je vous retrouve à 2 h à mon bureau. Nous descendrons au service des ventes et nous passerons par le magasin.

A midi, Paul, qui est revenu au siège, rencontre Sophie dans le couloir.

Paul : Et si nous allions déjeuner ?

Sophie : Bonne idée ! Comme nous avons peu de temps, nous pourrions aller à côté, ils ont un excellent bœuf bourguignon.

Un peu plus tard...

Sophie : Alors, qu'est-ce que vous pensez de la "boîte" ?

Paul : Mais, c'est très fonctionnel, c'est très bien décoré, c'est...

Sophie : Mais non, je vous parle de **notre** boîte, de la maison si vous préférez...

Paul : Ah, excusez-moi, je n'avais pas compris... la "boîte", c'est de l'argot, n'est-ce pas ?

Sophie : Oui, enfin, c'est familier...

Paul : Je ne connais pas encore tous les services, mais ce que j'ai vu m'a beaucoup intéressé et je trouve que la correspondancière a toutes les qualités, beaucoup d'intelligence, de charme...

Sophie : Est-ce que vous pouvez être sérieux de temps en temps ?

Paul : J'essaie, mais c'est dur ! Tenez, j'ai remarqué une chose : M. Grosjean m'a fait visiter l'entrepôt et il m'a présenté au magasinier, il l'a appelé Charmont et le magasinier lui a toujours dit Monsieur, jamais M. Grosjean, jamais Grosjean.

Sophie : Oh non, bien sûr ! M. Grosjean est le Directeur Commercial, il est hiérarchiquement à un grade beaucoup plus élevé que M. Charmont qui est chef-magasinier, c'est par respect qu'on l'appelle Monsieur, c'est la même chose pour M. Perrier.

Paul : Est-ce que M. Perrier appelle le Directeur Commercial Grosjean ?

Sophie : Oui, cela arrive, mais en général, il lui dit M. Grosjean devant le personnel.

Paul : L'étiquette ! Il faut que je retienne toutes ces subtilités. Mais j'ai remarqué que M. Grosjean vous a présentée en disant Mlle Durand et il vous a dit Mademoiselle.

Sophie : Oui, parce que je suis une femme.

Paul : Et Mme Moreau, comment s'adresse-t-elle à M. Charmont ?

Sophie : Oh, elle lui dit Charmont, mais elle me dit Mademoiselle, ou Sophie. On n'appelle que les hommes par leur nom de famille.

Paul : C'est intéressant.

Sophie : Ah, c'est déjà l'heure de retourner au bureau...

Paul : Merci de m'avoir fait connaître cet endroit et de m'avoir fait l'honneur de votre compagnie...

* **acajou** = *mahogany* - **ébène** = *ebony* - **sycomore** = *sycamore* - **vernis** - *varnish* - **colle** = *glu* - **quincaillerie** = *hardware* - **un siège** = *a seat* - **un tapissier** - *an upholsterer.*
une poignée = *a pull* - **une serrure** = *a lock*
fast-foudeurs : *néologisme fabriqué sur l'anglais fast-food.*

SANDWICHES

Jambon, Saucisson *(Ham, Sausage)*	9
Pâté, Rillettes .... *(Pate, Potted mince of pork)*	9
Gruyère, Brie *(Cheese)*	10
Jambon de Pays *Country ham)*	20
Club Sandwich Américain	20
Sandwich mixte *(Jambon, gruyère)* . *(Mixed ham and cheese)*	18
Pain Poilâne, supplément	5
Beurre et cornichons .... *(Butter and gherkins)*	3

BUFFET CHAUD

PIZZA ITALIANA	22
QUICHE LORRAINE	22
CROQUE-MONSIEUR .... *(Toasted ham and cheese sandwich)*	15
OMELETTE « GRAND-MÈRE »	22
FRANCFORT frites .... *(Sausage with French fried potatoes)*	30
HOT-DOG *(2 saucisses, fromage)* ..	18
Ketchup, supplément	5

UN IDÉE HIPPO EXPRESS

à 49,80 *F*

PAVÉ GRILLÉ *(Sirloin steak)*
ou PLAT DU JOUR choisi par le Chef
(or today's main dish)

POMME BOUGNAT
sauce poivrade
(Potatoes or French fried potatoes)

FRISÉE aux lardons chauds
(Curly lettuce with bacon)

ENTRÉES DIVERSES

Saucisse sèche	20
Terrine de campagne, cornichons . *(Country pate with gherkins)*	16
Œuf mayonnaise, crudités .... *(Egg mayonnaise with crudity)*	16
Assiette de jambon de Parme .... *(Ham of Parme)*	50
Filet de hareng, pommes à l'huile chaudes *(Herring filet hot potatoes in oil)*	25
Salade de saison	15

SALADES COMPOSÉES

TERRINE AUX 2 POISSONS sur salade verte de saison .... *(Two fish terrein with green salad)*	35
VÉGÉTARIENNE ...:..........	25
SALADE BALTIQUE *(Frisée, ... tomates, œuf, pommes de terre chaudes, hareng, roll-mopps)* *(Curly lettuce, tomatoes, egg, hot potatoes, herring, roll-mopps)*	37
SALADE FERMIÈRE *(Frisée, ... tomates, œuf, carottes, filet d'oie fumée)* *(Curly lettuce, tomatoes, egg, carrots, smoked filet of goose)*	35
SALADE DE CHAVIGNOL *(Frisée, pain Poilâne grillé, crottin chaud)* *(Curly lettuce, grilled bread, warke goat's milk cheese)*	35
COCKTAIL D'AVOCAT *(Coupé en petits dés, salade, tomates, œuf, sauce tartare préparée par nos soins)* *(Die avocado-pear, salad, tomatoes, egg, tartar sauce)*	30
FRISÉE AUX LARDONS .... **CHAUDS avec croûtons** *(Curly lettuce with bacon and sippet)*	25

Toute l'année nous vous proposons
NOTRE FOIE GRAS DE CANARD LANDAIS
servi sur un nid de salade avec toast grillé et un verre de Sauternes
A 80 **F**

POTAGES ET ENTRÉES CHAUDES

Soupe de poissons *(Fish soup)*	35
Soup à l'oignon *(Onion soup)*	30
Escargots de Bourgogne préparés à notre façon .... *(Snails Burgundy)*	65

SERVICE 15 % NON COMPRIS
Tip 15% not included

Les chèques sont acceptés sur présentation d'une pièce d'identité

Pour commencer l'HIPPOCAMPUS vous propose :

Son Cocktail Maison 30 **Son Kir Royal** (à la crème de mûres sauvages) 30

LES SUGGESTIONS DU JOUR

NOS VIANDES ET NOS GRILLADES

PAVÉ AU POIVRE *(Steak with pepper)*	45
LE TARTARE ROYAL préparé au Whisky	42
ENTRECÔTE aux Herbes ou Maître d'Hôtel ou Échalotes . *(Steak cut from the ribs of beef or Maître d'Hôtel or shallot)*	45
HAMBURGER A CHEVAL *(Hamburger with egg)*	37
BROCHETTE DE BŒUF grillée aux Herbes .... *(Skewered slices grilled of beef)*	48
LE T. BONE STEAK SPÉCIAL « HIPPO » .... *(Filet et contre-filet à l'os)*	70
CÔTE DE BŒUF GRILLÉE *(1 pers)*	70
CHÂTEAU, Beurre Maître d'Hôtel	44
LE STEAK GARNI	33
CONFIT DE CANARD, Pommes sautées à cru ...... *(Confit of duck with potatoes)*	65
JARRET DE PORC sur Choucroute .... *(Knuckle with sauerkraut)*	50

LES FRUITS DE MER

ARRIVAGE JOURNALIER
Pour garantir la fraîcheur, certains produits peuvent manquer

LE PLATEAU DU PÊCHEUR .... *(Claires grosses, Clams, Bulots, Bigorneaux, Pain Poilâne, Beurre, Vinaigrette d'échalote, Citron)*	90

FINES DE CLAIRES N° 1, les 6	60	**BELONS N° , les 6**	90
FINES DE CLAIRES N° 1, les 12	110	**BELONS N° , les 12**	170

LES COQUILLAGES

CLAMS, la pièce	10	**BULOTS, la portion**	35
TOURTEAU *(Prix suivant arrivage)*		**BIGORNEAUX, la portion**	20

FROMAGES

Brie, Gruyère ...	12	**Crottin de Chavignol**	25
Bleu d'Auvergne	12	**Yaourt au lait entier**	12

VOCABULAIRE

Le service des achats : *purchasing department*
être à la tête de : *to be head of*
l'achat (m) : *buying*
la vente : *selling*
s'occuper de : *to take care of, to deal with*
une transaction : *a deal, a transaction*
un fournisseur : *a supplier*
un producteur : *a producer*
un grossiste : *a wholesaler*
le stock : *supply, stock*
un entrepôt : *a warehouse*
un acheteur : *a buyer*
se passer de : *to do without*
un intermédiaire : *a middleman*
un sous-traitant : *a subcontractor*
approvisionner : *to supply*
un atelier : *a workshop*
être à court de : *to be short of*
les matières premières (f) : *raw materials, commodities*
un inventaire : *an inventory, a stock-list*
une marchandise : *goods, merchandise, commodities*
un produit semi-ouvré : *semi-manufactured product*
un produit fini : *finished product, end product*
un tarif dégressif : *quantity discount, tapering charge*
un délai de livraison : *lead time*
un cargo : *a cargo boat*
une commande : *an order*
un approvisionnement : *supply, procurement*
un fabricant : *a maker, a manufacturer*
un détaillant : *a retailer*
un commissionnaire : *a commission agent*
une commission : *a commission*
un courtier : *a broker*
un courtage : *a brokerage*
l'exécution de la commande : *the handling of the order*
entraver : *to impede, to hinder*
une rupture de contrat : *a breach of contract*
annuler une commande : *to withdraw or cancel an order*
passer une commande d'urgence : *to place a rush order*
une offre : *an offer, a tender*
une documentation : *information, "literature"*
un prix courant : *a price-list*
un échantillon : *a sample*
une commande à titre d'essai : *a trial order*
un délai de réflexion : *time for consideration*
une facture : *an invoice, a bill*
le règlement : *the settlement*
le magasinier : *the warehouse supervisor*
réceptionner : *to receive*
un bon de livraison : *delivery order*
un bon de réception : *notice of receipt, of delivery*
un colis : *a parcel*
un carton : *a box*
une rupture de stock : *stock shortage*
une caisse : *a wooden box, a crate*
facturer : *to bill*
une facture d'avoir : *a credit note*
céder : *to let somebody have*
un avoir : *a credit*
une facture rectifiée : *a revised bill*
accepter une traite : *to accept a bill of exchange, a draft*
tenir au courant : *to keep posted*
un inventaire : *an inventory*
un chariot : *a cart, a trolley, a fork lift truck*
un manutentionnaire : *a warehouse man, a warehouse hand*
une case : *a compartment, a pigeonhole*
une fourniture : *supply*
la sortie : *removal (from warehouse)*
le siège : *the head office, the main office*
la "boîte" : *one's firm, or office, or shop (familiar)*
un grade : *a rank*
un préjudice : *detriment, prejudice, loss*

QUESTIONS ORALES

1. De quoi s'occupe le service des Achats ?
2. Quel est le rôle de l'acheteur ?
3. Qu'est-ce qu'un inventaire ? Quand doit-on le faire ?
4. Quand accorde-t-on un tarif dégressif à un client ?
5. Qu'est-ce qu'un grossiste ? Que fait-il ?
6. Peut-on annuler une commande ? Pour quels motifs ?
7. Que fait le magasinier ? Où est-il ?
8. Qui range les marchandises dans l'entrepôt ?
9. De quoi se servent les manutentionnaires ?
10. Peut-on sortir facilement les fournitures de l'entrepôt ?

EXERCICES ECRITS

1. Ecrivez le mot ou l'expression qui vous paraît convenir :

1. Pour bien connaître l'état de ses stocks, il est recommandé de procéder régulièrement à ....
   - un inventaire
   - une analyse
   - un recensement
   - une exploitation
2. Si vous augmentez les quantités achetées, nous pourrons vous consentir un tarif ....
   - démarqué
   - réductionnel
   - dégressif
   - unitaire
3. Le .... est celui qui vend et achète pour le compte d'autrui.
   - commerçant
   - prestataire
   - commissionnaire
   - vacataire
4. Le rôle principal d'un .... consiste à stocker les marchandises.
   - fournisseur
   - grossiste
   - vendeur
   - acheteur
5. Veuillez avoir l'obligeance de m'adresser votre documentation .... retour du courrier.
   - au
   - par
   - dès
   - sous
6. Le retard survenu dans la livraison des marchandises commandées nous a causé un sérieux ....
   - intérêt
   - passif
   - jurisprudence
   - préjudice
7. C'est à l'acheteur de vérifier la conformité de la livraison à la ....
   - note de crédit
   - note de service
   - commande
   - feuille de route
8. .... renseignements, n'hésitez pas à nous contacter.
   - Avec des
   - Dans quelques
   - Pour plus de
   - Moyennant
9. Afin de mieux vous faire connaître la gamme de nos produits, nous vous adressons sous ce pli un certain nombre ....
   - de spécialités
   - d'échantillons
   - d'exemples
   - de modèles
10. Il reste dans notre stock une part importante de marchandises .... des années écoulées.
    - intraitables
    - invendues
    - inavouables
    - ponctuelles

2. Mettez au pluriel la phrase suivante :

L'importance du capital consacré à cet achat est considérable.

3. Ecrivez les nombres en toutes lettres :

Cette entreprise qui emploie 290 .... personnes, dont 180 .... à la fabrication, vend chaque jour 3 000 à 4 000 .... caisses de bière au prix unitaire de 31 F .... Tout acheteur payant comptant bénéficie d'une ristourne de 3% ....
(Ristourne = rebate)
Sur 722 000 .... établissements commerciaux, on compte quelque 110 000 .... grossistes et 612 000 .... détaillants, soit respectivement 16 % .... et 84 % .... du total.

4. Trouvez 3 mots de la même famille :

acheter : ...., ..., ...

fournir : ...., ..., ...

5. Complétez la phrase suivante :

Avant de nous confirmer notre commande, veuillez ....

6. Faites une phrase avec les mots suivants :

- Prix - ralentissement - pouvoir d'achat.
- Quantité - augmenter - dégressif - consentir.
- Préjudice - retard - clients.
- Demander - étude de marché - propositions.

7. Choisissez dans la liste de mots ci-dessous celui qui correspond à sa définition et écrivez-le sur la ligne correspondant au bon choix.

1. actionnaire - commanditaire - concessionnaire - dépositaire - grossiste

— .... : vendeur d'une marque, dans un secteur déterminé, qui a passé un contrat avec la marque.

— .... : commerçant qui achète en grandes quantités aux fabricants et revend aux détaillants.

— .... : commerçant à qui un fabricant confie des marchandises en vue de la vente ; distributeur.

— .... : personne qui fournit des fonds à une entreprise d'un type déterminé.

— .... : propriétaire de titres représentant une fraction du capital d'une société.

2. Faites correspondre chaque mot à sa définition.

acquit - avoir - devis - échéancier - inventaire - nomenclature.

– .... : répertoire chronologique des sommes à payer ou à encaisser.

– .... : état détaillé, article par article des biens d'une entreprise.

– .... : document donnant l'estimation chiffrée d'un travail avant son exécution.

– .... : reconnaissance écrite d'un paiement.

– .... : somme due par un fournisseur à son client.

– .... : liste méthodique des objets d'une collection, des termes techniques d'une fabrication.

8. Lors de la rédaction de cette lettre, un certain nombre de mots ont été « effacés ».
Vous êtes chargé(e), avant l'impression définitive, de COMPLETER LA LETTRE à l'aide des mots donnés ci-dessous dans l'ordre alphabétique :

au prorata	financer
capital	indépendance
commerce	investissements
coopérative	parts sociales
développement	pérennité
excédent	quote-part
exercice	sociétaires

C A M I F

COOPERATIVE DES ADHERENTS DE LA M.A.A.I.F
TREVINS DE CHAURAY 79045 NIORT CEDEX
TEL 49 24 90 66 - TELEX 790 677
TELECOPIE 49 33 15 79

Madame, Monsieur, Cher Sociétaire,

En choisissant d'acheter à la CAMIF, vous faites confiance à une autre conception du .... Vous partagez aujourd'hui avec 930 000 .... la propriété de votre ...., car vous détenez une .... de son capital sous forme de ....

Ce capital ainsi constitué garantit l'........ et la .... de la CAMIF.

Les résultats de l'........ 1986 font apparaître un .... qui a été partagé entre tous les sociétaires .... de leurs achats effectués dans l'année.

Afin de pouvoir ...., conformément à nos prévisions, le programme d'........ nécessaires au .... de la CAMIF, cet excédent viendra s'ajouter au .... de votre coopérative.

Meilleurs sentiments.

Le Président du Conseil d'Administration.

9. Version :

1. Société algérienne recherche fournisseurs de produits plastiques.

2. Veuillez avoir l'obligeance de m'adresser par retour votre documentation.

3. Nous recherchons aux Etats-Unis un fournisseur qui s'engage à nous approvisionner régulièrement.

4. Si j'avais davantage d'argent, c'est le genre de voiture que j'achèterais.

5. Le commerce intégré élimine complètement les grossistes et les intermédiaires.

6. Les marchandises livrées devront être conformes à l'échantillon.

7. Ces prix resteront en vigueur jusqu'au 31 décembre.

8. Ils sont en rupture de stock pour ce modèle.

9. Ils ne fabriquent plus cet article.

10. Il a refusé cette livraison qui n'était pas conforme à sa commande.

10. Thème :

1. If the goods have not reached us within a week, we shall have to cancel our order.

2. As I am in a hurry for these goods, I shall appreciate your prompt execution of this order.

3. Wholesale prices are up 4.2% from last year.

4. We no longer deal with this firm.

5. Our annual inventory has not yet been drawn up.

6. We intend to supply you with the most pertinent high-level information available.

7. As soon as these samples are delivered at New York, we shall appreciate your notifying us.

8. Kindly send me, by return, twelve staplers which work efficiently.

9. The invoice is a document which must mention the particulars of the goods sold and their price.

10. We are glad to have your enquiry and are sending you herewith our latest price-list.

11. Correspondance :

[1] La société DE DIETRICH & CIE (67110 NIEDERBRONN-LES-BAINS) est l'un des plus importants producteurs français d'appareil ménagers (cuisinières, réfrigérateurs, machines à laver le linge et la vaisselle...).

Elle a organisé un réseau de distributeurs-détaillants couvrant tout le territoire français. Ce réseau est particulièrement dense à Paris et dans les grands centres urbains.

Elle vient de recevoir de M. PETIT, 45 rue Caulaincourt, 75018 PARIS, une lettre de demande de documentation concernant ses divers modèles de réfrigérateurs.

En principe, la société DE DIETRICH & CIE ne traite pas directement avec la clientèle particulière. Lorsqu'elle reçoit des demandes d'information, elle répond à ses correspondants en leur indiquant le nom et l'adresse du "distributeur agréé" le plus proche de leur domicile.

TRAVAIL A FAIRE :

Rédigez la réponse de la société DE DIETRICH & CIE.

[2] **Rédigez** sous forme de télégramme le message suivant (voir fac-similé p. 173) :

Messieurs,

Comme suite à votre livraison du 15 courant, nous vous confirmons que nous avons bien reçu la machine d'essai commandée.

Celle-ci nous ayant donné entière satisfaction, veuillez nous expédier au plus tôt, par la SNCF, dix exemplaires du même modèle. Nous en effectuerons le règlement aux conditions habituelles.

Veuillez agréer, Messieurs, l'expression de nos salutations distinguées.

[3] En raison de l'urgence de la situation, vous décidez de remplacer la correspondance ci-dessous par un télégramme (voir fac-similé p. 173) :

Messieurs,

Le 20 janvier dernier nous vous avons adressé la commande numéro 376 portant sur des ensembles (blousons et pantalons) en toile coton Luxo (modèles Eilat, Luxo et Californie).

A la date de ce jour, et malgré nos différents appels téléphoniques, nous n'avons rien reçu de vous.

Comme vous le savez, les pièces commandées sont des articles de vente saisonnière pour lesquels nous commençons à recevoir des commandes. Il va sans dire que tout retard supplémentaire de livraison nous causerait un sérieux préjudice.

Si vous êtes dans l'impossibilité de nous donner satisfaction immédiatement, nous vous prions de nous le faire savoir aussitôt afin que nous puissions envisager de nouvelles dispositions.

Bien entendu, une réponse rapide et un règlement satisfaisant de cette affaire nous paraissent indispensables au maintien de nos bonnes relations.

Nous vous prions d'agréer, Messieurs, l'expression de notre considération distinguée.

Le Président-Directeur Général
Jean LAMBERT

[4] Vous travaillez à la Société DUVAL - 3 rue Amelot 75011 PARIS - (1) 47 68 95 78. Le Responsable du Personnel, M. Alain PIERRET, vous demande de commander à Liaisons Sociales un ouvrage intitulé « La Formation Professionnelle ».

TRAVAIL A FAIRE

a. **Remplissez** le bulletin de commande :

FORMATION PROFESSIONNELLE

BULLETIN DE COMMANDE

à retourner à Liaisons Sociales
5, avenue de la République - 75541 Paris Cedex 11

☐ Je souhaite acquérir "La Formation Professionnelle" au prix de 150 F TTC.

☐ Ci-joint mon règlement
par CCP ☐
chèque bancaire ☐

Nom ____________

Prénom ____________

Fonction ____________

Tél. ____________

Adresse ____________

____

Code Postal ⌊_⌊_⌊_⌊_⌊_⌋

Localité ____________

b. **Complétez** le formulaire de chèque :

[5] Vous êtes collaborateur(trice) de M. Durand, directeur commercial de la Société de peausseries « Tan-Centre » dont le siège est 2, place de la Poste - 36000 CHATEAUROUX et vous trouvez sur votre bureau la note manuscrite suivante :

– Veuillez commander dès aujourd'hui logiciel de comptabilité et de gestion en remplissant le bulletin ci-joint.
– Etablissez le chèque correspondant.
– Joignez à ce courrier une carte de visite demandant la livraison sous quinzaine.

Merci M. Durand

TRAVAIL A FAIRE

a. **Remplissez** le coupon-réponse de commande du logiciel de comptabilité et de gestion.

Société ____________ Nom ____________

Adresse ____________

Code Postal ⌊_⌊_⌊_⌊_⌊_⌋ Ville ____________

____________ Tél. ____________

Je désire recevoir

☐ CIEL-COMPTA-GESTION (975 F H.T.)

☐ CIEL PAIE (780 F H.T.)

RÈGLEMENT À LA COMMANDE PAR CHÈQUE DE
CIEL-COMPTA-GESTION : 1.156,35 F T.T.C.
CIEL PAIE : 925,08 F T.T.C.
Les deux logiciels : 2.081,43 F T.T.C. 1.900,00 F T.T.C.

Une facture justificative vous sera adressée.

Coupon-réponse à adresser à CIEL,
Compagnie Internationale d'Edition de Logiciels.

b. **Etablissez** le chèque correspondant à cette commande (voir fac-similé p. 167) :

c. **Rédigez** la carte de visite qui accompagnera l'envoi du chèque et du coupon en demandant la livraison sous quinzaine.

12. Jeu de rôles :

M. Grosjean vous demande d'aller au service de la comptabilité pour savoir ce qui a été fait au sujet de la facture des QUINCAILLERIES REUNIES.
Préparez un petit sketch avec, comme personnages, M. Grosjean, M. Verdier le comptable et vous. Votre enquête finie, vous retournez voir M. Grosjean et vous lui rendez compte.

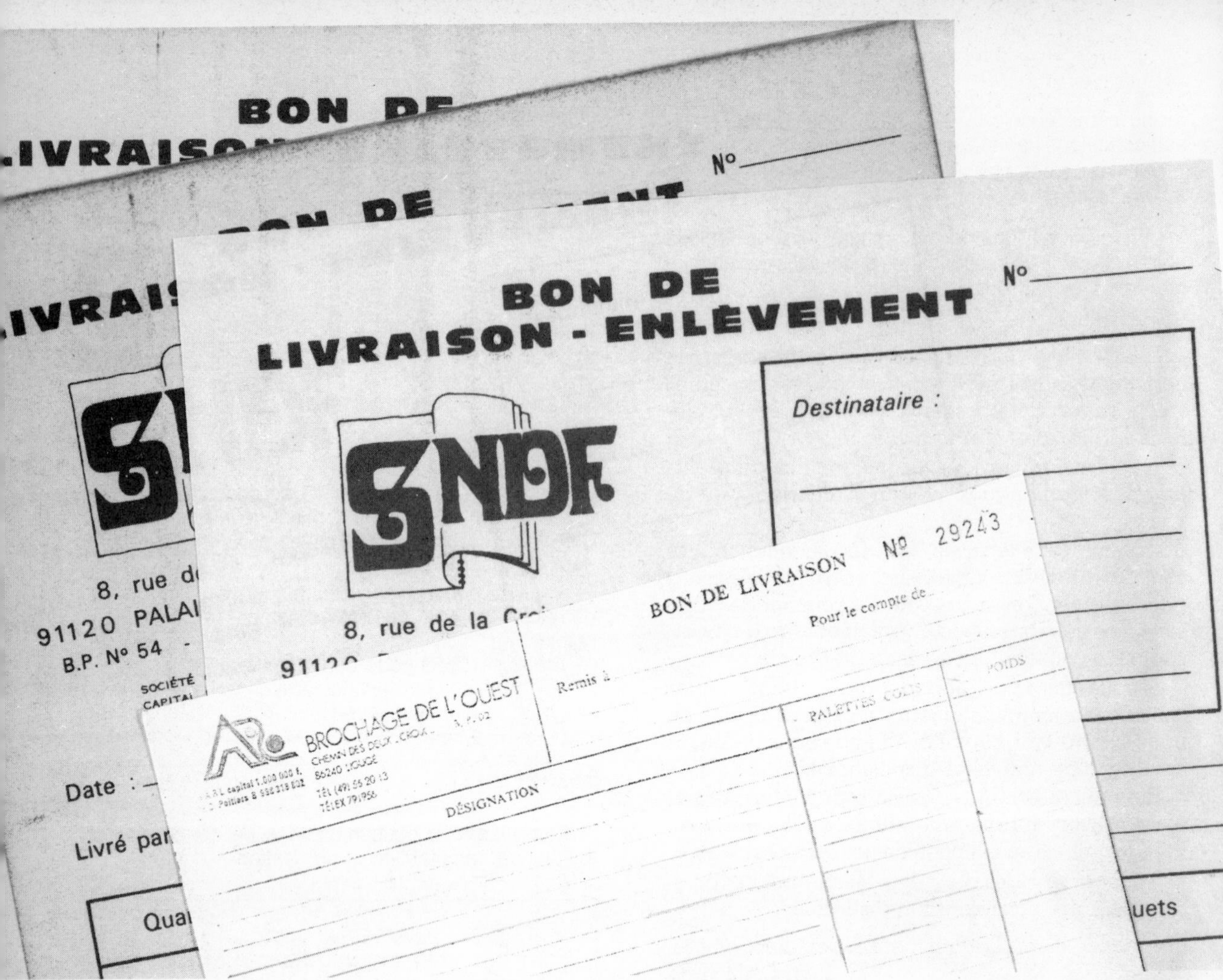

13. Compréhension de texte :

VENTE AUX ENCHERES

Au numéro 9 de la rue Drouot se dresse l'Hôtel Drouot, l'un des endroits les plus connus de Paris. En effet, depuis longtemps déjà, cet hôtel accueille des ventes aux enchères spectaculaires où, au milieu d'un bric-à-brac(1) surréaliste, commissaires-priseurs(2), collectionneurs, antiquaires, experts créent une atmosphère des plus curieuses de Paris.

Que vend-on à l'Hôtel Drouot ? De tout, de simples objets, certes, mais aussi des tableaux de grands maîtres, des meubles précieux, des bijoux de femmes célèbres.

Lorsqu'il y a une vente intéressante, l'Hôtel Drouot fait salle comble. C'est ce qui s'est passé le 19 décembre lorsque les héritiers d'auteurs connus ont vendu les manuscrits et les lettres autographes(3) de leurs ancêtres. Cette vente a attiré les grands collectionneurs français et plusieurs amateurs étrangers.

La raison du succès ? "Il n'y avait que des autographes intéressants, explique l'expert Pierre Bérès, des lettres finement rassemblées ou des pièces jamais vues sur le marché."

La Bibliothèque Nationale, par exemple, a acheté le manuscrit de Colette "mes apprentissages" pour 47 000 francs ; autre auteur apprécié : Federico Garcia Lorca dont le manuscrit autographe de "Ferias" s'est vendu 39 000 francs.

Les hausses de toute façon sont générales. Ce n'est pas seulement la rareté mais aussi l'éclat et l'importance du texte qui attire les collectionneurs. Mais, contrairement à ce que l'on pourrait croire, le manuscrit complet d'une œuvre littéraire se vend moins cher qu'une simple lettre où, toujours selon M. Bérès, "les connaisseurs ont l'impression de trouver quelque chose d'inédit, d'intime". C'est ce qui explique qu'un collectionneur français ait acquis, pour la somme fabuleuse de 101 000 francs, la correspondance de Proust avec Jacques Rivière.

(1) **Bric-à-brac :** *marchandises diverses d'occasion, vieilleries ; endroit où on les vend.*

(2) **Commissaire-priseur :** *officier chargé de l'estimation de la vente, dans les ventes publiques.*

(3) **Autographe :** *écrit de la main même de l'auteur.*

[A] **Répondez** aux questions suivantes :

1. Que se passe-t-il régulièrement à l'Hôtel Drouot ?
2. Par qui l'Hôtel Drouot est-il surtout fréquenté ?
3. Pourquoi la vente de manuscrits du 19 décembre a-t-elle connu un vif succès ?
4. Qu'est-ce qui attire surtout les collectionneurs de manuscrits ?
5. Pensez-vous que ces collectionneurs aient fait un bon investissement ?

[B] **Résumez** le texte ci-dessus en une douzaine de lignes.

Les groupes d'achat

Constitués d'un chef de groupe, d'acheteurs, d'aide-acheteurs, de gestionnaires et d'adjoints de marketing, les groupes d'achat prospectent en France et dans le monde entier pour acheter, faire fabriquer ou modifier des articles dans tous les domaines.

Cadres technico-commerciaux, les acheteurs suivent les articles du début (choix, contrats avec les fournisseurs, fixation des prix) jusqu'à la fin (livraisons, gestions des stocks, analyse des retours).

Pour effectuer ses achats, chaque acheteur possède un cahier des charges, une *fourchette de prix* ; il connaît le style, les tendances, les coloris, les matières et les formes qui, semble-t-il, "marcheront".

Les acheteurs *itinérants* voyagent toute l'année. En hiver, ils *sillonnent* l'Extrême-Orient avec en poche les directives du bureau de style. Avec l'arrivée du printemps, ils regagnent l'Europe et ses marchés. En juin, ils traitent avec les fournisseurs français. Une courte halte et septembre les voit de nouveau sur les chemins de l'Asie, songeant au catalogue "Hiver" suivant. Chaque pays a sa spécialité : le Japon pour le matériel électronique, l'Italie pour une partie de la *bonneterie*, par exemple.

Les acheteurs changent peu de fournisseurs en matière de textile. En revanche, l'équipement de la maison, en perpétuelle évolution, demande sans cesse de nouvelles prospections dans les pays étrangers. Des obstacles imprévisibles se dressent parfois sur la route des acheteurs. La conjoncture politique d'un pays peut tout à coup justifier des changements dictés par la prudence. Il n'y a pas si longtemps, un pyjama et un fauteuil fabriqués en Pologne n'ont pas été remis au catalogue après les événements de ce pays : ils risquaient d'être bloqués aux frontières. Impossible de courir un tel risque ! La conjoncture économique impose certaines décisions. Les fluctuations du prix de l'or par exemple, conduisent aujourd'hui à préférer des bijoutiers travaillant d'autres métaux.

Autrefois, aucune restriction ne s'imposait à l'importation des textiles de Corée, d'Inde, de Singapour, de Hong-Kong ; selon la réglementation, ils étaient tissés à la main. Aujourd'hui, où l'utilisation du métier mécanique s'est généralisée, l'administration française a fixé des quotas pour protéger notre industrie nationale. Impossible de dépasser certaines quantités, parfois même d'importer certains articles. Depuis un an, par exemple, on ne peut plus acheter de montres en Asie.

La réglementation change si souvent que le service juridique de l'entreprise maintient une liaison permanente avec les différents ministères, étudie et *dépouille* minutieusement le *Journal Officiel* .

En effet, l'*enjeu* est *d'envergure* : les importations constituent le tiers de l'habillement et de l'équipement de la maison. Ce qui explique en partie l'effort accompli parallèlement par les 3 Suisses pour multiplier dans le catalogue les marques "bien de chez nous" : Petit-Bateau, Absorba, Valisère, Eminence, Moulinex et beaucoup d'autres, qui vous invitent à "acheter français" !

PREVOIR LES STOCKS : UNE OPERATION PERILLEUSE

Pas facile de deviner à l'avance ce qui sera acheté pendant les six mois de vie d'un catalogue ! Il s'agit de prévoir assez pour ne pas se trouver soudain en rupture de stocks, mais pas trop non plus, car les stocks superflus pèseraient sur la trésorerie et la rentabilité de l'entreprise.

En matière de ventes, c'est le textile qui produit les scores les plus inattendus. Les modèles d'une double page peuvent se vendre par dizaines de milliers ou... entre 0 et 50 exemplaires ! Un vêtement peut faire une performance extraordinaire dans un catalogue et, repris dans le suivant, n'être demandé que par une dizaine de clientes.

Et pourquoi vend-on tout à coup un chemisier anodin à 80 000 exemplaires, alors que la vente de 7 000 aurait été un résultat raisonnable et *escompté* ? Jusqu'ici, de tels *écarts* restent difficiles à expliquer. Comme raisons, citons pêle-mêle la présentation par le catalogue, une différence de prix avec la concurrence, les brusques changements atmosphériques, les caprices de la mode et du hasard... et les *engouements* subits.

Il y a quelque temps, un catalogue proposait une nouveauté pour les fêtes de fin d'année : un énorme Goldorak en matière plastique. Il s'agissait d'une première : Le jouet en question n'était pas encore devenu la coqueluche des petits français. 30 000 commandes affluèrent... contre 1 500 prévues ! On pria le fournisseur de se hâter. Hélas ! Le *moule* cassa deux fois, les livraisons durent être reportées en février, bien après le passage du père Noël. Les clients se montrèrent compréhensifs : seulement 20 % des Goldorak furent renvoyés.

Savoir acheter sur catalogue.
Guide des achats par correspondance
3 SUISSES

Notes sur la lecture :

une fourchette de prix : intervalle entre un prix minimum et un prix maximum.
itinérant : qui voyage.
sillonner : parcourir en tous sens.
la bonneterie : les bas, chaussettes, maillots et slips, etc.
tissé : woven.
un métier mécanique : machine sur laquelle on confectionne des tissus.
dépouiller : examiner de près, trier.
l'enjeu : somme d'argent que l'on engage dans un jeu. Au figuré, ce que l'on expose dans une entreprise.
d'envergure : de grande taille.
un écart : une différence.
un engouement : une admiration, un amour exagérés.
un jouet : a toy.
la coqueluche : the rage.
le moule : the mould.

5. Le service des ventes

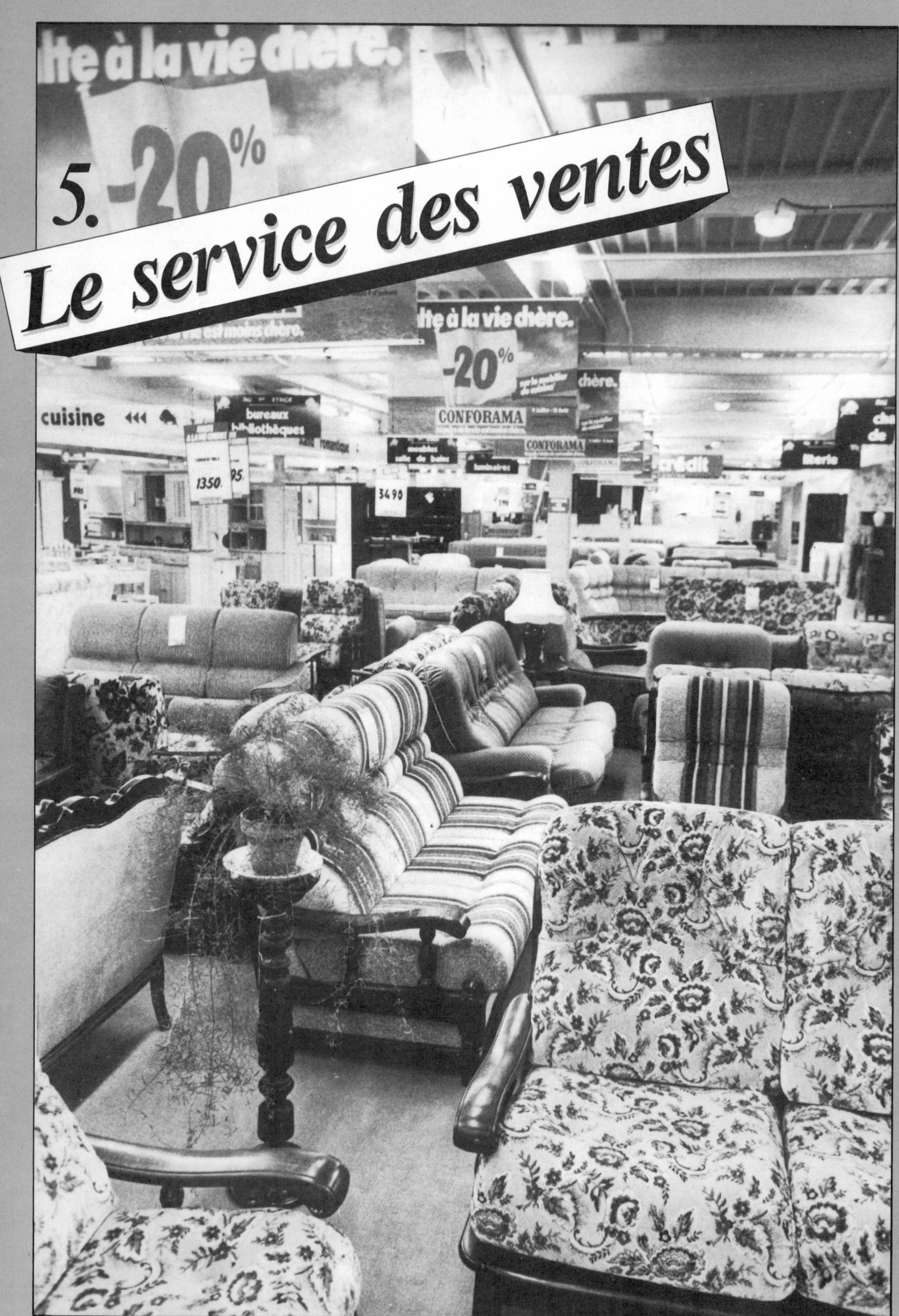

Paul : Vous m'attendiez, Monsieur ? J'espère que je ne suis pas en retard.

Grosjean : Non, mon cher, vous êtes l'exactitude en personne ! Allons au service des ventes.

Paul : Vous êtes aussi le chef de ce service, n'est-ce pas ?

Grosjean : Oui, mais j'ai un sous-directeur, Morel et nous avons aussi des représentants, enfin... des voyageurs, pour être plus précis. Nous avons aussi lancé sur le marché une série de meubles démontables en kit pour une entreprise de V.P.C., les TROIS BELGES, ainsi que toute une gamme de meubles de jardin pour les hypermarchés CROISEMENT, et nous avons aussi un haut de gamme pour le magasin. Nous devons être très diversifiés si nous voulons être compétitifs et nous assurer une bonne portion du marché.

Paul : Comment sont rémunérés vos voyageurs ?

Grosjean : Nous leur donnons un fixe mensuel et une commission sur les ventes réalisées.

Paul : Où prospectent-ils ?

Grosjean : Un peu partout en France, dans les boutiques des marchands de meubles, mais aussi dans les centres commerciaux.

Paul : Quelle différence y a-t-il entre les voyageurs de commerce et les représentants ? Et il y a aussi les placiers, n'est-ce pas ?

Grosjean : Oui, les V.R.P., comme on dit. Eh bien, ils sont tous salariés de l'entreprise qui les emploie, mais le voyageur visite la clientèle à domicile dans tout le pays et il se déplace beaucoup, tandis que le représentant fait la plus grosse partie de son travail de son bureau par téléphone. Le placier, lui, fait la place, c'est-à-dire qu'il se limite à la clientèle de la ville.

Paul : Mais les voyageurs ont de gros frais de voyage, d'hôtel, de restaurant...

Grosjean : Oui, mais toutes ces dépenses sont défrayées par la maison, à leur retour, sur présentation de pièces justificatives, comme les notes d'hôtel, de restaurants, les factures d'essence, etc.

Paul : Est-ce que ces représentants ont su découvrir des marchés potentiels intéressants ? Je sais bien que les frais de représentation entrent dans le prix de vente des articles, mais est-ce que ces dépenses sont "rentables" ?

Grosjean : Vous savez, nous n'avons pas le monopole de la vente des meubles, ni de leur fabrication d'ailleurs. Nous devons donc être en mesure de faire face à la concurrence, et c'est en multipliant les points de vente que nous touchons le plus de consommateurs, que nous augmentons nos recettes et que nous accroissons notre chiffre d'affaires, que nous pouvons faire face à nos obligations tout en maintenant des prix compétitifs. Nous avions un excellent voyageur dans le Nord, c'est lui qui a conclu ce marché avec les TROIS BELGES dont je viens de vous parler, et il nous a demandé à être muté dans le Sud pour se rapprocher de sa famille, mais comme il est très actif, nous espérons qu'à son prochain passage à Perpignan, il va jeter les bases d'un marché avec un importateur marocain pour les meubles de jardin.

Paul : Est-ce que c'est intéressant d'exporter ?

Grosjean : Bien sûr, cela fait rentrer des devises et à l'exportation les prix sont hors-taxe, c'est-à-dire que la T.V.A. n'est pas appliquée. Les prix qui figurent sur ce catalogue sont T.T.C., toutes taxes comprises, vous voyez la différence avec le prix H.T. pour l'exportation.

Paul : Mais pour le moment, vous n'avez pas encore de service d'exportation ?

Grosjean : Non, mais si nous développons ce marché avec le Maroc, nous ajouterons cette branche.

Sophie : Monsieur, vous avez un appel sur la ligne directe...

Grosjean : Merci, excusez-moi, Paul. Je vous retrouve au magasin dans un instant...

Au magasin

Le vendeur : Bonjour, Monsieur, que désirez-vous ? Nous avons, cette semaine, des affaires très intéressantes, comme vous avez pu voir sur le journal, notre salle à manger "Provence" est en réclame : six chaises cannées, une grande table avec allonges à l'italienne, et ce beau buffet avec trois tiroirs pour l'argenterie, les sets de table, les serviettes, vous avez un éclairage intérieur qui met en valeur vos verres en cristal, et vous n'avez pas encore tout vu, voici le prix actuel... et nous vous consentons des facilités de paiement si vous le désirez, vous pouvez payer en douze mensualités, sinon, nous vous ferons un escompte de 3 % pour paiement au comptant.

Paul : Mais, je...

Le vendeur : Vous ne voulez pas de salle à manger ? Nous avons aussi des chambres à coucher très modernes, et sur celle-ci, je peux vous consentir un rabais parce que c'est la dernière...

Paul : Je...

Le vendeur : Un bureau ? Le modèle qui plaît le plus en ce moment est...

Paul : Le "Ministre", oui, je sais !

Grosjean : Paul, j'ai été retenu plus longtemps que je ne le pensais ! Voici Duroy, notre meilleur vendeur...

Paul : Je suis d'accord, il a failli me vendre un bureau "Ministre" !

Grosjean : Comme vous avez pu le voir, nous avons un certain nombre d'articles soldés avec des prix d'appel qui servent à attirer la clientèle et nous faisons des réductions importantes sur certaines pièces, des fins de série, ou des articles qui sont restés longtemps en magasin, ce qui nous permet de les liquider pour faire de la place pour les nouveaux modèles.

Paul : Aux Etats-Unis, certains commerçants majorent les prix sur les étiquettes pour ensuite les diminuer et faire croire à leurs clients qu'ils font une bonne affaire.

Grosjean : Mais, c'est une manœuvre frauduleuse pour tromper la clientèle ! Nous ne faisons jamais cela, nos soldes sont de vrais soldes, seulement bien souvent, un bon vendeur réussit à vendre un article non soldé en faisant constater les différences dans la qualité des articles.

Paul : Mais j'y pense, dans l'entrepôt de Charmont, je n'ai pas vu de meubles !

Grosjean : Exact, nous avons un autre local où nous entreposons les articles finis. Pour des raisons de commodité, les ateliers de fabrication sont situés entre ces deux entrepôts. Le dernier sert aussi au conditionnement et à l'expédition des "kits". Nous allons y passer maintenant.
Vous voyez la section A est réservée aux kits. Les pièces sont rangées dans des cases dans un ordre préétabli et un emballeur emplit chaque carton en rangeant les pièces dans l'ordre voulu pour tenir le moins de place possible, il ajoute un sachet contenant la quincaillerie nécessaire et une notice de montage. Chaque paquet est vérifié avant d'être scellé, ensuite les expéditeurs groupent les paquets et les envoient aux TROIS BELGES.

Paul : Pourquoi doit-on vérifier les paquets ? N'est-ce pas une perte de temps ? Le vérificateur défait-il complètement le paquet ?

Grosjan Non, en réalité, il le pèse. C'est seulement dans le cas où il constate une différence sensible dans le poids qu'il doit tout vider et vérifier pièce par pièce.

Paul : Mais, est-ce que cela arrive quelquefois ?

Grosjean : Oui, certes. Il arrive qu'un emballeur oublie une pièce, ou en mette deux au lieu d'une ! Après vérification, le contrôleur met un numéro dans le carton. Si le client veut faire une réclamation, il doit rappeler le numéro de contrôle.

Paul : Y a-t-il souvent des litiges ?

Grosjean : Non, parce que le contrôle est fait sérieusement. Mais l'emballage est très important surtout pour les grandes surfaces où la vente est en libre-service. Il ne faut pas que le client éventuel puisse ouvrir facilement le carton dans les rayons. Sinon, il y a des risques de perte de pièces et donc de réclamations sans fin ! Nous pourrions tripler le personnel du service après-vente !

Paul : Que fait exactement ce service ?

Grosjean : Dans le cas où un article est défectueux, ou se détériore dans l'année de l'achat, il est "sous garantie", c'est-à-dire que le client peut, soit le retourner, s'il s'agit de petites pièces, les kits par exemple, pour échange ou réparation, ou demander que le meuble soit repris à domicile et remplacé ou réparé à l'atelier. Il peut aussi demander qu'il soit réparé sur place.
Après l'année de garantie, le client peut aussi faire entretenir son mobilier, mais il doit payer la réparation et le transport, ou le déplacement de l'ouvrier.

Paul : Qu'est-ce qui donne le plus de travail au service ? Les garanties ou les réparations ?

Grosjean : L'entretien, car il est relativement rare que nous ayons des réclamations la première année. Mais il arrive que dans des appartements surchauffés ou très humides, le bois s'abime, les portes ne ferment plus très bien ou les tiroirs se coincent, le vernis aussi ternit à la longue.

Paul : Est-ce le service du contentieux qui est chargé de ces réclamations ?

Grosjean : Oh non, cela ne concerne que le service après-vente. Le contentieux se charge des litiges graves, qui peuvent éventuellement se terminer par un procès. Mais Roquet, notre Chef du contentieux vous en parlera.

VOCABULAIRE

lancer sur le marché : *to launch (a new product) on the market*
V.P.C. (vente par correspondance) : *mail order business*
une gamme : *a line, a range*
un hypermarché : *hypermarket (huge supermarket)*
haut de gamme : *among the best in the range of products, top of the line*
compétitif : *keen, competitive*
le marché : *the market*
un fixe mensuel : *a fixed monthly salary*
une commission : *a commission*
un centre commercial : *a shopping center*
un voyageur de commerce : *a traveling salesman*
un représentant : *a regional representative*
un placier : *a door to door salesman*
V.R.P. : *Voyageurs, Représentants, Placiers*
les frais (m) : *expenses*
une dépense : *an expense*
défrayer : *to defray, to pay*
une pièce justificative : *a voucher*
une note d'hôtel : *a hotel bill*
une facture d'essence : *a gas (gasoline) bill*
potentiel (marché) : *potential (market)*
un monopole : *a monopoly*
être en mesure de : *to be in a position to*
faire face à la concurrence : *to meet competition*
un point de vente : *a (retail) outlet, a point of sale*
un consommateur : *a consumer*
accroître : *to increase*
le chiffre d'affaires : *sales volume, turnover*
muté : *transferred*
des devises : *foreign money, currency*
hors-taxe (H.T.) : *exclusive of tax*
T.V.A. (taxe à la valeur ajoutée) : *value added tax*
un catalogue : *a catalog*
T.T.C. (toutes taxes comprises) : *taxes included*
en réclame : *special offer*
des facilités de paiement : *easy terms*
une mensualité : *monthly payment*
un escompte : *a discount*
un paiement au comptant : *a cash payment*
un rabais : *a rebate*
solder : *to sell off, to clear*
un prix d'appel : *a rock bottom price (to attract customers)*
une réduction : *reduction, cutting down (of price)*
une fin de série : *oddment, close-out*
liquider : *to sell off*
majorer : *to increase*
une étiquette : *a label*
diminuer : *to lower, to diminish*
une bonne affaire : *a real bargain*
une manœuvre frauduleuse : *swindling*
un solde : *item on sale, sale goods*
un local : *premises*
le conditionnement : *packaging*
un emballeur : *a packer*
un sachet : *a small bag*
un expéditeur : *a dispatcher*
peser : *to weigh*
une grande surface : *a hypermarket*
libre-service : *self-service*
le service après-vente : *client servicing, aftersale service*
défectueux : *defective*
à la longue : *in the long run*
le service du contentieux : *legal department*

QUESTIONS ORALES

1. Quelles sont les entreprises de V.P.C. que vous connaissez aux Etats-Unis (ou dans votre pays) ?
2. Quelle différence y a-t-il entre un représentant, un voyageur et un placier ?
3. Que doivent présenter les voyageurs à leur retour pour que leurs frais soient remboursés ?
4. Qu'appelle-t-on des devises ?
5. Qu'est-ce que le chiffre d'affaires ?
6. Expliquez : "Nous consentons des facilités de paiement".
7. Quelle différence y a-t-il entre un escompte et un rabais ?
8. Quel est le travail des emballeurs ? des expéditeurs ?
9. Que fait le service après-vente ?
10. Expliquez : "sous garantie".

La salle Drouot

EXERCICES ECRITS

1. Ecrivez le mot ou l'expression qui vous paraît convenir :

1. Nous ne pensons pas que des délais de paiement trop longs soient un .... de baisse de prix.
   - concurrent
   - facteur
   - paradoxe
   - rabais

2. Nos représentants touchent un fixe et une commission proportionnelle aux ventes ....
   - alignées
   - planifiées
   - réalisées
   - souhaitées

3. En affaires, la trace écrite des opérations effectuées permet d'en apporter la preuve en cas de ....
   - décision
   - négation
   - contestation
   - consultation

4. Notre représentant, à sa demande, vient d'être .... dans le sud de la France, sa région d'origine.
   - renvoyé
   - muté
   - viré
   - changé

5. Le (La) .... est le produit des ventes d'une entreprise.
   - résultat
   - bénéfice
   - chiffre d'affaires
   - marge brute

6. Les .... survenant à l'occasion des actes de commerce sont de la compétence des tribunaux de commerce.
   - défauts
   - lois
   - faits
   - litiges

7. Le détaillant doit s'approvisionner en marchandises pour les revendre au ....
   - producteur
   - grossiste
   - vendeur
   - consommateur

8. Le .... visite la clientèle du ou des commerçants qu'il représente.
   - diffuseur
   - mandataire
   - représentant
   - divisionnaire

9. Le .... est une méthode de vente nettement caractérisée.
   - commerce
   - libre service
   - marketing
   - management

10. Evidemment, toutes les dépenses concernant votre mission vous seront dûment ....
    - engagées
    - remplacées
    - avalisées
    - défrayées

11. La .... est un état détaillé, indiquant la quantité, la nature et le prix des marchandises vendues.
    - note de frais
    - lettre de change
    - facture
    - commande

12. Prochainement, nous comptons .... un nouveau produit sur le marché.
    - retirer
    - lancer
    - émettre
    - solder

13. Vous trouverez dans notre .... la référence et le prix de nos articles.
    - indice
    - annuaire
    - catalogue
    - compte

14. Notre choix est très important car nous avons une large .... de produits.
    - série
    - gamme
    - matière
    - élasticité

15. La vente de ces produits dépendant de bonnes conditions climatiques est essentiellement ....
    - saisonnière
    - relationnelle
    - arbitraire
    - contractuelle

16. Un contrat à .... comporte la fixation du prix d'une marchandise qui sera livrée plus tard.
    - tempérament
    - crédit
    - titre
    - terme

17. Le service .... assure à l'acheteur une utilisation correcte de l'objet qu'il a acquis.
    - public
    - après-vente
    - achat
    - personnel

18. Face à l'offensive des hypers et des supermarchés dans la .... du carburant, les groupes pétroliers ne restent pas inactifs.
    - diffusion
    - distribution
    - répartition
    - disposition

19. L'ensemble des pièces .... accompagne notre facture.
    - détaillées
    - qualitatives
    - justificatives
    - quantitatives

20. Société Française d'édition de cartes postales souhaite négocier accord de .... réciproque avec entreprise canadienne.
    - distribution
    - favoritisme
    - non-imposition
    - surveillance

2. Trouvez le mot qui manque dans les phrases suivantes (le même mot dans les phrases a, b, et c) et faites vous-même une phrase (phrase d) en utilisant ce mot.

a. Dans les .... commerciaux, les problèmes de surveillance et de sécurité sont plus graves que dans la rue.

b. Les petits commerçants ont d'abord protesté contre l'aménagement d'un .... piétonnier.

c. Grâce à leurs représentants, les salariés ne sont pas coupés du .... de décision de l'entreprise.

d. ....

3. Indiquez la ponctuation correcte de la phrase suivante :

Quiconque s'efforce par des manœuvres frauduleuses d'évincer un concurrent peut conformément à la loi être accusé de concurrence déloyale.

4. Complétez les phrases suivantes :

— Dans le courant du mois prochain, notre représentant...
— ... quand la vente a été conclue.
— Notre part du marché augmente, bien que...
— Notre représentant, qui passera vous voir bientôt...
— En ce qui concerne votre commande, nous sommes en mesure de...

5. Faites une phrase avec les mots suivants :

— Concurrence - grandes surfaces - client.
— Bon de commande - joindre - catalogue.
— Remercier - votre commande du - bien recevoir.
— Faire parvenir - urgent - prévisions ventes.
— Quantité - augmenter - dégressif - consentir.

6. Vrai ou faux :

1. L'étude de marché montre les possibilités d'un produit. VRAI FAUX
2. L'abréviation T.T.C. signifie "toutes taxes comprises". VRAI FAUX

7. Choisissez ci-dessous l'expression qui convient et écrivez-la sur la ligne correspondant à sa définition :

marché d'un produit marché potentiel
marché noir marché captif

— .... : partie ou totalité d'un marché dans laquelle un seul producteur vend un bien ou service.
— .... : ensemble des acheteurs actuels ou potentiels d'un produit qui se trouve sur un territoire déterminé.
— .... : marché dont les transactions sont opérées dans le non-respect des lois et des règlements économiques.
— .... : ensemble des consommateurs possibles d'un bien ou d'un service.

hypermarché supermarché
grand magasin magasin populaire

— .... : magasin de grande surface (400 à 2 500 m²) offrant des produits très variés vendus en libre-service.
— .... : magasin d'au moins 400 m², vendant de l'alimentation et des marchandises diverses selon la formule libre-service, mais dans des rayons pas nécessairement séparés.
— .... : établissement commercial supérieur ou égal à 2 500 m² et offrant une large gamme de marchandises dans des rayons différents.
— .... : magasins exploités en libre-service et présentant une superficie consacrée à la vente, supérieure à 2 500 m².

8. Version :

1. La vente par correspondance permet d'opérer ses choix en toute tranquillité.

2. Ce nouveau centre commercial est immense, on y trouve des supermarchés, de nombreuses boutiques, des succursales de banques et des compagnies d'assurances.

3. Cette nouvelle gamme de produits semble plaire à notre clientèle.

4. Malgré nos efforts, nous ne sommes pas en mesure de vous procurer les articles demandés.

5. Il est chef de rayon dans un grand magasin.

6. Il a payé le solde en trois mensualités.

7. Le service après-vente assure à l'acheteur une utilisation correcte de l'objet qu'il a acquis.

8. Si vous désirez plusieurs exemplaires de notre catalogue, veuillez nous le faire savoir le plus rapidement possible.

9. L'emballage conserve et protège les produits.

10. Si vous avez besoin de plus amples renseignements, veuillez nous le faire savoir.

11. Les clients interrogés au cours de l'enquête apprécient avant tout la qualité et la fraîcheur des produits vendus.

12. Tous les prix ne montent pas : une calculatrice de poche valait 540 francs en 1973 et moins de 70 francs dix ans plus tard.

13. Veuillez m'adresser les livres que je vous indique ci-dessous et prélever la somme correspondante sur ma carte de paiement.

14. Notre formule « Entretien-plus » vous garantit par contrat un dépannage de votre installation en quatre heures ouvrables, tous les jours du lundi au vendredi de 8 h à 18 h.

15. La télématique ouvre d'immenses perspectives aux entreprises de vente par correspondance.

9. Thème :

1. Unfortunately, we cannot supply the articles in all the sizes you require, as some of them are sold out.

2. Thank you for your letter of 18th February in which you asked us to let you know when it would be convenient for your representative to call on us.

3. Catalogues are usually sent by separate mail.

4. Please note that prices are subject to change.

5. It is open until eight in the evening and nine on Fridays.

6. Self-service means that goods are displayed where everyone can see them, pick them up and take them to a central point to pay for them.

7. Competition for the U.S. market is keener and keener.

8. Last year, he was appointed Head of the Sales Department.

9. The new issue of our catalogue will be mailed to you shortly.

10. Thanks to marketing techniques, a sales manager is able to develop his firm's activities on a greater scale.

11. Many companies judge their maintenance department on its ability to respond to breakdown, whereas the most important test should be its ability to prevent breakdowns.

12. Wholesale prices are up 4.2% from last year.

13. She has been working on a study of the distribution networks in your area.

14. On these items, the packing is charged to the customer.

15. The new range of products seems to appeal to our customers.

10. Correspondance :

[1] **Rédigez** sous forme de télégramme la lettre suivante :

Messieurs,

Votre commande du 5 courant nous est bien parvenue et nous vous en remercions. Malheureusement, nous regrettons de ne pouvoir vous expédier par retour les marchandises demandées car nous sommes actuellement en rupture de stock.

Espérant que vous voudrez bien nous excuser pour ce fâcheux contretemps, nous vous prions d'agréer, Messieurs, l'expression de nos sentiments distingués.

Le Directeur Commercial

[2] Vous avez récemment acheté par correspondance un ensemble de produits comestibles régionaux de qualité. Les articles livrés ne correspondent pas à la commande faite.
Vous écrivez à la Maison du Quercy à : 24320 VERTEIL-LAC, pour demander ce qu'il y a lieu de faire.

TRAVAIL A FAIRE

Rédigez cette lettre.

[3] La Société LA REDOUTE (ROUBAIX) est spécialisée dans la vente au détail par correspondance.
Sur catalogue, un de ses clients lui a commandé — et réglé par chèque — il y a 15 jours, du matériel de sports d'hiver (chaussures, gants et lunettes).
Malgré les délais rapides de livraison annoncés par les conditions générales de vente (5 à 8 jours au plus), rien ne lui est encore parvenu. A moins de 10 jours de son départ, il s'inquiète légitimement.

TRAVAIL A FAIRE

Ecrivez la lettre de réclamation de ce client à LA REDOUTE.

[4] Après avoir reçu la lettre de rappel de son client, LA REDOUTE procède, le jour même, à l'envoi des articles commandés en justifiant ce retard.

TRAVAIL A FAIRE

Vous **écrivez** la lettre de la Société LA REDOUTE à son client.

[5] Vous travaillez aux Etablissements SERRANEX, 6 rue de l'Abreuvoir, 75020 PARIS.
A partir du 10 du mois prochain, l'usine va être transférée dans la zone industrielle de Montereau (code postal 77130) ; le siège social et les bureaux administratifs restant à Paris. Vous êtes chargé(e) par M. François DIDIER, Directeur Général

a. de **concevoir une note de service** pour informer l'ensemble du personnel.

b. de **préparer un télex** à l'intention des représentants répartis dans toute la France.
Ils devront désormais transmettre directement à l'usine l'original des commandes avec les modalités de livraison et de transport ; ils enverront le double au Siège avec les documents concernant les clients : fiches-clients, rapports de visites, etc...

c. d'**établir un chèque** de 895 francs à l'ordre du Journal « Les Echos » en règlement d'une annonce informant les lecteurs du prochain transfert de l'usine.

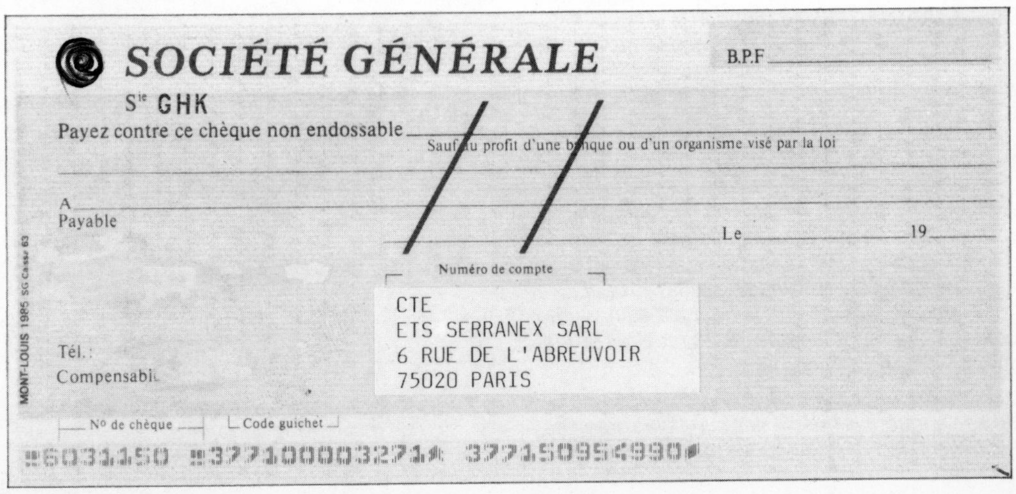

SOCIÉTÉ GÉNÉRALE B.P.F

S[te] GHK

Payez contre ce chèque non endossable

Sauf au profit d'une banque ou d'un organisme visé par la loi

A

Payable

Le 19

Numéro de compte

CTE
ETS SERRANEX SARL
6 RUE DE L'ABREUVOIR
75020 PARIS

Tél. :
Compensabl.

MONT-LOUIS 1985 SG Cassa 63

N° de chèque Code guichet

⑈6031150 ⑈377100003271⑈ 377150954990⑈

11. Jeu de rôles :

Vous êtes Jean DUROY, le super-vendeur, et vous essayez de vendre des meubles à vos camarades de classe qui joueront le rôle de clients éventuels.

12. Compréhension de texte :

SUR CATALOGUE

La vente par correspondance : un secteur qui entend mettre à profit les technologies nouvelles pour continuer à gagner du terrain et ne pas manquer les rendez-vous de demain.

Pour célébrer son vingt-cinquième anniversaire, le 10 juin dernier, le syndicat V.P.C. (entreprises de vente par correspondance) a conjugué son présent au futur.

DE L'AVENIR DANS L'ESPRIT

Ce n'est pas sans raison que le débat organisé à l'occasion de cet événement, a été animé par Albert Ducrocq, écrivain et chroniqueur d'avenir.

"D'ici à l'an 2000, d'ici à moins de vingt ans, l'humanité va connaître plus de transformations qu'elle en a connu depuis qu'elle existe, nous prévient-il. Les performances électroniques doublent tous les dix-huit mois.

"Le commerce, comme tout le reste, évoluera profondément.
"Et avec lui, la V.P.C., qui est une des dimensions de la vente de demain"...

Autre intervenant occupé d'avenir, Bernard Cathelat, professeur de sociologie, animateur du Centre de communication avancée du Groupe Havas. Il décrit le consommateur d'hier et de demain.

Comment voit-il les choses ?
De 1960 à 1970, explique-t-il, la V.P.C. a rencontré deux styles de vie, deux marchés.

D'une part, les isolés, les oubliés de l'expansion. La P.V.C. leur apportait à domicile le grand magasin ou le commerce spécialisé et nouait ainsi un cordon ombilical les reliant à la société.

D'autre part, les "nouveaux consommateurs", modernistes, épris du "way of life" à l'américaine le genre "jeune cadre dynamique" cher aux publicitaires. Impulsifs, dépensiers... Et pas très bons clients, en définitive, de la P.V.C.

Par parenthèses, ce que n'a pas rappelé Bernard Cathelat, c'est qu'à ses débuts — que l'on doit, sauf erreur, à Aristide Boucicaut, créateur du "Bon Marché" — la vente par correspondance n'avait d'autre propos que de se substituer au colporteur, au marchand ambulant qui allait placer ses marchandises de ferme en ferme comme on le voit faire dans les westerns par les prédicateurs placeurs de Bibles.

Le colporteur, paraphrasant la réplique célèbre du "Bossu" de Paul Féval (*), pouvait dire : "Si tu ne viens pas à la boutique, la boutique ira à toi".

A l'origine, donc, la V.P.C. — que l'on ne désignait pas encore par un sigle — visait essentiellement la clientèle rurale. Bien plus que le Petit Larousse, le catalogue de la "Manu" de Saint-Etienne prenait place, avec quelques almanachs, entre le vaisselier et la huche à pain, à côté des sachets de graines potagères et des recettes de cuisine découpées dans les journaux.

Or, sans perdre pour autant cette vocation primitive, la V.P.C. a su s'acquérir la fidélité des clientèles urbaines. Et pas seulement dans les bourgades, dans les plus grandes cités aussi.

DU "CHEZ SOI" A "L'AILLEURS"

Que seront, selon Bernard Cathelat, les clients de 1980-1995 ?

Il affirme que 50 % des Français — et 60 % des jeunes — accordent désormais une nette priorité à la qualité de la vie.

Peu tentés par le pouvoir, l'aventure ou la richesse, ils recherchent le confort à la maison. Quand ils achètent, ce n'est pas sans préméditation. Ils se renseignent, car ils sont avides de s'informer.

Les technologies nouvelles les fascinent mais les effraient. Ils s'en méfient.

Clientèle idéale pour la V.P.C. ! Sûrement. Mais à condition que la relation de fournisseur à client s'humanise en dépit du caractère impersonnel des moyens de communication modernes.

Ils attendent de la V.P.C., non seulement qu'elle leur procure des biens, mais aussi qu'elle les aide à en tirer pleine satisfaction. D'où l'accent à mettre sur le conseil dispensé par des spécialistes attentifs et tutélaires, sur le suivi, sur l'après-vente...

Mais, à côté de ces amateurs de vie chez soi, explique Bernard Cathelat, il y a déjà et il aura toujours une autre catégorie de clients : des consommateurs-Janus au double visage, à la fois marginaux, voire associaux, et parfaitement à l'aise dans la société actuelle.

Ceux-là donnent la préférence à des consommations non utilitaires. Ils dépensent peu en meubles, en nourriture, en automobiles, mais beaucoup en hi-fi, en champagne ou en whisky rare, en voyages...

Ils affectionnent les circuits commerciaux parallèles : les soldeurs, les Puces, les souks, l'achat direct au producteur.

Pour eux, pour les satisfaire, la V.P.C. a une carte à jouer qu'on ne trouve guère jusqu'à présent dans son jeu habituel : la carte du produit exceptionnel, insolite. Il faut inventer une V.P.C. sur mesure pour ces individualistes, ces conformistes de l'anti-conformisme.

De toute manière, selon Bernard Cathelat, il est trois tentations auxquelles les entreprises de V.P.C. doivent résister : la tentation de croire que la technologie est une valeur en soi (il n'y a pas que la V.P.C. qui ait à se méfier des séductions trompeuses de la technique pour la technique, lesquelles ne valent pas mieux que celles de l'art pour l'art) — la tentation de la gadgétisation — la tentation de faire "le marketing du producteur" alors que c'est, bien sûr, le marketing du consommateur qui doit dicter sa loi.

La V.P.C. se met en correspondance avec les temps qui courent. Et qui courent vite.

Elle ne ratera pas ses rendez-vous avec les réalités de demain.

Sven SAINDERICHIN
La Revue des Entreprises
n° 437, Juillet/Août 1982

(*) "Si tu ne viens pas à Lagardère, Lagardère ira à toi".

A **Complétez,** à l'aide du texte, la fiche de synthèse ci-dessous :

.... La V.P.C. ....
1. Thème du débat : ....
2. Organisé à quelle occasion : ....
3. Organisateur : ....
4. Noms et qualités des principaux animateurs :
....
....
5. Origine de la V.P.C. :
6. Clientèle traditionnelle :
Les consommateurs d'hier (1960-1970) :
7. ....
8. ....
La clientèle idéale (1980-1995)
9. Sa principale motivation : ....
ses principales caractéristiques :
10. ....
11. ....
12. ....
Attitudes que doit adopter la V.P.C. auprès de ces futurs consommateurs :
13. ....
14. ....
15. L'autre catégorie de clients :
Leurs caractéristiques principales :
16. ....
17. ....
18. Attitude que doit adopter la V.P.C. auprès de cette autre catégorie :
En général, attitudes que doit éviter la V.P.C. :
19. ....
20. ....
21. ....

B Peut-être, êtes-vous, vous-même, concerné par la V.P.C. ? Favorable ou hostile à son égard ?
Dans tous les cas, **Justifiez** en quelques lignes votre point de vue sur ce type de vente particulier.

Bon de commande.

Si vous commandez par écrit, utilisez de préférence un bon de commande à votre nom (vous en trouverez dans les colis que La Redoute vous envoie). Si vous n'en avez pas, utilisez celui-ci.

Conseil : si vous commandez par téléphone ou par Minitel, préparez votre commande à l'aide d'un bon, de façon à ne rien oublier... et à garder une trace !

La Redoute

BON DE COMMANDE

59081 ROUBAIX CEDEX 2

Indiquez ci-contre votre n° de client (si vous en avez un), votre nom et votre adresse complète. N'oubliez pas de cocher la case correspondant à votre dénomination (Mme, Mlle...). Indiquez-nous aussi votre n° de téléphone. Il peut être utile.

N° de client .... (si vous en avez un) **TBZ 39420**

A REMPLIR EN LETTRES CAPITALES

☐ Mme ☐ Mlle ☐ Mr ☐ Autres dénominations

Nom .... Prénom ....

Adresse ....

.... Bât. .... Étage ....

Ville ....

Code postal .... N° de tél. (........)

Désignation des articles, coloris	Référence	Taille	Quantité (Décimales)	Prix de l'unité (Francs / Centimes)	Montant (Francs / Centimes)
Lot de 2 tee-shirts rouges.	0163458	42	2	65 00	130 00

CHOISISSEZ VOTRE MODE DE PAIEMENT

JOINT A VOTRE COMMANDE
1 ☐ Mandat-lettre
2 ☐ Chèque postal (avec ses 3 volets)
3 ☐ Chèque bancaire (à l'ordre de La Redoute)
4 ☐ Avoir ou chèque Redoute

AVEC VOTRE CARTE DE PAIEMENT (n'oubliez pas d'inscrire so...
5 ☐ Carte Kangourou
7 ☐ Carte Bleue

A LA LIVRAISON 6 ☐ Envoi contre-remboursement (+ frais selon taxe en vigueur)

N'envoyez jamais de mandat-carte 1418, de timbres ni d'espèces.

Notes sur la lecture :

Désabusé : ayant perdu ses illusions.

Un déplacement : un voyage.

Escamotable : se dit de quelque chose que l'on peut faire disparaître facilement, un lit escamotable peut se relever et se cacher dans un placard, ou dans un mur.

Brinquebaler : balancer de droite à gauche, ici traîner.

Débarquer : descendre du bateau, arriver.

Un boîtier : une petite boîte, comme celle qui renferme le mécanisme d'une montre, par exemple.

Une pellicule : a film.

Convaincre : amener quelqu'un à croire quelque chose.

Un "sioux" : un indien rusé et habile.

Piéger : attraper.

Dans la foulée : image sportive, on est dans la foulée de quelqu'un, lorsqu'on le suit de très près dans une course à pied.

Dérisoire : très bas (d'un prix).

Stéphanois : de la ville de Saint-Etienne.

VENDRE

Le XXe siècle apparaît comme le grand siècle de la vente. Certes, vendre est, depuis toujours, une préoccupation des entreprises, mais jamais autant qu'aujourd'hui l'effort pour vendre n'a été spectaculaire. Si on regarde l'histoire économique depuis deux siècles, c'est-à-dire depuis la révolution industrielle, on peut distinguer trois grandes phases concernant les rapports entre la production et la vente.

La première phase couvre l'essentiel du XIXe siècle, et pour certains produits déborde parfois largement sur le XXe siècle. Elle est caractérisée par le souci prioritaire de produire, plus que par l'impérieuse nécessité de vendre. Plus exactement, il suffisait de produire pour que la plupart du temps les débouchés suivent.

Jean-Baptiste Say théorisa le phénomène : toute production distribue un revenu qui permet globalement de racheter cette production. Cette fameuse loi, dite « des débouchés », excluait ainsi toute surproduction. Très peu d'économistes la contestèrent : si Malthus et Marx la combattirent, Ricardo y adhéra sans réserves. Cette philosophie économique stipule que la vente est l'obligée de la production. J.-B. Say, son apôtre, était français : est-ce un hasard ?

La deuxième englobe le XXe siècle et n'est pas encore dépassée. Elle fait basculer la pensée et les comportements : la production demeure importante, mais c'est la vente qui recueille une attention croissante. Elle prend le pas sur une production de mieux en mieux maîtrisée, aux produits de plus en plus standardisés. L'évolution se retrouve autant au niveau de l'Etat qu'à celui de l'entreprise.

Des années 30 jusqu'aux années 80, les Etats ont privilégié des politiques de régulation de l'activité économique par la demande. Théorisée par Keynes, l'idée était que la relance de la production exigeait une demande préalable, ou ce qui revient au même, que les perspectives de vente soient favorables. Macro-économiquement, on découvrait ainsi le rôle tracteur de la vente.

Les entreprises, quant à elles, connurent la même mutation : produire, certes, et le mieux possible, mais surtout savoir commercialiser par un effort de conditionnement de la demande. Le marketing, la publicité deviennent alors déterminants pour ne pas rester au stade d'une production confidentielle. On développe des trésors d'imagination pour faire acheter des télévisions, un parfum, des avions, du vin ou des logiciels.

Est-ce encore un hasard si la France a produit de grands publicitaires ? Elle doit souvent réaliser d'immenses efforts pour vendre des biens dont la commercialisation n'était pas d'emblée assurée : aéronautique ou matériel de transport.

Depuis quelques années, nous vivons une troisième phase, celle du règne absolu de la vente. Il ne s'agit plus seulement de produire, puis de commercialiser, mais d'inverser la logique : vendre d'abord, produire ensuite. Autrement dit, ne produire que si l'on est assuré de pouvoir vendre.

Ce comportement est typique dans certains secteurs comme l'aérospatial, le nucléaire, les produits médicaux, les services à forte valeur ajoutée intellectuelle. Ici, produire est presque une conséquence de la vente.

Il arrive de plus en plus souvent qu'on maîtrise une technique de production, qu'on sache fabriquer un nouveau produit, mais qu'on renonce à l'élaborer parce que la vente serait impossible pour des questions de prix par exemple, ou pour des raisons tenant à la taille du marché. Sauf décision politique, le critère économique est formel : rien ne sert de produire ce qui n'est pas vendu – à plus forte raison ce qui n'est pas vendable. L'a-t-on compris en France ?

Dans la compétition économique mondiale, les entreprises françaises ont compris désormais qu'il ne fallait plus donner de la France l'image d'un pays doué pour inventer l'invendable. Les progrès sont considérables depuis quelques années, mais la nouvelle logique n'a pas encore pénétré tous les esprits.

On croit qu'elle est surtout valable pour les grandes entreprises qui s'attaquent au marché mondial, et on a trop tendance à considérer que les PME (Petites et Moyennes Entreprises) ne sont pas directement concernées par le phénomène. Il n'en est rien. Il faut toujours se souvenir que la notion de marché transcende les espaces nationaux, et que le marché français n'est qu'une parcelle du marché mondial, ouvert à la vaste concurrence, aussi difficile à capter que d'autres marchés.

Pour réussir sur ce marché, comme sur les autres, il faut en permanence écouter l'acheteur, être tourné vers lui, anticiper ses désirs. Bref, être systématiquement disponible, avant la vente, pendant la vente, après la vente. Les Japonais l'ont compris, et c'est pourquoi ils sont donnés en exemple de la compétitivité. Pour la France, c'est plus qu'une méthode à imiter, c'est une mentalité à acquérir.

D'après un article de François Rachline, *Le Monde du 14 janvier 1987.*

Notes sur la lecture :

Un débouché : an outlet.

Say, Jean-Baptiste : économiste français né à Lyon (1767-1832), un des maîtres de la doctrine libre échangiste.

Malthus, Thomas Robert : économiste anglais né près de Guilford (1766-1834).

Marx, Karl : philosophe et économiste socialiste allemand né à Trèves (1818-1883).

Ricardo, David : économiste anglais né à Londres (1772-1823).

Basculer : ici, changer de façon irréversible.

Keynes, John Maynard : économiste et financier britannique, né à Cambridge (1883-1946).

D'emblée : tout de suite.

Elaborer : ici, réaliser.

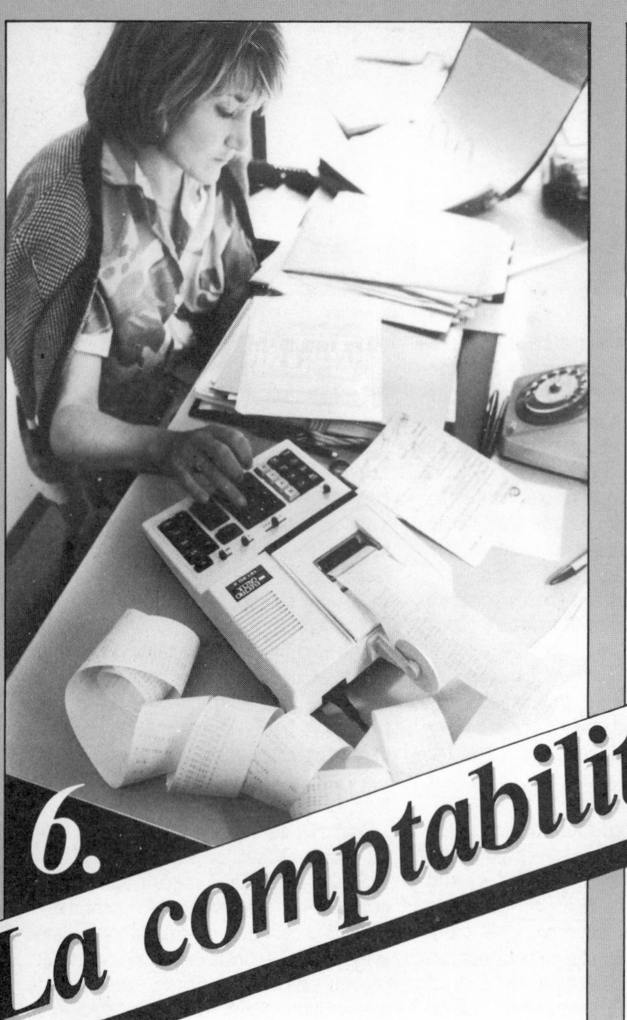

6. La comptabilité

Mlle Simon : Bonjour Monsieur. Mme Moreau m'a dit que vous alliez remplacer Mme Corbière pendant son congé de maternité et elle m'a demandé de vous mettre au courant.

Paul : J'ai déjà fait de la comptabilité aux Etats-Unis, est-ce que c'est très différent ici ?

Mlle Simon : Je ne pense pas... Vous savez tenir un compte : on porte au crédit les sommes qui sont versées et au débit les sommes dues et le compte du client est soldé lorsque les colonnes débit et crédit font apparaître le même montant.
Nous sommes quatre dans ce service et nous nous occupons de secteurs différents. M. Verdier est chargé de la comptabilité "Fournisseurs".

Paul : C'est lui qui reçoit les bons de livraison que lui envoie Charmont et qui paie les factures quand elles sont conformes aux commandes et surtout aux livraisons.

Mlle Simon : Oui, il est aussi fondé de pouvoir et il peut accepter les traites ou signer les chèques en l'absence de M. Lecomte, l'expert-comptable. Mlle Roussin s'occupe de la comptabilité du personnel, c'est-à-dire des salaires de tous les employés de la maison, elle établit les feuilles de paie, elle tient le registre des salaires, des congés réguliers et des congés de maladie, elle fait le décompte des heures supplémentaires, des retenues pour la Sécurité Sociale, elle règle les taxes, impôts, cotisations pour l'URSSAF, etc. Vous la verrez demain car elle assiste à la réunion du Conseil avec le Comité d'Entreprise et les Délégués du Personnel.

Paul : Y a-t-il des problèmes ? Des revendications syndicales ?

Mlle Simon : Pas vraiment, mais ces réunions de concertation sont à l'ordre du jour car elles sont obligatoires. Cela permet de mieux connaître les besoins du personnel et de tenir compte de leurs demandes. Lorsqu'elles sont fondées et raisonnables — et elles le sont bien souvent — la Direction fait tout son possible pour leur donner satisfaction.

Paul : Et éviter ainsi toute confrontation, grève, manifestations d'employés mécontents ! C'est astucieux !

Mlle Simon : Moi, je prends soin de la comptabilité "clients" avec Mme Corbière. Nous avons divisé cette section de la façon suivante : elle s'occupe uniquement des clients du magasin et moi des autres, c'est-à-dire des TROIS BELGES et de CROISEMENT. Si nous développons un secteur Exportations, je crois qu'il faudra embaucher une cinquième personne.

Paul : Alors Mme Corbière établit les factures des clients du magasin et lorsqu'ils ne paient pas au comptant et qu'ils demandent des facilités de paiement, elle doit s'assurer qu'on peut leur en accorder, puis elle établit les traites qu'ils doivent accepter et ensuite elle doit penser à se souvenir de toutes les échéances pour présenter les lettres de change à l'encaissement. Et si les effets ne sont pas payés, est-ce elle qui fait établir le protêt et qui commence la procédure de recouvrement des créances ?

Mlle Simon : Pas si vite ! Je reprends ce que vous venez de dire : lorsqu'elle a les traites acceptées, elle les dépose à la banque, soit à l'encaissement, soit à l'escompte, cela dépend des besoins de la trésorerie. C'est la banque qui se charge de la présentation le jour de l'échéance. Il est bien évident que si la traite a été escomptée et si elle n'est pas payée à l'échéance, la banque nous avise et débite notre compte du montant de la traite impayée, plus les frais...

Paul : Ici, comme aux Etats-Unis, la banque ne perd jamais !

Mlle Simon : Non, bien sûr ! Si la traite est impayée, c'est le service du contentieux qui va se charger de faire protester l'effet et, éventuellement, d'entamer des poursuites judiciaires et obtenir que le tribunal de commerce prononce une sanction contre les débiteurs défaillants.

Paul : Cela doit prendre très longtemps pour obtenir le paiement, si l'on doit faire un procès, surtout si le client est un particulier et non un commerçant !

Mlle Simon : Vous savez, toute vente est par définition, un acte de commerce qui engage également les deux parties. Tous les actes de commerce relèvent du droit commercial et non du droit civil. Les tribunaux de commerce ont été créés précisément pour rendre une justice plus expéditive que les tribunaux civils.

Paul : Et M. Lecomte, qu'est-ce qu'il fait ?

Mlle Simon : Il est assermenté. Il vérifie tous nos comptes et il est responsable devant la loi, il fait toutes les déclarations d'impôts, il établit le bilan de l'exercice. Il s'occupe aussi des amortissements de tout le matériel, des machines, des voitures, etc. C'est lui qui établit les prix de vente des différents articles. Les services techniques lui communiquent leurs prix de revient par pièce, et il ajoute les pourcentages de taxes, il répartit les frais généraux (salaires, chauffage, électricité, entretien, etc., etc.) dont il faut tenir compte dans l'établissement des prix de vente. Et à cela il ajoute la marge bénéficiaire. Et puis, il assiste M. Roquet, le chef du contentieux, en cas de procès où son expertise serait nécessaire.

Paul : Est-ce que vous écrivez aux clients qui ont des paiements arriérés ?

Mlle Simon : Non. Nous signalons les cas à la correspondancière et elle leur envoie la lettre-type de rappel.

Paul : Et que se passe-t-il s'il y a des erreurs ?

Mlle Simon : On doit les rechercher si ce sont des erreurs comptables et les... trouver ! Si on a fait un autre type d'erreur, par exemple si on a trop remboursé à un client ou s'il s'agit d'une mauvaise créance, il y a la possibilité de les passer au compte "pertes et profits"... Mais, maintenant, il faut que je vous fasse voir comment établir une facture. Voici un modèle normalisé que vous pourrez utiliser. Toutes les factures sont établies par un procédé mécanographique. On appelle cela une liasse de facturation, parce qu'il y a plusieurs documents que vous établissez en une seule frappe. En plus de la facture proprement dite en 3 exemplaires, un pour le client, un pour la comptabilité et un pour les archives, vous avez un exemplaire sans mention de prix qui sert de bon de livraison et qui doit être signé du client pour prouver la réception de la marchandise, un autre exemplaire va à l'entrepôt et atteste la sortie de l'article, un autre enfin, servira à Mlle Roussin pour calculer la guelte du vendeur à la fin du mois.

Paul : La... quoi !

Mlle Simon : La guelte. C'est un pourcentage sur les ventes qui vient s'ajouter au fixe des vendeurs.

Paul : Comme pour les V.R.P....

Mlle Simon : Oui, le principe est le même, mais le mot "guelte" ne s'applique qu'aux vendeurs. Toutes les indications que vous devez porter sur la facture figurent sur le bon de commande qui est établi par le vendeur, c'est-à-dire le nombre d'articles, leur numéro de code, désignation, prix unitaire H.T., rabais ou remise s'il y a lieu, le prix net unitaire et le montant net dans la dernière colonne à droite. En bas à gauche, vous devez inscrire le montant de la T.V.A. après l'avoir calculé et l'ajouter au montant net ainsi que les frais de livraison, s'il y en a, en bas à droite, le montant total net à payer. Si le client a déjà versé des arrhes, vous devez les déduire du montant total et indiquer clairement le reste à payer au-dessous.

Si le paiement du solde est à crédit, il faut indiquer le nombre de mensualités et le montant de chacune sur la facture, et préparer les traites correspondantes.

Paul : Cela n'a pas l'air bien difficile...

Mlle Simon : Non, mais il faut faire très attention à ce que l'on fait pour ne rien oublier !

un congé de maternité : *maternity leave*
mettre au courant : *to put up to date, to fill (sb) in*
tenir les comptes : *to keep the accounts (the books)*
le crédit : *credit, credit side*
le débit : *debit, debit side*
solder un compte : *to balance, to settle an account*
un fondé de pouvoir : *proxy, signing clerk*
un expert-comptable : *C.P.A.*
la feuille de paie, fiche (f) de paie, bulletin (m) de salaire : *wage sheet, payroll stub*
un congé de maladie : *sick leave*
une heure supplémentaire : *overtime*
une retenue : *deduction*
une cotisation (f.) : *contribution*
URSSAF : *Union pour le Recouvrement des cotisations de Sécurité Sociale et des Allocations Familiales*
un comité d'entreprise : *Works Committee*
un délégué du personnel : *personnel representative*
un ordre du jour : *agenda (of a meeting)*
une grève : *strike*
embaucher : *to engage, to hire*
au comptant : *cash*
un protêt : *protest*
une procédure : *proceedings*
un recouvrement : *collection*
un encaissement : *collection*
un escompte : *(bills for) discount*
entamer des poursuites judiciaires : *to initiate legal proceedings*
prononcer une sanction : *to assess a penalty*
assermenté : *sworn (in)*
un exercice : *fiscal year*
un amortissement : *depreciation*
un prix de revient : *actual cost, cost price*
les frais généraux : *overheads*
la marge bénéficiaire : *profit margin*
arriéré : *overdue*
pertes et profits : *profit and loss account*
une liasse : *set of multipart forms*
une guelte : *commission (on sales)*
une remise : *discount*
des arrhes (f) : *deposit*

COMPTABILITÉ GÉNÉRALE : JOURNAL DU :

SOCIÉTÉ : ORIGINE :

N° ÉCRITURE	N° COMPTE	N° TIERS	N° SECTION	N° OUVRAGE	N° CONTREP.	LIBELLÉ

COMPTABILITÉ GÉNÉRALE : GRAND LIVRE DU MOIS DE :

SOCIÉTÉ : COMPTE N° :

DATE	ORG.	N° ÉCRITURE	LIBELLÉ	DÉBIT	CRÉDIT	S DÉ

COMPTABILITÉ GÉNÉRALE : BALANCE DES COMPTES

SOCIÉTÉ : MOIS DE :

N° COMPTE	INTITULÉ DU COMPTE	DÉBIT	CRÉDIT	S DÉ

QUESTIONS ORALES

1. Que fait la personne qui est chargée de la comptabilité "Fournisseurs" ?
2. Qu'est-ce qu'un fondé de pouvoir ?
3. En quoi consiste le travail de Mlle Roussin ?
4. Décrivez le travail de Mme Corbière.
5. Que veut dire "escompter une traite" ?
6. Quel est le rôle de l'expert-comptable ?
7. Comment établit-on un prix de vente ?
8. Qu'est-ce que la guelte ?
9. Qui la touche ?
10. Qu'est-ce qui doit figurer sur une facture ?

EXERCICES ECRITS

1. Ecrivez le mot ou l'expression qui vous paraît convenir :

1. La Société X a fait plus de .... cette année que l'année dernière.
   - faillites
   - managers
   - bénéfices
   - salariés

2. Pour savoir si une affaire est saine, on n'a qu'à vérifier ....
   - son ordinateur
   - son bilan
   - sa gestion
   - ses comptes profits et pertes

3. Les tribunaux prononcent des .... juridiques.
   - effets
   - sanctions
   - lois
   - usages

4. Les actes de commerce relèvent du ....
   - droit judiciaire
   - droit commercial
   - droit du travail
   - droit administratif

5. Notre service de .... chargé des affaires litigieuses est particulièrement surchargé en cette période.
   - recherches
   - commercialisation
   - contentieux
   - comptabilité

6. Nous ne savons quelles seront les suites .... qui seront données à cette affaire.
   - juridiques
   - judicieuses
   - jurisprudentielles
   - judiciaires

7. En cette période de crise, les entreprises n'ont jamais été si nombreuses à .... leur bilan.
   - disposer
   - déposer
   - exposer
   - établir

8. La .... enregistre jour par jour les opérations de l'entreprise.
   - fiscalité
   - commercialisation
   - comptabilité
   - récapitulation

9. Pour arrondir ses fins de mois, il tient à faire des heures ....
   - sur mesure
   - en surplus
   - de surmenage
   - supplémentaires

10. Depuis 40 ans, en France, les retraites sont une affaire de solidarité : les actifs ...., les retraités perçoivent.
    - encaissent
    - cotisent
    - offrent
    - déboursent

2. Ecrivez les nombres suivants en toutes lettres :

— 2 480 : ....

— 1 352 679 408 : ....

— Au début de 1971, le commerce proprement dit, avec 567 000 .... entreprises et 656 000 .... établissements, représente 32 % .... des entreprises et 34 % .... des entreprises exerçant en France. Si l'on ajoute les activités à caractère commercial, on obtient 1 014 000 .... entreprises, soit 57 % .... et 1 216 000 établissements, soit 63 % ....

3. Chassez l'intrus :

Un expert-comptable assermenté vérifie ....
nos bouquins ☐ - notre comptabilité ☐ - nos livres ☐.

4. Vrai ou faux :

1. L'amortissement consiste à introduire de nouvelles techniques dans l'entreprise. VRAI FAUX
2. La guelte est une diminution accordée à un client. VRAI FAUX
3. Les arrhes sont un acompte versé à la commande. VRAI FAUX

5. Faites correspondre à chaque définition un nom choisi dans la liste ci-dessous et écrivez-le sur la ligne correspondante :

1. actionnaire - bénéfice - chiffre d'affaires - raison sociale - bilan

.... : inventaire périodique de l'actif et du passif d'une entreprise.

.... : détenteur d'une fraction du capital d'une société.

. . . . : appellation sous laquelle fonctionne une entreprise.

. . . . : produit net d'une entreprise au terme d'un exercice.

. . . . : montant total des ventes pour une période donnée.

2. acquit - avoir - devis - échéancier - inventaire - nomenclature.

. . . . : répertoire chronologique des sommes à payer ou à encaisser.

. . . . : état détaillé, article par article, des biens d'une entreprise.

. . . . : document donnant l'estimation chiffrée d'un travail avant son exécution.

. . . . : reconnaissance écrite d'un paiement.

. . . . : somme due par un fournisseur à son client.

. . . . : liste méthodique des objets d'une collection, des termes techniques d'une fabrication.

6. Trouvez le mot qui manque dans les phrases suivantes (le même mot dans les phrases a, b et c) et faites vous-même une phrase (phrase d) en utilisant ce mot :

1er mot :

a. L' . . . . est la période de temps pour laquelle sont dégagés les résultats financiers d'une entreprise.

b. Les hommes politiques sont généralement attirés par l' . . . . du pouvoir.

c. L'outrage à magistrat dans l' . . . . de ses fonctions est passible d'une lourde condamnation.

d. . . . .

2e mot :

a. Cette décision demande mûre réflexion : la . . . . de manœuvre est étroite.

b. La . . . . bénéficiaire d'un commerçant est la différence entre le prix de vente brut et le prix de revient.

c. Vous préparerez une réponse à cette lettre en tenant compte des annotations en . . . .

d. . . . .

7. Version :

1. L'expert-comptable a mis cette question à l'ordre du jour.

2. Je vous réglerai le solde de cette facture par une traite à 3 mois.

3. Toutes les Sociétés Anonymes doivent publier le bilan de leur exercice dans un quotidien ou dans une revue spécialisée.

4. L'amortissement représente la perte de valeur du matériel due à l'âge et à l'utilisation.

5. Les marchandises achetées par l'entreprise et non encore payées figurent au compte "fournisseurs".

6. Nous avons décidé d'accorder des facilités de paiement à ce client.

7. Ces traites arrivent à échéance à la fin du mois.

8. Nous nous verrons dans l'obligation d'entamer des poursuites judiciaires si vous ne réglez pas cette facture impayée sous quinzaine.

9. En cas de litige, le Tribunal de Commerce de Paris sera seul compétent.

10. L'expert-comptable a vérifié les livres.

8. Thème :

1. We have checked all the invoices without discovering a single error.

2. The customer wants a duplicate of his bill.

3. We apologize for the delay in answering your letters regarding our overdue account.

4. We acknowledge with thanks your check for $ 55 which we have passed to the credit of your account.

5. We apologize sincerely for the trouble caused and will take all possible steps to ensure that such a mistake is not made again.

6. This job involves the administrative and financial restructuring of the group.

7. Your advertisement in today's "Le Monde" prompts me to apply for the position of account assistant in your company.

8. Full time book-keeper with accounting and administrative knowledge needed. Fluent French essential.

9. We have credited your account as follows.

10. You will be granted a 5 % discount for cash payment.

9. Correspondance :

Vous êtes responsable de la bibliothèque du Service Livres et Documentation d'une grande entreprise, la COFAC, 14, rue Châteaubriand à Paris dans le 8e arrondissement.
La librairie Foucher, 128, rue de Rivoli, à Paris 1er, vous adresse ce jour la facture d'ouvrages que vous lui avez commandés le 27 décembre et que vous avez reçus quelques jours auparavant. Il s'agit de deux exemplaires de : Economie et Gestion de Martine Graffin (128,50 F) ainsi que de : Psychologie sociale des entreprises de R. Choiselle (89 F). La T.V.A. (taxe à la valeur ajoutée) est de 7 %.

1. **Rédigez la facture** correspondante :

FOUCHER

DOIT :

Votre commande du : « »

Livraison du : « »

Facture n° . . . .
le

Réf.	Désignation	Unité	Prix unitaire	Tirage	Total

2. **Remplissez le chèque** correspondant à la facture Foucher, que vous trouverez p. 167

3. **Rédigez** les quelques mots d'usage sur votre carte de visite accompagnant votre réglement.

10. Compréhension de texte :

CASSE-TÊTE MATERNEL, LE BÉBÉ OU L'EMPLOI

Le travail des femmes influe-t-il sur la fécondité ? Après les dernières données provisoires publiées par l'I.N.S.E.E. (1) faisant état d'une chute brutale des naissances en 1983, cette question brûle les lèvres.

La persistance des femmes à prendre pied sur le marché du travail coïncide avec une chute importante des naissances. Trois exemples européens mettent cependant en garde contre un rapprochement trop hâtif entre ces deux phénomènes.

Celui de la Hollande d'abord, où on a constaté une très forte chute des naissances, alors que c'est le pays développé où les femmes en âge de procréer travaillent le moins (24 % de taux d'activité contre 44,9 % en France pour les femmes de plus de quinze ans et 67 % pour les femmes de vingt-cinq à cinquante-cinq ans).

Deuxième exemple, la Hongrie, qui, préoccupée dans les années 50 par une brusque baisse des naissances, a décidé de donner pendant trois ans une allocation aux femmes décidant de rester chez elles pour élever leurs enfants. Dans un premier temps, environ 75 % des femmes ont opté pour le retour au foyer, mais l'incidence sur la fécondité a été quasiment nulle puisque le taux de natalité dans le pays est de 1,8.

Enfin l'exemple de la Suisse, où les femmes souhaitent tellement peu travailler que les centres de l'association RETRAVAILLER implantés à Lausanne, Bâle et Genève ont du mal à recruter et pensent changer d'activité. En revanche, ces femmes ne mettent pas plus d'enfants au monde que les autres ressortissantes des pays développés européens.

Pour en revenir aux Françaises, elles continuent à s'inscrire en nombre croissant sur le marché du travail en dépit des crises économiques ; mais elles préfèrent le travail à plein temps, boudant le temps partiel, à l'opposé de leurs sœurs du Danemark, de la Suède ou de la République Fédérale d'Allemagne...

On constate par ailleurs que leur façon de concilier travail et maternité a évolué. Ainsi autrefois se retiraient-elles pendant de longues périodes du monde du travail, alors qu'à présent on note plutôt de brèves ruptures de deux ou trois ans...

Autre question : de quelle façon la maternité influe-t-elle sur la vie professionnelle ? Là encore les chiffres parlent d'eux-mêmes. Citons l'enquête de mars 1983, menée par le ministère de l'Emploi sur le taux d'activité des femmes de vingt-cinq ans à cinquante-cinq ans. Ensemble : 67 % ; femmes sans enfants : 73,7 % ; femmes avec un enfant : 73,6 % ; femmes avec deux enfants : 64,1 % ; femmes avec trois enfants : 37,1 %.

Assumer l'éducation de trois enfants avec trois emplois du temps différents devient un tel casse-tête que finalement les femmes se retirent, au moins momentanément, du marché de l'emploi.

"Nous traversons, dit la Présidente des Centres RETRAVAILLER, une période d'évolution très profonde où les institutions sont dévalorisées par rapport à l'individu. Nous accouchons d'une société oú les droits de l'homme deviennent ceux de l'individu, primant sur la famille. La femme, l'individu, n'est pas définie entièrement par son rôle d'épouse et de mère. Pour avoir une identité, il lui faut travailler, car la question du jour n'est pas : "Qui êtes-vous ?" mais "Que faites-vous ?"

Cette dévalorisation de la famille, et principalement de la famille nombreuse, pèse sur la mère qui reste à la maison comme sur celle qui travaille : plus on a d'enfants, moins on a de chances de retrouver du travail ou de progresser dans la hiérarchie...

Quels compromis sont-ils possibles ? La Présidente des Centres RETRAVAILLER a suggéré de redorer un peu l'image de la famille "sans automatiquement culpabiliser les femmes n'ayant pas ou n'ayant que peu d'enfants". Et, convaincue que trois enfants nécessitent une personne à la maison, elle a applaudi le souhait du Secrétaire d'Etat à la famille, d'accorder une rémunération (qui pourrait être de 1 000 francs par mois) à l'un des parents (père et mère) arrêtant de travailler ou continuant à mi-temps pendant un an ou deux pour élever ses enfants.

d'après un article de Christiane Chombeau,
Le Monde du 11 octobre 1983.

(1) Institut National de la Statistique.

[A] **Complétez,** à l'aide du texte, la fiche de synthèse ci-dessous.

1. Sujet de l'article : . . . .
auteur : . . . .
2. Réalisation, publié par : . . . .
en date du : . . . .

A la lecture de cet article, quelles sont les deux grandes questions posées ?

3. . . . .

4. . . . .

Quels sont les faits qui sont à l'origine de la première question ?

5. . . . .

6. . . . .

Que démontrent les trois exemples cités ?

7. . . . .

8. En quoi l'exemple de la Hollande est-il significatif ?

. . . .

. . . .

9. Taux d'activité des femmes de ce pays : . . . . %

10. Quelle mesure a été prise en Hongrie pour encourager les naissances ?

. . . .

. . . .

11. Efficacité de cette mesure ? . . . .

12. Quelle est l'attitude des Françaises vis-à-vis du travail, en période de crise économique ?

. . . .

13. Qu'est-ce qui différencie l'attitude des Françaises de celle des Danoises, des Suédoises ou des Allemandes ?

. . . .

14. Qu'est-ce qui a changé dans leur façon de concilier travail et maternité ?

. . . .

15. Complétez le tableau suivant, concernant le taux d'activité des femmes de 25 à 55 ans :

sans enfant	%
1 enfant	%
2 enfants	%
3 enfants	%
ensemble	%

16. D'après ce tableau, de quelle façon la maternité influe-t-elle sur la vie professionnelle ?

. . . .

Qu'est-ce qui caractérise la période actuelle, en ce qui concerne :

17. L'institution familiale : . . . .

18. La femme en tant qu'individu : . . . .

. . . .

19. Sur quelle constatation s'appuie-t-on pour dire que l'enfant ne souffre pas du travail maternel ?

. . . .

Quelles propositions ont été faites pour pallier la dévalorisation de la famille ?

20. . . . .

21. . . . .

[B] "Plus on a d'enfants, moins on a de chances de retrouver du travail ou de progresser dans la hiérarchie." Qu'en pensez-vous ? (Répondre en une dizaine de lignes.)

11. Jeu de rôles :

CROISEMENT n'a pas retourné en temps voulu la traite que Mlle Simon avait envoyée à l'acceptation. Elle téléphone à Sophie pour lui demander de faire le nécessaire. Imaginez la conversation.

CROISEMENT vient de recevoir la lettre de rappel des GALERIES DU MEUBLE, la Secrétaire de Direction appelle le Chef de la Comptabilité dans son bureau pour savoir ce qu'il en est. Imaginez la conversation.

LE BILAN

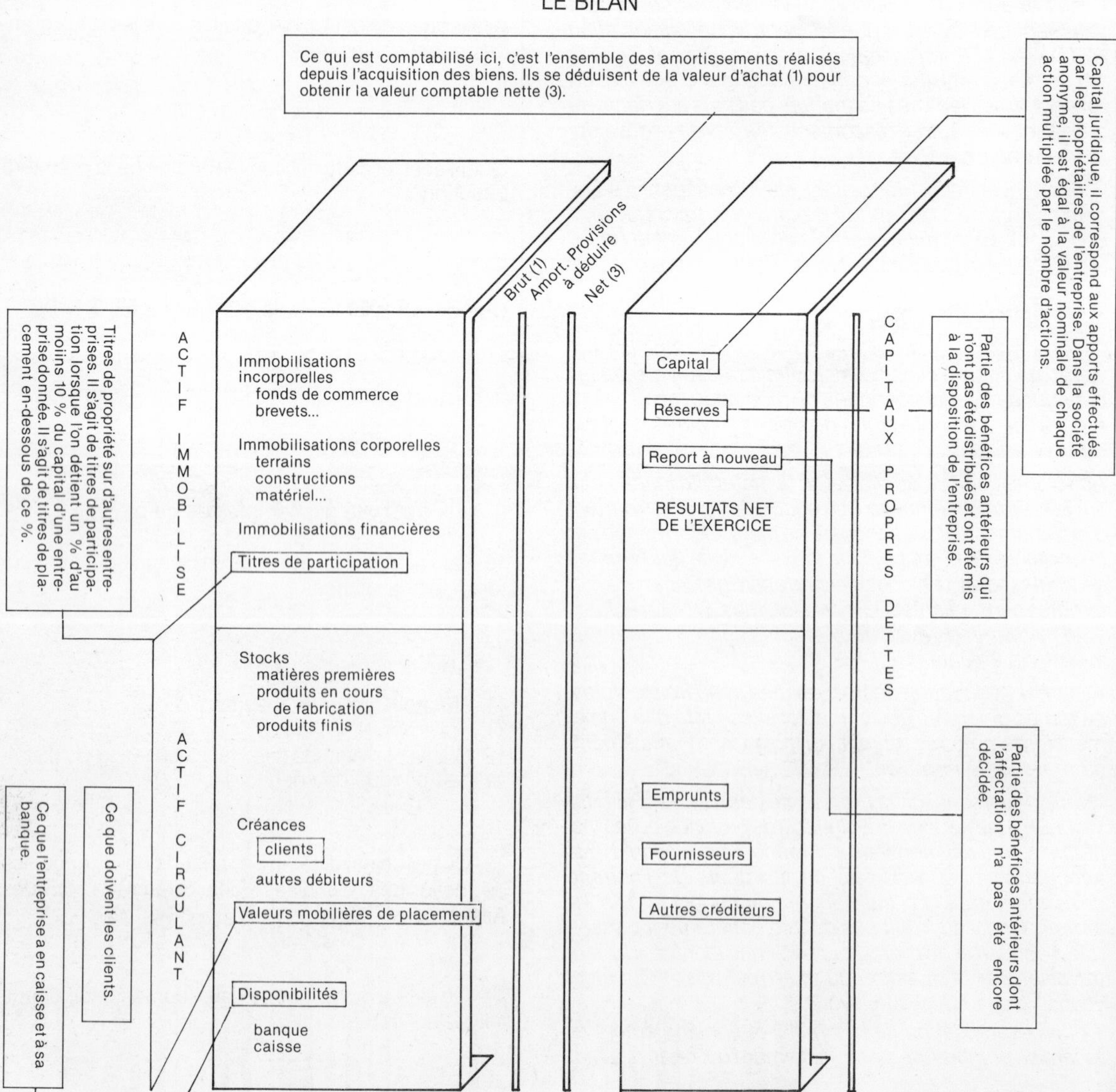

Les secrets des bilans et des comptes de résultats

Qu'est-ce qu'un bénéfice ?

Le bénéfice est la différence entre des recettes (produits de ventes ou prestations de services rétribués) et des dépenses nécessaires à la production de ces recettes (...).

Les recettes et les dépenses sont décrites au jour le jour dans les comptes de l'entreprise. Mais il est nécessaire de faire régulièrement le point des résultats obtenus pendant une période définie, que l'on appelle un "exercice". C'est alors que l'on peut porter un jugement sur l'activité de l'entreprise pendant cette période (une année en général) et notamment sur le revenu qu'elle a dégagé. C'est alors aussi que l'on peut évaluer si l'entreprise, globalement s'est enrichie ou appauvrie pendant cette période : il s'ensuit une variation du patrimoine, qui est comptabilisée au bilan.

Ainsi, le revenu des entreprises ne peut faire l'objet d'une mesure précise qu'à partir d'une comptabilité complète. Or toutes les entreprises, il s'en faut, ne tiennent pas une telle comptabilité. Ceci constitue un premier obstacle à la connaissance de ces revenus.

De plus, ces informations peuvent être organisées diversement selon les besoins. Il n'y a pas (...) de manière unique d'évaluer certains postes, ni de classer certaines dépenses.

Enfin, la seule source d'information dont nous disposions sur les bénéfices de toutes les entreprises est la source fiscale. Or, les bénéfices déclarés sont, le plus souvent, largement sous-évalués.

"Les revenus des Français"
(1er rapport périodique de synthèse)
Documents du C.E.R.C. n° 37-38.

Qu'est-ce qu'un bilan ?

Le bilan d'une entreprise constitue une photographie de celle-ci à un instant donné. En tant que tel, il fournit une description large des actifs détenus et une description tout aussi large des ressources que l'entreprise a pu se procurer pour financer ces derniers. L'analyse du bilan est en ce sens une analyse statique et descriptive.

D'un strict point de vue financier, l'entreprise peut prendre l'image suivante : d'un côté, un pool de ressources, de l'autre, un portefeuille d'actifs.

Gérer une entreprise, du seul point de vue financier, revient à :

— sélectionner l'ensemble des actifs nécessaires à son objet (exploitation industrielle, commerciale ou entreprise bancaire ou financière) en s'assurant une allocation des ressources la plus judicieuse sur le plan de la rentabilité ;

— rassembler les ressources nécessaires pour les financer, en cherchant à minimiser leur coût ;

— assurer une liquidité suffisante pour éviter toute crise de trésorerie grave qui risquerait de mettre en danger l'entreprise toute entière.

L'analyse du bilan permet à la fois de décrire les choix stratégiques effectués en matière de détention d'actifs et d'obtention de ressources, mais aussi de juger l'équilibre financier de l'entreprise et par là sa liquidité.

Michel Levasseur,
"Comment lire un bilan"
les *Cahiers français*, n° 183,
octobre-décembre 1977.

Qu'est-ce qu'un compte de résultat ?

La comptabilité va enregistrer, au fur et à mesure de leur apparition, les charges et les produits, puis elle les regroupe dans un compte "résultats" pour une période déterminée, l'année en général. Les produits y sont inscrits à droite et les charges à gauche et le résultat sera calculé par différence. (...)

Revenons à présent à la façon de déterminer le résultat : pourquoi ne pas le déterminer en comparant les recettes et les dépenses, c'est-à-dire par les mouvements de trésorerie ?

Deux séries de raisons s'y opposent :

Tout d'abord, tous les paiements ne représentent pas une charge : l'achat de matériels ou de titres n'est pas une réduction de bénéfice puisque l'emploi d'argent est récupérable, donc provisoire. Seuls sont des charges, les emplois définitifs, irrécupérables sous cette forme.

De même tous les encaissements ne sont pas des produits : le paiement des clients pour les ventes de l'an dernier, la revente d'immobilisations, le retrait d'argent de caisse pour le mettre en banque...

Le résultat ne peut donc pas se déterminer par comparaison entre recettes et dépenses ; il faut utiliser d'autres notions, les produits (apparition de valeurs nouvelles) et les charges (consommation de valeurs).

R. Monsel,
Lire un bilan,
Editions Sociales, 1980.

Les transports

Paul : Mais vous ne m'avez pas parlé des frais de transport ? N'y a-t-il pas lieu de les ajouter sur la facture ?

Mlle Simon : Vous n'avez que les clients du magasin et, en général, ils habitent Paris ou la banlieue proche et, dans ce cas, la livraison est assurée gratuitement — enfin elle n'est pas facturée — par nos livreurs et les camionnettes de l'entreprise. Mais si le client voulait faire livrer les meubles dans sa résidence secondaire sur la Côte d'Azur par exemple, il y aurait des frais. Mais comme nous n'assurons pas ce genre de transport, nous retenons les services d'un transporteur et nous demandons au client de le régler directement.

Paul : Oui, je comprends. Vous avez dit tout à l'heure que la livraison était gratuite, puis vous avez ajouté qu'elle n'était pas facturée, je ne comprends pas, on ne facture pas quelque chose de gratuit...

Mlle Simon : J'ai voulu dire que les frais de livraison n'apparaissaient pas sur la facture et que, pour le client, la livraison à domicile ne donnait pas lieu à une augmentation du prix indiqué sur l'étiquette, mais en réalité un prix forfaitaire de transport a été ajouté au prix de revient lors de l'établissement du prix de vente.

Paul : Ah oui... Bien sûr ! Il faut payer les livreurs, l'essence, amortir le matériel roulant. Et vous, est-ce que vous avez des problèmes de transport ?

Mlle Simon : Oui, les meubles en kit ne sont pas trop volumineux et nous les expédions par la route en port payé, c'est-à-dire que nous nous adressons à un service de messageries qui vient prendre les colis à l'atelier puis qui les livre aux TROIS BELGES à Roubaix, le transporteur nous remet un exemplaire du récépissé qui indique le nombre de caisses et leur poids, ainsi que la mention "port payé" et nous ajoutons le prix du transport à la facture. Il arrive parfois qu'une livraison soit particulièrement pressée, alors, pour gagner du temps, nous faisons appel au SERNAM qui combine transport routier et ferroviaire. SERNAM vient prendre les marchandises et les met dans le premier train en partance pour Roubaix où d'autres camions déchargent le train et livrent immédiatement. Le service routier est évidemment plus lent, car bien souvent le groupeur attend d'avoir un camion complet à envoyer sur Roubaix. Pour ces kits, nous avons des emballages spéciaux assez coûteux puisqu'ils sont conçus pour maintenir chaque pièce bien en place et dans un certain ordre, nous consignons donc ces emballages aux TROIS BELGES, qui les consignent aussi à leurs clients.

Paul : Qu'est-ce que cela veut dire : consigner ?

Mlle Simon : Eh bien, nous facturons un prix d'emballage et lorsque les emballages nous sont retournés en bon état, nous établissons une facture d'avoir pour le montant facturé et nous déduisons cette somme de la facture suivante. Et, bien sûr les TROIS BELGES en font autant avec leurs clients. En ce qui concerne CROISEMENT c'est un peu différent, car nous n'expédions pas au siège social mais dans différents centres de groupage et les prix de transport varient selon la distance et le poids. Pour simplifier les choses, nous envoyons toujours en port dû et nos prix s'entendent franco sur place.

Paul : Franco... cela me rappelle quelque chose... Dans mon cours de français des affaires, j'ai appris un tas de sigles : F.O.R., F.O.B., F.A.S., C.A.F... mais je ne me souviens plus très bien de ce qu'ils signifient et si je dois les employer, j'ai intérêt à me documenter ! Il y avait aussi le connaissement, la charte partie et le manifeste...

Mlle Simon : "Franco", cela signifie : sans frais. "Franco sur place" veut dire que le prix indiqué ne comprend pas le transport...

Paul : C'est l'équivalent de "Port dû" alors.

Mlle Simon : C'est assez proche, mais dans "Port dû" l'expéditeur a pris contact avec un transporteur pour l'expédition des marchandises, mais n'a pas payé le transport, dans "Franco sur place", c'est au destinataire qu'il appartient de trouver un transporteur. Franco de port et d'emballage est une autre formule que l'on trouve aussi et qui signifie que tout est inclus dans le prix et que les emballages sont perdus, c'est-à-dire que le destinataire n'a pas à les retourner pour obtenir un remboursement. F.O.R. "franco sur rail", ou, pour employer la nouvelle terminologie, "franco wagon", dans ce cas le prix comprend le transport jusqu'à la gare de départ et le chargement dans le train. Le destinataire doit payer le transport ferroviaire et le déchargement plus le transport jusqu'à son domicile. F.O.B. doit se dire F.A.B. — "franco à bord" —, vous voyez, c'est l'équivalent de F.O.R. mais cela s'applique aux transports par bateau. F.A.S ou plutôt F.L.B. concerne aussi les transports maritimes ou fluviaux et signifie "franco à quai" ou "franco long du bord", dans ce cas-là le prix comprend le transport des marchandises jusqu'au port d'embarquement mais pas le chargement à bord. C.A.F. ou "coût, assurance, frêt" met à la charge du vendeur le coût du transport et de l'assurance, le chargement et le déchargement, le choix du navire et toutes les formalités administratives. Mais rassurez-vous, vous n'aurez pas à utiliser ces T.C.I., ces termes commerciaux internationaux ou ces incoterms comme l'on disait, pas plus d'ailleurs que vous n'aurez à vous préoccuper du connaissement qui est un document utilisé dans les transports par eau. Il est établi par l'armateur (ou par le capitaine) du bateau en 4 exemplaires, un pour le capitaine, un pour le chargeur ou l'expéditeur, un pour le destinataire et un pour lui. Ce document est très important car il atteste l'existence des marchandises transportées. Généralement on expédie par avion au destinataire son exemplaire, ce qui lui permet éventuellement de vendre les marchandises avant qu'elles ne soient arrivées à destination.

Paul : Comment cela ?

Mlle Simon : Il lui suffit d'endosser le connaissement à l'ordre de l'acheteur. Le titulaire du connaissement est le propriétaire des marchandises. Ce document permet aussi d'emprunter de l'argent à la banque en le donnant en garantie. Quand il s'agit de ventes à l'exportation, bien souvent le connaissement est envoyé non au destinataire, mais à son banquier, pour obtenir ce que l'on appelle un crédit documentaire. C'est une garantie de paiement pour l'exportateur, car le banquier ne remettra le connaissement au destinataire que contre le paiement de la facture. Sans le connaissement, l'importateur ne peut pas prendre livraison de la marchandise.

Paul : C'est un peu comme le récépissé-warrant alors.

Mlle Simon : Oui, en ce sens que le warrant, tout comme le connaissement, représente la marchandise et peut être transmis par endossement. La charte-partie est aussi un document concernant les transports maritimes, c'est le contrat d'affrètement de tout ou partie du navire, on y trouve le prix du transport mais pas la valeur ni la description de la marchandise transportée. Quant au manifeste c'est la liste complète et détaillée de tous les colis transportés à bord d'un navire ou d'un avion. Il est remis au capitaine ou au pilote au départ.

Paul : Oui, merci. Encore une chose : aux Etats-Unis, on peut aussi envoyer un colis

"C.O.D.", comment dirait-on en français ?

Mlle Simon : Un colis contre-remboursement, dans ce cas le destinataire paie au transporteur le montant du transport et le prix de la marchandise. Le transporteur rembourse ensuite à l'expéditeur le prix de la marchandise.

Paul : Vous en savez des choses !

Mlle Simon : Avant d'être ici, j'ai travaillé chez un transitaire.

Paul : Mais maintenant, est-ce que vous expédiez des marchandises par avion ? ou par bateau ? ou par péniche ?

Mlle Simon : Par péniche, non ! C'est certes le mode de transport le moins onéreux, mais aussi le plus lent ! Nous utilisons les transports maritimes mais seulement pour les bois qui nous sont expédiés par cargos d'Afrique ou du Canada. Le Canada expédie F.A.B., et l'Afrique C.A.F.. A première vue, on a l'impression que le bois québécois est moins cher, mais lorsqu'on ajoute les frais portuaires (chargement et déchargement), les frais de voyage maritime, de débarquement et de chemin de fer pour transporter le fret à destination, sans oublier l'assurance, car les marchandises voyagent aux risques et périls du destinataire, on arrive à un chiffre assez proche du prix du bois africain.
Quant aux transports aériens, ils sont beaucoup trop chers pour les marchandises, mais nous utilisons en général Air-Inter ou Air-France pour les déplacements des directeurs ou du gérant. C'est Mme Morel qui est chargée de faire les réservations et lorsque M. Perrier se déplace, il n'a qu'à prendre son billet au guichet en arrivant à l'aéroport, trente minutes avant le départ de son vol, c'est bien commode. J'aime bien Air-France pour mon compte personnel, car ils offrent souvent des forfaits vacances très intéressants...

Paul : Des... quoi ?

Mlle Simon : Des forfaits vacances, c'est-à-dire que tout est compris, le voyage avion et le séjour à l'hôtel. On a le choix entre des hôtels de luxe à trois étoiles ou des hôtels plus modestes, Air-France s'occupe de tout, il n'est pas nécessaire de retenir les chambres... Et si l'on veut, on peut rester deux, trois ou quatre semaines en payant un supplément pour chaque semaine. Je suis allée en Espagne, en Grèce, en Egypte...

Paul : En tout cas, quand vous irez aux Etats-Unis, vous ne pourrez pas prendre ce forfait vacances !

Mlle Simon : Pourquoi ? Il y en a aussi pour l'Amérique !

Paul : Parce que vous n'aurez pas à retenir une chambre à l'hôtel, j'espère bien que vous viendrez passer deux semaines chez nous, mes parents ont une grande maison à San José en Californie, où nous allons l'été.

Mlle Simon : Ah, c'est trop gentil ! Eh bien, je ne dis pas non. Vous me faites rêver... la Californie ! A propos de voyage, il faut que je prenne une "carte orange"...

Paul : Pour quoi faire ?

Mlle Simon : C'est une carte d'abonnement à la R.A.T.P. qui permet de voyager autant qu'on veut par le métro, l'autobus et les lignes de chemin de fer de banlieue pour le montant forfaitaire de la carte : 167 francs par mois.

Paul : Oh, mais, je ne savais pas cela et j'achetais toujours des carnets de tickets de métro ! Est-ce que je peux en avoir une aussi ?

Mlle Simon : Bien sûr ! Dès que vous prenez un moyen de transport plus de deux fois par jour, c'est plus avantageux qu'une carte hebdomadaire de métro et, à plus forte raison, qu'un carnet de tickets ! Et si vous avez des amis américains qui viennent vous rendre visite, ils peuvent acheter une carte "Paris Sésame" pour les touristes, valable deux, quatre ou sept jours et permettant de voyager sur toutes les lignes de la R.A.T.P. et du R.E.R. en première classe.

Paul : Fantastique ! Merci pour le "tuyau" ! Et vous remarquerez que je n'ai pas dit pourboire », car en anglais "tip" a les deux sens...

Mlle Simon : Vous n'arrêtez pas de faire des progrès... en argot !

Paul : Merci ! Et le T.G.V., est-ce que vous l'avez pris ?

Mlle Simon : Oui, lorsque je suis allée à Marseille voir mes grands-parents. C'est vraiment rapide et très confortable. Pour aller dans le Midi, cela ne vaut plus la peine de prendre l'avion, et comme c'est moins cher, l'économie réalisée vous permet d'aller manger une bonne "bouillabaisse" sur le Vieux Port ! ou de passer la soirée dans une "boîte" de la Côte...

Paul : Ah, cette fois-ci, je sais ce que veut dire le mot "boîte" ! Vous parlez de "night-club", de "boîte de nuit" !

VOCABULAIRE

Les frais de transport (m) : *delivery charges*
la livraison : *delivery*
un livreur : *a delivery man*
une camionnette : *a pick-up truck*
une résidence secondaire : *a summer home (week-end home)*
un prix forfaitaire : *a flat rate*
le matériel roulant : *rolling-stock*
volumineux : *bulky*
expédier : *to ship, to forward*
un colis en port payé : *a prepaid parcel*
les messageries (f) : *parcel delivery company*
le récépissé : *the receipt*
gagner du temps : *to save time*
le SERNAM : *SERvice NAtional de Messageries*
ferroviaire : *pertaining to the railways*
en partance : *outward bound (for ship or train)*
le service routier : *road transport*
un routier : *a trucker*
un groupeur : *a forwarding agent*
un emballage : *a container, pack*
emballage consigné : *returnable container*
une facture d'avoir : *a credit note*
un centre de groupage : *collection center*
port dû : *carriage forward, freight collect*
franco sur place : *carriage forward, (am.) F.O.B. plant*
franco de port et d'emballage : *free shipping and handling*
F.O.R. (franco wagon) : *free on rail*
le chargement : *loading*
le déchargement : *unloading*
F.A.B. (franco à bord) : *free on board*
F.L.B. (franco long du bord) : *free alongside ship*
les transports maritimes (m) : *marine transport, sea shipping*
les transports fluviaux (m) : *river transport, inland navigation*
C.A.F. (coût, assurance, fret) : *cost, insurance, freight (C.I.F.)*
les T.C.I. (termes commerciaux internationaux) : *incoterms*
le connaissement : *the bill of lading*
un armateur : *a shipowner*
le chargeur : *the shipper*
le crédit documentaire : *documentary credit*
un récépissé-warrant : *an industrial warrant*
une charte-partie : *a charter-party*
le manifeste : *the manifest*
contre-remboursement : *C.O.D.*
un transitaire : *a transit agent*
une péniche : *a barge*
un cargo : *a cargo boat*
frais portuaires (m) : *port charges*
le fret : *freight*
aux risques et périls : *at owner's risks*
les transports aériens : *air transportation*
une réservation : *a reservation*
un forfait vacances : *a "package holiday"*
retenir : *to reserve*
R.A.T.P. (f) : *Régie Autonome des Transports Parisiens*
R.E.R. (m) : *Réseau Express Régional*
un tuyau (fam.) : *a tip*
un pourboire : *a tip*
donner un pourboire : *to tip*
T.G.V. (m) : *Train à Grande Vitesse (speed train)*

QUESTIONS ORALES

1. Qui assure la livraison des meubles à Paris ou dans la proche banlieue ?
2. Que veut dire : "consigner" ?
3. Quand établit-on une facture d'avoir ?
4. Qui paye les frais de transport quand les marchandises sont expédiées en "port payé" ? et en "port dû" ?
5. Que signifie l'expression F.A.B. ? Qu'est-ce qui est à la charge du destinataire ?
6. Que signifie l'expression C.A.F. ? Qu'est-ce qui est à la charge de l'expéditeur ?
7. Qu'est-ce qu'un forfait-vacances ?
8. Quels sont les avantages de la "Carte Orange" ?
9. Qui peut bénéficier de la carte "Paris Sésame" ?
10. Quand on utilise beaucoup les transports en commun à Paris et en banlieue, qu'est-ce qui est le plus avantageux :
- un ticket de métro,
- un carnet de tickets,
- une carte orange,
- une carte hedbdomadaire ?

EXERCICES ECRITS

1. Ecrivez le mot ou l'expression qui vous paraît convenir :

1. Le transport par .... est particulièrement adapté aux marchandises volumineuses et peu fragiles.
   - voie d'eau
   - voie aérienne
   - route
   - camionnette
2. Ce sont des produits .... prêts à être livrés aux consommateurs.
   - de production
   - qualifiés
   - finis
   - permanents
3. Les frais de transport étant à notre charge, les marchandises vous seront expédiées .
   - en franchisage
   - franco de port
   - en fret couvert
   - en port dû
4. Nous sommes un groupe de transporteurs et assurons, dans 89 pays, des services dans le domaine du .... international, terrestre, maritime et aérien.
   - courtage
   - convoi
   - frêt
   - louage
5. Nos .... voyagent aux risques et périls du destinataire.
   - amis
   - marchandises
   - camions
   - avions
6. La charte-partie est un contrat .... du navire.
   - de vente
   - d'achat
   - d'affrètement
   - 'd'assurance
7. La liste des colis transportés s'appelle ....
   - le manifeste
   - la manifestation
   - la manipulation
   - le manifold
8. Le T.G.V. est un train ....
   - à grandes voitures
   - à grande vitesse
   - de grandes villes
   - à grande visibilité
9. Les transports fluviaux utilisent des péniches sur les ....
   - chenaux
   - chenils
   - canaux
   - carreaux
10. Dans une vente F.L.B. .... paie les frais de transport maritime.
    - le capitaine
    - l'expéditeur
    - l'armateur
    - le destinataire

2. Complétez les phrases suivantes :

1. Nous vous enverrons les marchandises dès ....
2. .... franco de port et d'emballage.
3. Il est plus facile .... venir .... le train ....
4. Vous pourriez, en effet, avoir des difficultés............. arriver .... Berlin .... voiture.
5. .... vous auriez pu expédier ce colis hier.

3. Trouvez deux mots de la famille de :

— emballer. — charger.

4. Vrai ou faux ?

1. Un cargo ne transporte que des passagers. VRAI FAUX
2. Une expédition en "port dû" est payée par l'expéditeur. VRAI FAUX
3. La charte-partie est une réception offerte par le capitaine pour ses passagers. VRAI FAUX

5. Ecrivez chaque mot en face de sa définition :

actionnaire - commanditaire - concessionnaire - dépositaire - grossiste - transitaire

.... : commerçant qui achète en grandes quantités aux fabricants et revend aux détaillants.

.... : commerçant à qui un fabricant confie des marchandises en vue de la vente ; distributeur.

.... : commerçant qui sert d'intermédiaire pour transporter et dédouaner les marchandises.

.... : vendeur d'une marque, dans un secteur déterminé, qui a passé un contrat avec la marque.

.... : personne qui fournit des fonds à une entreprise d'un type déterminé.

.... : propriétaire de titres représentant une fraction du capital d'une société.

6. Complétez le texte à l'aide des mots donnés cidessous dans l'ordre alphabétique :

agences - bordereau - départs - destinations - formalités - garantie - heures - intermédiaires - marchandises - nerfs - personnes - séjours - système - tarifs - temps - transport

TNT IPEC : PAS D'INTERMEDIAIRES, C'EST PLUS SÛR

05.11.11.11. : pour faire livrer vos .... domicile / domicile dans toute l'Europe, sans .... mort ni crise de ...., composez ce numéro vert. C'est celui de TNT Ipec, un .... ultra-performant qui fonctionne en 24, 48, 72 .... sur toute l'Europe. Il va vous changer le ....

Le système TNT Ipec, c'est 23 .... en France et 140 en Europe où 6 500 .... travaillent en liaison constante.

Le système TNT Ipec, c'est des .... à heures fixes, tous les jours sans .... ni .... en entrepôts : vos marchandises circulent vite et nous savons toujours où elles sont.

Le système TNT Ipec. c'est la rapidité et la simplicité : vous remplissez un .... à l'enlèvement et nous nous chargeons du reste notamment des .... douanières.

Le système TNT Ipec, ce sont des .... simples, publiés et sans surprise sur 120 000 .... situées dans 15 pays d'Europe.

Le système TNT Ipec, c'est la fiabilité ...., et ce n'est pas plus difficile que 05.11.11.11 (numéro vert : appel gratuit).

TNT Ipec, le système de frêt express : Nous traitons vos envois comme si c'était vous.

7. Lors de la rédaction de ce texte, un certain nombre de mots ont été « effacés .
Vous êtes chargé(e), avant l'impression définitive, de compléter le texte à l'aide des mots donnés ci-dessous dans l'ordre alphabétique :

acheminés - assurés - commandées - concernée - croire - dévoués - dû - entrepris - livrer - reçues - remis - remises - restés - retrouver

Monsieur le Directeur,

A la suite de votre appel téléphonique de ce jour, nous avons .... des recherches pour .... les 150 balances, réf. 138, que vous nous avez .... le 22 mars et que vous n'avez toujours pas ....

Nous avons bien ...., le 2 avril, 15 colis à la Compagnie routière « Transport porte à porte » qui aurait .... vous les .... deux jours plus tard.

Malheureusement, par suite d'une erreur, ils ont été .... non pas à Toulon, mais à Toulouse, où ils sont .... en souffrance jusqu'à ce jour.

L'entreprise de transport .... nous a .... qu'elle procédait à leur réexpédition et que les balances vous seraient .... le 23 avril au plus tard.

Nous espérons que vous ne nous tiendrez pas rigueur de ce retard, tout à fait indépendant de notre volonté, et nous vous prions de ...., Monsieur le Directeur, à nos sentiments ....

8. Version :

1. Malgré nos efforts, nous ne sommes pas en mesure de vous expédier les articles demandés.

2. L'avion que je prends demain à 10 heures sera une heure plus tard à Nice.

3. Le transport de cet appareil est bon marché.

4. Avec la crise de l'énergie, le tourisme est sorti de la période d'expansion spontanée.

5. Les frais de transport vous seront intégralement remboursés.

6. Air Inter est le n° 1 du transport aérien français. Cette compagnie se classe au 25e rang des compagnies aériennes mondiales.

7. Le voyage de nuit vous permet de gagner du temps et de prolonger d'autant votre séjour.

8. Nous espérons que vous ne nous tiendrez pas rigueur de ce retard, dû à des circonstances indépendantes de notre volonté.

9. Les transports routiers entre la France et la Grande-Bretagne sont régis par l'accord gouvernemental signé en 1969.

10. Le port est certainement le point de convergence de nombreux moyens de transport, qu'ils soient, bien sûr, maritimes, ferroviaires, routiers ou bien même fluviaux ou aériens.

9. Thème :

1. Have booked hotel room at Queen's Hotel, Reims, for Mr. Rainer for one night.

2. Have you been to the U.S. ? No, we haven't, but we have been to Scotland.

3. I had better begin by making the flight reservations.

4. Package holidays are becoming more and more popular.

5. We apologize sincerely for the trouble caused and we'll take all possible steps to ensure that such a mistake is not made again.

6. Most of the traffic which moves across the Channel is Anglo/French which is not surprising as France is our nearest and oldest trading partner.

7. In Europe and everywhere, Europcar gives you good cars and an organization you can rely on.

8. Swissair or your IATA travel agent will be glad to give you all further information.

9. We are sorry to report that some of the goods were damaged in transit.

10. We greatly regret that the cases of pineapples have reached you in a damaged condition and can assure you that this was not due to any lack of care on our own part.

10. Correspondance :

[1] Votre chef de service, M. Blanc, vous fait part des éléments suivants et vous charge de rédiger un télégrammeà expédier au plus tôt (maximum 45 mots, "stop" non compris") :

Nous avons reçu ce jour la livraison de vins de notre fournisseur M. Henry, "Les Caves de Bourgogne" (bon de livraison n° 401).

J'ai signalé sur l'accusé de réception que les contenus de 2 cartons de 12 bouteilles de Nuits-Saint-Georges (référence NSG75) et de 4 cartons de 6 bouteilles de Vosne-Romanée (Romanée-Conti - référence VRC 72) sont arrivés détériorés : tous les verres étaient brisés !

Cela fait plusieurs fois déjà que des livraisons émanant de ce fournisseur nous parviennent en état défectueux nous causant de multiples contretemps auprès de nos fidèles clients !

Se faire envoyer dès réception du télégramme les cartons manquants, et par un transporteur plus sérieux !

Nous effectuerons, alors, et alors seulement, notre paiement.

Sous ma signature, s.v.p.

TRAVAIL A FAIRE

Rédigez ce télégramme.

[2] Votre chef de service, M. Lenoir, vous fait part des éléments suivants et vous charge de REDIGER UN TELEGRAMME (maximum 45 mots, "stop" non compris) :

Nous n'avons pas encore reçu les articles commandés le 10 mai dernier à notre fournisseur, les Etablissements LEDUC & Fils à Reims, et qui devaient nous parvenir sous huitaine.

Bon de commande C. 1024 : Réf. N112, 3 caisses
Réf. N114, 2 caisses
Réf. 0100, 5 unités.

Cela fait plusieurs fois déjà que nous connaissons cette situation qui nous cause préjudice auprès de nos fidèles clients. C'est certainement la faute du transporteur !

Faites le nécessaire par télégramme auprès du fournisseur pour nous faire livrer dans les plus brefs délais : 2 jours au plus tard, faute de quoi nous annulerons purement et simplement notre commande et nous nous adresserons à un autre fabricant (DRIEU ou CHABRIER à Châlons-sur-Marne, avec qui nous avons eu des contacts dans le passé). Bien entendu, nous prendrons notre temps pour le règlement.

Sous ma signature, s.v.p.

TRAVAIL A FAIRE

Rédigez le télégramme (voir fac-similé p. 173).

[3] Vous deviez vous rendre à Paris pour deux semaines et être hébergé chez des amis, Monsieur et Madame MICHELET, 36 rue de la Plaine, 75020 PARIS. La veille de votre départ, vous apprenez qu'une grève des transports aériens va retarder votre arrivée à Paris ; ne pouvant joindre vos hôtes par téléphone, vous leur adressez un télégramme pour les prévenir.

1. **Rédigez votre télégramme** (voir fac-similé p. 173).

Pendant votre séjour à Paris, vous avez commandé à la Documentation Française une série de 48 diapositives (100 F) et deux albums sur la France contemporaine et la journée d'un parisien (36 F et 48 F).
A la réception de ces documents, vous adressez votre paiement par chèque bancaire accompagné de votre carte de visite.

2. **Etablissez votre chèque** (voir fac-similé p. 167).
3. **Rédigez les quelques mots d'usage** sur la carte de visite qui accompagnera l'envoi du chèque.

[4] Travaillant dans une entreprise de transports internationaux, vous êtes intéressé(e) par le prochain forum mondial pour l'exportation française : « Partenaires export 1989 ».
Vous **écrivez** au Centre Français du Commerce Extérieur – organisateur de cette manifestation – pour demander l'ensemble des informations nécessaires pour être exposant.

11. Compréhension de texte :

Le monde est plein d'hommes d'affaires qui s'imaginent que tout est résolu lorsqu'ils ont conclu la vente, et fait signer le bon de commande.

En fait, c'est souvent là que commencent les vrais problèmes. Car, dans les affaires, l'important c'est le paiement, pas le bon de commande. Et le paiement ne vient qu'après la livraison.

Plus il faudra de temps pour livrer, plus long sera le délai de règlement. Avec toutes ses incidences sur la trésorerie de l'entreprise.

Ces quelques réflexions n'ont pas pour but de vous apprendre votre métier. Nous voulons simplement mettre en évidence le fait qu'il existe, entre le départ et l'arrivée de la commande, un laps de temps inévitable mais qui peut être plus ou moins long, selon l'efficacité et la rapidité des services responsables de l'expédition. De plus, tous les efforts auront été faits en pure perte si la marchandise arrive endommagée.

Tout cela conduit à vous adresser à nous. Notre société a été créée à Paris en 1959. Aussi, après vingt ans d'expérience, nous savons nous y retrouver dans le labyrinthe de la paperasserie.

A Roissy, nous sommes le seul transporteur de fret (*) aérien à posséder nos propres bâtiments. Plus de 3 000 m², l'installation la plus moderne en Europe. Nous avons des Agences dans les 26 premières villes de France et dans le monde entier. Nous avons une équipe complète d'experts traducteurs interprètes qui parlent toutes les langues, ou presque... Et, bien sûr, le français ! C'est pour cela que nous pouvons résoudre en quelques instants vos problèmes internationaux.

Nous possédons un des systèmes de suivi du fret sur ordinateur le plus sophistiqué qui soit. Il nous permet de localiser dans le monde entier les expéditions en l'espace de quelques minutes. Aussi, s'il se produit un encombrement du trafic international, nous pouvons dérouter l'expédition pour éviter cet inconvénient.

Si cela se révèle impossible, la clientèle sera avertie.

Tout ceci signifie que notre entreprise peut apporter aux hommes d'affaires français, où qu'ils soient, un service mondial de fret aérien de porte à porte, et cela avec un degré de qualité inimitable.

Texte publicitaire paru dans : "Le Nouvel Economiste"

(*) fret : prix de transport des marchandises. Désigne également le transport et la marchandise elle-même.

[A] **Répondez** aux questions suivantes :

1. Donnez un titre à ce texte.
2. Qu'est-ce qu'un homme d'affaires ?
3. Pourquoi le paiement n'intervient-il, en général, qu'après la livraison de la marchandise ?
4. Quel intérêt y a-t-il à pouvoir localiser les expéditions dans le monde entier ?
5. Quels sont les modes et les moyens de transport de marchandises que vous connaissez ?
6. Quels sont, à votre avis, les avantages et les inconvénients du fret aérien ?

[B] **Résumez** le texte en une dizaine de lignes environ.

12. Jeu de rôles :

Vous avez l'intention d'aller passer quelques jours sur la Côte d'Azur, mais vous ne savez pas très bien comment vous y rendre, vous hésitez entre l'avion, le train et la route. Vous en parlez avec votre ami français et vous discutez les avantages les inconvénients de ces divers modes de transport.

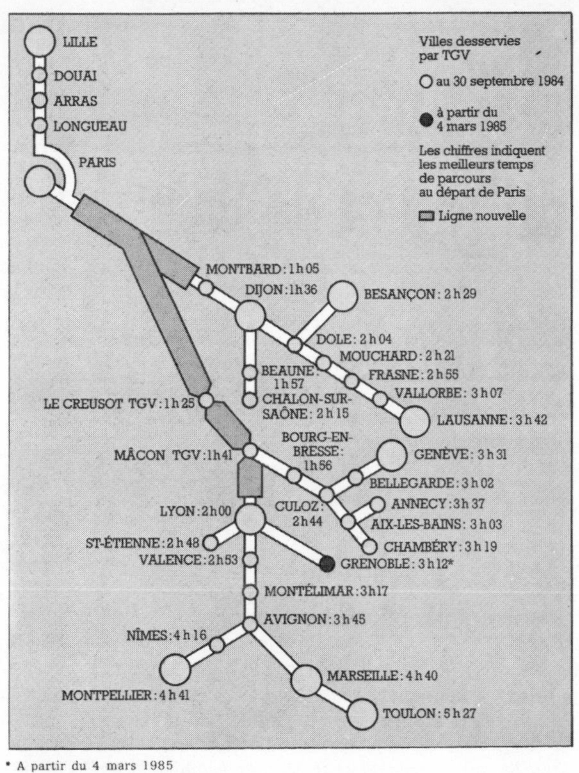

* A partir du 4 mars 1985

Un des trajets du TGV

Rail-air: *le temps et les tarifs (en France)*

	Temps de parcours		**Plein tarif** une personne			**Couple**		**Famille** quatre personnes	
	avion	**train**	**avion**	**train** 1re cl.	**train** 2e cl.	**avion**	**train** 2e cl.	**avion**	**train** 2e cl.
Paris-Strasbourg	0 h 50	4 h 5	518	296	197	706	296	920	445
Paris-Lyon	0 h 55	2 h	504	301	201	642	302	876	454
Paris-Grenoble	0 h 55	3 h 27	548	375	250	770	375	1 024	563
Paris-Marseille	1 h 15	4 h 50	657	499	333	876	500	1 168	751
Paris-Toulouse	1 h 15	6 h 43	625	414	276	812	414	1 156	621
Paris-Bordeaux	1 h	4 h 7	558	341	227	728	341	984	512
Paris-Nantes	0 h 50	3 h 20	524	233	156	792	234	920	351
Paris-Brest	1 h	5 h 58	644	363	242	950	363	1 168	545
Paris-Rennes	1 h 5	3 h 1	550	222	148	866	222	1 176	333
Lyon-Nantes	1 h 5	6 h 41	693	380	254	1 038	381	1 368	572
Lyon-Strasbourg	1 h 15	4 h 48	611	279	186	942	279	1 196	419
Bordeaux-Marseille	1 h	6 h 22	704	397	265	1 058	398	1 520	598
Rennes-Toulouse	2 h 20	9 h 7	945	454	303	1 230	455	1 760	683
Bordeaux-Lyon	1 h	6 h 36	634	369	246	952	369	1 284	554
Lille-Marseille	1 h 55	7 h 47	978	646	431	1 444	647	2 052	971
Lille-Lyon	1 h 10	4 h 39	674	448	299	974	449	1 368	674

TEMPS DE PARCOURS - *AVION : temps de vol moyen, d'aéroport à aéroport. TRAIN : de gare à gare, pour des trains sans suppléments. Rennes-Toulouse : via Paris en avion ; 8 h 16 dans le sens Toulouse-Rennes en train. Lille-Lyon : TGV direct à partir du 30 septembre.*
PLEIN TARIF - *A ajouter éventuellement au train 10 francs de réservation et des suppléments variables selon la distance.*
COUPLE - *2 adultes : vol blanc sur Air Inter ; période bleue sur la SNCF.*
FAMILLE - *Père, mère, 1 enfant de + 12 ans, 1 enfant de –12 ans : vol bleu sur Air Inter ; périodes bleue et blanche sur SNCF.*

Horaires-prix la bataille du rail et de l'air

Train ou avion ? Sur les lignes intérieures, c'est la guerre.
Le Point ***a voulu en comparer les avantages, pour la vitesse et pour le prix.***
Et il a eu des surprises

Du tableau, page précédente, il ressort que, même à l'intérieur d'un pays de dimensions réduites comme la France, l'avion abolit réellement le temps. D'aéroport à aéroport, la durée des vols est beaucoup plus courte que celle du parcours des trains. Même des TGV. Mais de centre-ville (où se situent les gares SNCF) à centre-ville, l'assertion mérite d'être nuancée. Ainsi le TGV, sur sa ligne nouvelle, relie Paris à Lyon en deux heures. L'avion lui, met cinquante-cinq minutes pour rejoindre Lyon-Satolas ou Bron en partant d'Orly-Ouest. Or la desserte de ces aéroports suppose bien une demi-heure de parcours au départ et à l'arrivée ; à supposer, bien sûr, que les voies d'accès ne soient pas trop embouteillées. Sur cette desserte, donc, le train a, de centre-ville à centre-ville, rattrapé l'avion.

Dans tous les autres cas, la suprématie de l'avion dans ce domaine est incontestable. Même si l'on multipliait par deux ou plus les temps de vol pour tenir compte des trajets ville-aéroport, la voie aérienne resterait la plus rapide. Pas de beaucoup sur certains trajets, comme Paris-Nantes ou Paris-Rennes (voire, hors tableau, Paris-Avignon, bien desservi depuis peu par TGV). Mais de beaucoup, en revanche, sur les relations interrégionales. Là, le temps gagné par l'avion est énorme. Oui, mais il n'est pas gratuit, tant s'en faut. Rennes-Toulouse, à près de 1 000 F en avion. Deux fois plus cher que le train en première, et trois fois plus qu'en seconde...

Nous touchons là le deuxième grand constat du tableau : le train reste, dans tous les cas de figure, moins cher que l'avion.

Pour nos comparaisons en matière de prix, nous avons retenu plusieurs possibilités tarifaires. D'abord, le plein tarif : avion d'un côté, première et seconde classes SNCF sans supplément de l'autre. Pourquoi "sans supplément" ? Tout simplement parce que les trains avec supplément sont de plus en plus doublés par des trains "ordinaires", aussi confortables, aussi rapides (dans certains cas, plus rapides même) que les premiers.

La seconde tue la première

Pour les tarifs "couple" et "famille", nous avons présenté, à côté des prix des billets d'avion, les prix des billets SNCF de seconde classe. En effet, dans leur immense majorité, les familles et même les couples voyagent maintenant en seconde. C'est que le confort de cette classe a fait ces années-ci, un grand bond en avant (silence, suspension, décoration, climatisation, etc.).

Parallèlement, la seconde a fait son apparition dans les trains les plus rapides, auparavant réservés exclusivement aux voyageurs de première. Ainsi les usagers de la seconde classe des TGV ne sont-ils pas les seuls à "rouler" très vite. D'autres peuvent le faire, à 200 kilomètres à l'heure sur des lignes classiques comme Paris-Toulouse ou Paris-Bordeaux. Il n'y a donc plus aujourd'hui qu'un intérêt très relatif à voyager en première : la marge entre les deux classes s'est très atténuée. Les clients ne s'y sont d'ailleurs pas trompés. Du coup, afin d'attirer la clientèle "haut de gamme" qui se "déclasse" elle-même volontiers, ou alors prend l'avion, la SNCF étudie une première "plus", avec services ad hoc. Sa mise en service — à titre d'essai — devrait intervenir l'année prochaine.

Mais si — en seconde et même en première — le train est sensiblement moins cher que l'avion, il n'en est pas moins parfaitement possible d'emprunter la voie aérienne et de payer moins que par la voie ferrée. A l'origine de ce paradoxe : la "multitarification".

"Français, si vous saviez." Oui, si vous saviez déchiffrer le casse-tête chinois des nouveaux tarifs, l'addition de vos voyages serait beaucoup plus légère qu'elle ne l'est. Car des réductions, les transporteurs en offrent un nombre respectable. Elles sont évidemment liées à des sillons horaires moins fréquentés que d'autres. D'où une formidable complication

Choisir la bonne couleur

Air Inter a lancé les vols rouges, blancs et bleus. La SNCF présente, elle, ses jours aux mêmes coloris.

Les vols rouges ? Ce sont les plus chargés ; leur numérotation dans l'horaire commence par 7. Ils sont en principe réservés aux passagers payant plein tarif. Mais y sont admis les abonnés d'Air Inter, d'Air France et de la SNCF (voyages air-fer).

Les vols blancs, moins chargés, ont une numérotation commençant par 6. Accessibles à tous, ils admettent avec des réductions variant, selon les relations, de 22 à 36 %, les étudiants, les familles, les personnes âgées et les jeunes.

Les vols bleus, censés être les moins fréquentés commencent eux, par 5. Ils sont ouverts à tous les passagers, y compris les jeunes, les étudiants, les conjoints, les familles, les personnes âgées et les groupes, bénéficiant, tous, de réductions allant de 38 à 56 %. Ajoutons-y les abonnés "vols bleus et vols blancs" qui, eux, ont de droit 30 % de réduction. Mieux : le "bleu" donne droit, pour ceux qui paient plein tarif ou tarif abonnés, à un voyage gratuit tous les cinq ans ou six voyages dans l'année. N'oubliez donc pas de faire composter la souche de vos billets Air Inter !

Les jours rouges de la SNCF correspondent aux périodes de grands départs.

Les jours blancs vont du vendredi 15 heures au samedi 12 heures ; du dimanche 15 heures au lundi 12 heures, et incorporent quelques jours de fête. Les jours bleus vont habituellement du samedi 19 heures au dimanche 5 heures et du lundi 12 heures au vendredi 15 heures. Au total : près de 250 jours par an.

Du "Carré jeune" à la carte Vermeil

Les réductions tarifaires de la SNCF sont si nombreuses que la plupart des usagers — et parfois même les guichetiers ! — ignorent plusieurs d'entre elles. Voici celles qu'il ne faut pas oublier :

• Etes-vous concubin ou marié ! Bravo : la SNCF accorde 50 % de réduction à partir de la deuxième personne figurant sur la carte couple, la première personne payant le plein tarif. Conditions : commencer chaque trajet en période bleue. La carte est établie gratuitement sur présentation du livret de famille ou d'un certificat de concubinage.

• Avez-vous des enfants ? Encore bravo : gratuité pour les enfants de moins de 4 ans. 50 % de réduction pour les enfants de 4 à 12 ans ; et ce "en toutes périodes".

Les familles d'au moins trois enfants bénéficient de la carte "famille nombreuse" : elle donne droit à une réduction individuelle de 30 à 75 % (variable selon le nombre d'enfants) pour chacun des parents et chacun des enfants de moins de 18 ans.

• Etes-vous jeune ? La carte "jeune" (de 12 à 26 ans) offre 50 % de réduction pour tout voyage (aller ou aller et retour) + une couchette gratuite, pendant l'été. Il faut commencer chaque trajet en période bleue, entre le 1er juin et le 30 septembre. Prix de la carte : 125 francs (déjà amorti à moitié par la couchette gratuite).

Nouveauté 1984, le "Carré jeune" : une carte — toujours pour les jeunes de 12 à 26 ans — qui donne droit à quatre voyages aller simple ou deux voyages aller et retour avec 50 % de réduction pour chaque trajet commencé en période bleue, ou 20 % de réduction pour chaque trajet commencé en période blanche. Le "Carré jeune" vaut lui aussi 125 francs et est valable un an.

• N'êtes-vous plus jeune ? Si Madame a 60 ans ou plus et Monsieur, 62 ans ou plus, ils peuvent l'un et l'autre voyager à demi-tarif grâce à la carte Vermeil (prix : 61 francs). Tout trajet doit commencer en période bleue.

• Voulez-vous aller loin ? Le billet "séjour", valable toute l'année, permet 25 % de réduction pour tout voyage aller et retour ou circulaire totalisant au moins 1 000 kilomètres. Chacun des trajets doit commencer en période bleue. Attention : conditions de date pour le retour.

• Voyagez-vous à plusieurs ? Il suffit d'être cinq ou plus pour bénéficier de 25 % de réduction sur un aller et retour. Chaque trajet doit commencer en période bleue (réservation : au moins deux jours à l'avance).

Là ne s'arrête pas la liste des tarifications réduites proposées par la SNCF : le billet "congé annuel" destiné aux salariés voit sa réduction traditionnelle de 30 % portée à 50 % si les trajets aller et retour ont lieu en période bleue et si au moins la moitié du prix du billet est acquittée avec des chèques-vacances. Il existe aussi des tarifications spéciales adaptées aux groupes et aux colonies de vacances. Sans parler, bien sûr, des abonnements.

L'"évasion" pour tous

Air Inter n'est pas en reste. Quelques mots d'abord sur la grande nouveauté 1984 : la carte "évasion". Conçue pour les passagers qui, voyageant seuls, ne bénéficiaient d'aucune réduction, elle donne accès à des vols désignés (plus particulièrement les samedis et dimanches) à un tarif inférieur de 20 à 45 % selon les destinations. Prix de souscription : 475 francs pour un an. Pour le reste, concurrence aidant, la compagnie aérienne offre des réductions très voisines de celles de la SNCF, cette dernière lui ayant d'ailleurs, plus d'une fois, <u>emboîté le pas</u> sur ce terrain.

Il y a les jeunes (de 12 à 25 ans), les étudiants (moins de 27 ans), les personnes âgées (60 ans ou plus pour les femmes, 65 ans ou plus pour les hommes, 62 ans ou plus pour les retraités), les familles à trois ou plus et les groupes de plus de dix. Tous peuvent voyager sur vols blancs ou vols bleus.

Uniquement sur vols bleus : le conjoint accompagnant un époux ou une épouse "à tarif plein". Uniquement sur vols blancs : les groupes de cinq personnes ou plus, et les "familles à deux" (époux ou épouse ou un adulte plus un enfant).

Pas facile de s'y retrouver. Surtout si l'on sait qu'il existe des périodes de "décoloration" ! N'empêche : avec de l'habileté et beaucoup de mémoire, on peut voyager en France presque toute l'année sans jamais payer place entière.

Jean-Pierre ADINE
(avec Alain Dauvergne)
Le Point n° 616 (9-7-84)

11. Notes sur la lecture :

la desserte : le fait d'assurer les transports d'un lieu à un autre.

le sillon : time slot.

la souche du billet : le dernier feuillet qui reste au voyageur qui a effectué son voyage.

concubin : qui vit avec quelqu'un sans être marié.

emboîter le pas : marcher juste derrière quelqu'un. Au figuré, faire la même chose que quelqu'un.

ARTICI
navire ne po
assurer un b
chargement.

ARTIC
surestaries e

ARTIC
cas de détre

ARTIC
en cas d'ava

ARTI(
glace, le na
arrivée dan
pour un au
le liquide e
au port fin
courant ou

ARTI
reconnait q
les affréteu
ci-dessus oi
ou de reste
par jour c

ART
toujours p
affréteurs

ART
pour chaq
par cette
navire à

AR
armateur
peuvent t
Si
l'autre p
donner p

AF
et le coû

AI
décharge

AI
des affré

... chargement, le

SOFLUMAR

5, AVENUE PERCIER - 75008 PARIS

TEL. 562-50-50

CHARTE-PARTIE AU VOYAGE DE NAVIRE PETROLIER

Paris, le ....

Il a été ce jour mutuellement convenu entre **SOFLUMAR,** Armateur du bon navire pétrolier,
à Français
ayant une portée utile d'environ d'une jauge nette de
à l'option des armateurs et classé tonnes de produits pétroliers liquides plus ou moins
et ; actuellement en exploitation
domicilié à

ARTICLE PREMIER. — Que
prévu et devant être maintenu tel du
la célérité convenable, suivant les or

ou aussi près qu'il pourra s'en appr
un plein et entier chargement de

en vrac; ne dépassant pas ce qu'il
visions et aménagements (un espac
chargement) et, étant ainsi chargé,

ou aussi près qu'il pourra s'en ap
du fret au taux de

62

LETTRE DE TRANSPORT

NUMÉRO DE LA LETTRE DE TRANSPORT AÉRIEN | AÉROPORT DE DÉPART | DATE D'ÉMISSION | T C | CODE FRAIS | CODE MONNAIE | RÉSERVÉ AU TRANSPORTEUR

AÉROPORT DE DÉPART (ADRESSE DU PREMIER TRANSPORTEUR) ET ITINÉRAIRE DEMANDÉ | AÉROPORT DE DESTINATION

1/ A | PAR PREMIER TRANSPORTEUR | ROUTAGE ET DESTINATION | VOL JOUR

2/ NUMÉRO DE COMPTE DU DESTINATAIRE | NOM ET ADRESSE DU DESTINATAIRE

NON NÉGOCIABLE
LETTRE DE TRANSPORT AÉRIEN
Émise par
AIR FRANCE
COMPAGNIE NATIONALE DE TRANSPORTS AÉRIENS
1, square Max-Hymans, 75015 PARIS
549127320 B. R. C. Paris
MEMBRE DE L'IATA ET DE L'ATAF

3/ NUMÉRO DE COMPTE DE L'EXPÉDITEUR | NOM ET ADRESSE DE L'EXPÉDITEUR

L'expéditeur certifie que les indications portées sur le présent document sont exactes et qu'il accepte LES CONDITIONS SPÉCIFIÉES AU VERSO.

SIGNATURE DE L'EXPÉDITEUR :

4/

AIR FRANCE 1, square Max-Hymans, 75015-PARIS
549127320 B. R. C. Paris

DÉCLARATION D'EXPÉDITION

A REMPLIR PAR AIR FRANCE | L. T. A. 057 - | Aéroport de destination

Destinataire : (A remplir en lettres capitales)
Adresse :
Ville et pays : Tél.
Aviser également :
Adresse :
Ville et pays : Tél.

Nombre de colis	Mode d'emballage	NATURE ET QUANTITÉ DES MARCHANDISES	Marques et nos	Dimensions ou volume	POIDS BRUT	POIDS NET	VALEUR DÉCLARÉE POUR la douane	VALEUR DÉCLARÉE POUR le transport

Documents remis au transporteur : pour les formalités d'exportation :
pour accompagner l'envoi à destination :

Expéditeur : (A remplir en lettres capitales)
Adresse :
Ville et pays : Tél.
Représenté par :
Adresse :
Ville et pays : Tél.

MODALITÉS DE RÈGLEMENT DES FRAIS - Cocher la rubrique appropriée

PORT PAYÉ | FRANCO de tous Frais | PORT DU | FRAIS AU DÉPART seulement à la charge de l'expéditeur

A ASSURER POUR en toutes lettres
A LIVRER CONTRE REMBOURSEMENT DE en toutes lettres
DÉBOURS : en chiffres
No Compte Client : et en chiffres / et en chiffres

Aucun envoi n'est accepté lorsqu'il est stipulé un délai de transport.
A moins d'ordres contraires, les droits de douane sont acquittés d'office à l'arrivée.
Conditions spéciales, en particulier en cas de refus par le destinataire :

Cadre réservé à AIR FRANCE

AÉROPORT DE DÉPART	TRANSPORT AÉRIEN	POIDS DE TAXATION	CLASSIFIC. DU TARIF	TARIFS	PAYÉ PAR L'EXPÉDITEUR Comptant	PAYÉ PAR L'EXPÉDITEUR En Compte	A LA CHARGE DU DESTINATAIRE
A	1er TRANSPORTEUR						
A	TRANSPORTEUR						
A	TRANSPORTEUR						
A	TRANSPORTEUR						
TAXATION A LA VALEUR - DE							
TAXATION A LA VALEUR - DE	A						
PRIME D'ASSURANCE - DE	A						
FRAIS DIVERS AU DÉPART	A						
TRANSIT							
A L'ARRIVÉE							
FRAIS DE REMBOURSEMENT							
TAXE FISCALE							
REMBOURSEMENT							
	TOTAL →						

L'expéditeur déclare expressément que les indications ci-dessus écrites par lui-même ou son mandataire sont exactes et qu'il connaît et accepte les Conditions de Transport du Transporteur.

Date et signature de l'expéditeur :
Prière de faire précéder la signature de la mention « Lu et Approuvé ».

D C No. 65 - 942 01345.1

à remplir si la valeur pour la douane est égale ou supérieure à 5000 F

elf france
Raffinerie de DONGES
Service Maritime

CONNAISSEMENT

HARGE, en bon état de conditionnement apparent par ELF FRANCE,
our compte
ır le navire ____________, dont M
our le présent voyage au port de DONGES (FRANCE).
n lot en vrac de :

Produits	Litrage	Kilogrammes	

COPIE NON NÉGOCI...

our être délivré dans le même état de conditionnement au port d
____________ ou aussi
écurité, toujours à flot, à l'ordre de :
ontre paiement du fret selon les clauses et conditions de

En foi de quoi le Capitaine a signé ____________ conn
ate, l'un desquels étant accompli rendra les autres nuls.

Les Chargeurs   Fait à DONGES, le

Le Commandant

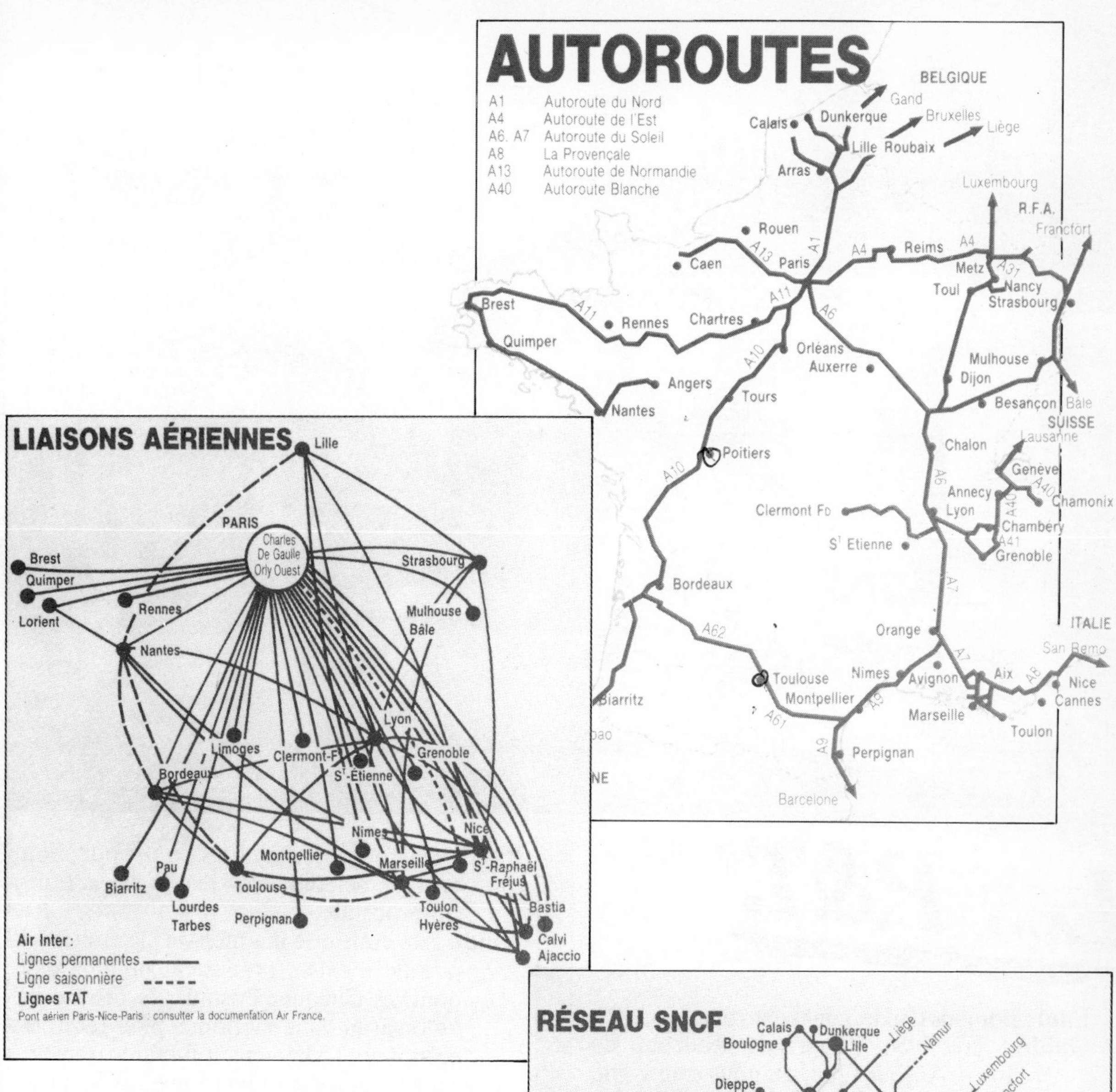

DISTANCES DE VILLE A VILLE

(en km) calculées d'après les itinéraires les plus rapides

	Bale	Besançon	Bordeaux	Boulogne/M.	Brest	Bruxelles	Chamonix	Clermont-Fd	Genève	Lille	Luxembourg	Lyon	Le Mans	Marseille	Montpellier	Nancy	Nantes	Nice	Paris	Strasbourg
Besançon	160																			
Bordeaux	840	680																		
Boulogne/M.	690	500	790																	
Brest	1090	900	630	690																
Bruxelles	560	550	820	220	820															
Chamonix	350	234	790	840	1050	760														
Clermont-Fd	480	330	370	660	760	670	410													
Genève	250	180	710	790	1030	670	95	330												
Lille	630	520	780	120	730	120	760	600	730											
Luxembourg	320	310	860	400	940	230	560	590	460	270										
Lyon	400	230	550	730	980	670	240	180	160	670	490									
Le Mans	710	540	410	370	390	510	730	380	640	430	590	580								
Marseille	700	550	670	1050	1290	970	430	480	470	990	790	310	900							
Montpellier	660	530	500	1030	1040	950	430	370	450	970	780	290	720	170						
Nancy	210	210	820	490	880	340	450	480	380	420	110	380	520	700	680					
Nantes	850	700	330	550	300	680	820	460	720	600	770	630	180	950	740	690				
Nice	640	710	830	1210	1450	1070	400	640	480	1150	1110	470	1060	190	330	860	1110			
Paris	490	420	560	240	580	290	600	390	510	220	380	460	210	770	750	310	380	930		
Strasbourg	150	230	900	590	1030	450	310	560	400	500	220	460	670	780	760	140	840	780	460	
Toulouse	930	780	250	930	860	980	680	380	700	900	950	540	590	420	250	930	560	580	680	960

8.

Les P.&T.

Paul : Bonjour Guido, comment vont tes cours ?

Guido : Très bien, j'apprends beaucoup de choses. Aujourd'hui, on nous a enseigné le fonctionnement des P.T.T. ou des P & T., si tu préfères, qui sont sous la tutelle du Ministre de la Poste, des Télécommunications et de l'Espace.

Paul : De l'Espace ?

Guido : Oui, avec Ariane et les satellites...

Paul : Ah, c'est vrai, les satellites de télécommunications... j'avais oublié cet autre aspect des Postes. Cela me rappelle qu'en allant à la Pizzeria, je dois m'arrêter au bureau de poste : le service du contentieux m'a demandé d'expédier cette lettre recommandée avec accusé de réception : c'est une mise en demeure pour un client défaillant. Par la même occasion, je vais acheter un carnet de timbres et des aérogrammes pour écrire aux Etats-Unis.

Guido : Pourquoi achètes-tu des timbres ? Je croyais que vous aviez une machine à affranchir ?

Paul : Oui, mais les timbres sont pour mon courrier personnel car je n'ai pas la franchise postale.

Guido : Je crois que maintenant, la franchise postale n'existe pratiquement plus que pour les Chèques Postaux, le prof a dit qu'on avait dû la supprimer pour faire des économies ! Maintenant il faut affranchir toute la correspondance avec la Sécurité Sociale, et même avec les Télécoms !

Paul : Puisqu'on parle de chèques postaux, peux-tu m'expliquer comment cela fonctionne, car je ne suis pas sûr d'avoir très bien compris cette histoire de volets.

Guido : Tu sais, le Centre de Chèques Postaux fonctionne un peu comme une banque. Tu ouvres un compte en versant de l'argent, tu reçois un carnet de chèques que tu utilises pour régler tes factures, etc.

Paul : Oui, cela je l'ai bien compris, mais en général, tu n'envoies pas le chèque au bénéficiaire.

Guido : Non, et c'est là l'originalité du système. Ton chèque comporte deux volets, trois même en comptant le talon. Regarde : tu remplis les deux volets en indiquant le numéro de compte du bénéficiaire et tu envoies le tout au Centre de Chèques Postaux. Le Centre va, par un simple jeu d'écritures, débiter ton compte du montant du chèque et créditer le compte du bénéficiaire de la même somme. En même temps, il va t'aviser du débit en t'envoyant ton relevé de compte et il va envoyer le premier volet, celui qui a au verso une partie « correspondance », au bénéficiaire. Le Centre de Chèques Postaux va conserver le 2e volet comme trace et preuve de la transaction. Dans la partie réservée à la correspondance, tu a pu écrire au bénéficiaire soit la raison pour laquelle tu lui envoies cette somme, soit la référence de la facture qui tu règles ainsi. Il recevra, lui aussi, en même temps sa position de compte.

Paul : C'est en cela que ce système est supérieur à la banque, car on n'a pas besoin d'attendre un mois ou deux pour avoir son relevé de compte et on sait, à chaque opération, combien on a à son crédit.

Guido : Oui, et aussi c'est très facile de faire la preuve d'un paiement, il suffit de photocopier l'avis de débit, la position de compte, qui porte la somme et le numéro de C.C.P. du bénéficiaire. Et on peut aussi faire virer son salaire sur ce compte et faire déduire automatiquement ses notes de gaz, d'électricité, d'eau, de téléphone, son loyer, ses assurances etc...

Paul : Quelquefois, dans la V.P.C. par exemple, j'ai remarqué que l'on demandait d'envoyer les deux volets avec la commande, pourquoi ?

Guido : C'est plus facile de vérifier que la commande est bien accompagnée du règlement et c'est l'entreprise de V.P.C. qui envoie ensuite les deux volets au Centre de Chèques Postaux. Il suffit d'attendre l'avis de paiement, en général le lendemain, pour expédier la commande. Tu remarqueras que ces volets sont assez spacieux pour qu'on puisse les passer dans les caisses enregistreuses qui inscrivent automatiquement la raison sociale du magasin bénéficiaire et le montant de la facture sur le chèque, le client n'a plus qu'à signer...

Paul : C'est nettement mieux. Mais quelle différence y a-t-il entre les chèques postaux et les « postchèques » ?

Guido : Ce sont des chèques que le titulaire d'un compte courant postal peut demander avant de partir en voyage à l'étranger. Il peut en recevoir dix. Les chèques sont à son nom et il va recevoir en même temps que les chèques une carte de garantie postchèque qui lui permettra de retirer en monnaie locale l'équivalent de 1 200 F.

Paul : C'est l'équivalent des chèques de voyage que l'on achète dans les banques...

Guido : Pas du tout ! Car tu ne les achètes pas avant de partir. Leur montant ne sera prélevé que sur ton compte que lorsque tu les auras utilisés, et si tu n'as pas besoin de tous tes chèques, tu peux toujours les conserver pour un autre voyage. De plus, ce système est très sûr, car pour pouvoir encaisser ces chèques, tu dois aller dans un bureau de poste et montrer ta carte de garantie postchèque plus une pièce d'identité avec ta photo.

Paul : Et le T.U.P. ? Mon assureur m'envoie toujours des T.U.P. à chaque échéance, mais je ne sais pas très bien comment les utiliser, alors j'envoie un chèque bancaire !

Guido : Ah, ce système-là aussi est génial ! Pour toutes les factures répétitives, comme les assurances, l'électricité, etc., tu peux utiliser les T.U.P. Tu envoies ton R.I.B., ou ton R.I.P., à ton créancier pour qu'il puisse établir les T.U.P. et lorsque tu les reçois, tu n'as qu'à vérifier le montant à payer, tu signes et tu renvoies, c'est tout. Au C.E.T.U.P., on va débiter ton compte et créditer celui de ton créancier et voilà ! Si tu n'as ni compte bancaire, ni C.C.P., tu peux aller à la poste et verser l'argent au guichet comme pour un mandat. C'est très bien pour les personnes âgées qui ont peur de se tromper en écrivant un chèque : elles n'ont qu'à signer. A ce propos, je te signale que, depuis le 1er février 1988, il existe aussi le T.I.P. qui, à terme, va remplacer le T.U.P. L'interbancarité de ce nouvel instrument de paiement permet aux débiteurs de payer par débit d'un compte bancaire, postal, d'un livret d'épargne ainsi qu'en espèces aux guichets de la Poste, que l'organisme émetteur soit domicilié dans un Centre de Chèques Postaux ou dans une banque.

Paul : Je trouve que les postes françaises offrent beaucoup plus de services aux usagers que les postes américaines par exemple, qui n'assurent que l'acheminement du courrier, des colis postaux et des mandats. En France, en plus des chèques postaux, il y a aussi cet autre aspect de banque qu'est la Caisse Nationale d'Epargne "à l'oiseau bleu" qui fonctionne comme une "savings bank" aux Etats-Unis. Et même mieux, puisqu'on a dématérialisé les livrets avec "Post-Epargne" qui est entièrement informatisée ! Et le télégraphe, le télex, "postéclair'' qui utilise la télécopie, ''Chronopost'' pour le courrier urgent, ''Post-express'' qui a remplacé les pneumatiques... Il y a même avec ''Aviposte'' la possibilité de souscrire une assurance-vie ! Oh, j'allais oublier le téléphone ! Et tout cela marche très bien.

Guido : Oui, le téléphone public, dans les cabines, a été bien amélioré, maintenant on n'a plus besoin de jeton, on achète à la poste ou dans un bureau de tabac une télécarte à puce pour 50 ou 120 unités. On introduit la carte dans la fente et, après avoir décroché le combiné, attendu la tonalité, on peut composer le numéro de son correspondant sur le cadran et il n'est plus nécessaire d'appuyer sur un bouton pour se faire entendre lorsqu'on a son correspondant au bout du fil ! Auparavant, j'oubliais toujours ce détail et je ne comprenais pas pourquoi on me répondait seulement « Allô, Allô, Qui est à l'appareil ? » alors que je parlais !... Avec la tétécarte, tu peux voir, sur un petit écran, la somme exacte qui reste sur la puce et quand tu arrives à « 0,00 Francs » il faut vite mettre une nouvelle carte, sinon la communication est interrompue ! Le professeur nous a dit qu'il y a une expérience en cours à Rennes de ''Publivox'' où il n'y a plus besoin de composer de numéro : après avoir introduit la carte, il suffit de dire devant un micro le numéro de son correspondant, et voilà ! Pendant toute la conversation on a les mains libres pour prendre des notes, c'est splendide, vivement que cela soit étendu à tout le pays !

Paul : A propos de téléphone, je vais te faire rire, la première fois que l'on m'a demandé à parler au Chef du service Comptabilité, j'ai voulu dire "Hold on, I'm switching your call to extension 209" et j'ai dit : Accrochez-vous..." et, bien sûr, on a "raccroché" !

Guido : Qu'est-ce qu'il fallait dire ?

Paul : "Ne quittez pas, je vais vous passer le poste 209"... Je le sais maintenant !

Guido : Est-ce que tu sais ce que c'est qu'un Numéro Vert ?

Paul : Oui, c'est ce que nous appelons un numéro « 800 » qui permet de faire un appel gratuit puisque cette communication sera automatiquement facturée au correspondant. Ce sont surtout des entreprises commerciales qui ont ce type de numéro.

Guido : Est-ce que tu sais que la poste s'est associée au réseau Carte-Bleue-Visa ?

Paul : Oui, c'est vraiment pratique, et cela combine la facilité d'opération et du compte C.C.P. et de la Carte Bleue. Il y a déjà des terminaux de paiement installés chez de nombreux commerçants pour faciliter encore plus l'utilisation sans risques de la carte.

Guido : A propos des micro-ordinateurs, est-ce que tu sais que la France est le premier pays à posséder un annuaire téléphonique électronique ? Cet annuaire est toujours à jour, car tous les changements d'adresse, de numéros, sont immédiatement mis dans la mémoire de l'ordinateur central. C'est le Minitel. On distribue gratuitement aux abonnés des claviers avec des écrans qui leur permettent de taper le nom de leur correspondant et de trouver ainsi son numéro de téléphone grâce à une liaison avec l'ordinateur central. Ils peuvent aussi faire bien d'autres choses avec ces petits ordinateurs. Ils peuvent consulter leur compte en banque ou leur compte courant postal, effectuer des virements, ils peuvent aussi faire des réservations à la S.N.C.F., et même payer leurs billets, de même pour les compagnies aériennes, ils peuvent également consulter le programme des cinémas de leur quartier, savoir quelles sont les pharmacies ouvertes la nuit, le nom des médecins de garde etc... Ils peuvent même effectuer des achats avec leur Minitel, jouer à des jeux électroniques, utiliser les messageries pour envoyer des messages à leurs amis, ou à des inconnus, et même, tu as dû entendre parler du « Minitel Rose » !... Bref, c'est vraiment un gadget dont on ne peut plus se passer, mais il faut faire attention car si la consultation de l'annuaire électronique et les communications avec les services des Postes sont gratuites, tout le reste est payant et certains services coûtent très cher !!!

Paul : Tu as dit qu'on distribuait gratuitement les Minitels aux abonnés, alors ils n'ont pas besoin de payer une redevance comme pour un appareil téléphonique, c'est formidable ! Mais nous sommes arrivés. Ah zut ! Il faut faire la queue au guichet des recommandés, pourvu que l'on ait le temps de déguster notre pizza avant de retourner au bureau ! Dis donc, peux-tu me rendre un service ? Prends soin de cette lettre recommandée pour moi, s'il te plaît, car il faut que je téléphone à mon père et ainsi nous gagnerons du temps.

Guido : Avec plaisir. Mais pourquoi téléphones-tu à ton père du bureau de poste ?

Paul : Parce que je l'appelle en P.C.V. et je ne peux le faire que très tôt le matin, quand il est encore à la maison.

Guido : Mais, il est midi et quart !

Paul : Oui, mais il y a 6 heures de décalage horaire avec les Etats-Unis et en ce moment il est 6 h 15 du matin dans le Connecticut et mon père se prépare pour aller travailler à son bureau à Manhattan.

Guido : Que je suis bête, comme la France et l'Italie se trouvent dans le même fuseau horaire, j'avais complètement oublié ce détail !

Cinq minutes plus tard.

Guido : Mission accomplie ! Voici le reçu. Tu as pu parler à ton père ?

Paul : Oui, merci. Tout va bien.

Guido : On m'avait dit que les appels en P.C.V. avaient été supprimés.

Paul : Pour les appels à l'intérieur du pays, c'est vrai, mais on peut toujours appeler en P.C.V. depuis la France vers l'étranger.

Guido : Je ne comprends toujours pas pourquoi tu dois venir à la poste pour appeler ton père en P.C.V. ? A quelle heure part-il pour New York ?

Paul : Il part à 7 heures pour éviter les embouteillages. Mais c'est parce que je ne peux pas réussir à avoir la standardiste pour demander le numéro en P.C.V. sur l'appareil du bureau ! J'ai beau composer le "0", cela ne marche pas !

Guido : Evidemment ! Il faut faire le 12 pour avoir le standard.

Paul : Merci, la prochaine fois, je saurai... Dépêchons-nous de prendre cette table, il n'y a pas encore trop de monde à la Pizzeria...

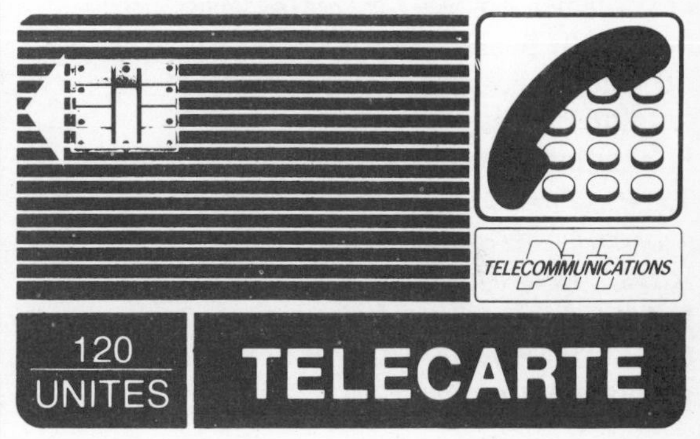

VOCABULAIRE

P.T.T. : *postes, télégraphe, téléphone*
P. & T. : *postes et télécommunications*
recommandé : *registered*
un accusé de réception : *an acknowledgment of receipt*
une mise en demeure : *a formal notice (of summons)*
un timbre : *a stamp*
un aérogramme : *an airgram*
une machine à affranchir : *a postage meter*
le courrier : *the mail*
la franchise postale : *postage free status, franking*
un chèque postal : *a post office check (no real equivalent)*
un volet : *a tear-off, a detachable section*
le talon : *the stub*
la position de compte : *the statement of account*
T.U.P. : *Titre Universel de Paiement (universal document of paiement) (no real equivalent)*
R.I.B. : *Relevé d'Identité Bancaire (Bank identification)*
R.I.P. : *Relevé d'Identité Postale*
C.E.T.U.P. : *Centre de T.U.P.*
un mandat : *a money order*
T.I.P. (Titre Interbancaire de Paiement) : *inter-bank instrument of paiement*
l'acheminement du courrier (m) : *mail forwarding*
la Caisse Nationale d'Épargne : *(national) savings bank (in the post-offices)*
la télécopie : *fax*
un jeton : *a token*
une télécarte : *telephone card*
une puce : *a chip*
la fente : *the slot*
décrocher le combiné : *to pick up the receiver*
la tonalité : *the dial tone*
composer le numéro : *to dial the number*
le correspondant : *the correspondant, the party*
le cadran : *the dial*
au bout du fil : *on the line, on the phone*
Allô, qui est à l'appareil ? : *Hello, who's speaking ?*
raccrocher : *to hang up*
un Numéro Vert : *800 number*
le réseau : *the network*
un terminal, des terminaux : *a terminal*
un annuaire téléphonique : *a directory, a telephone book*
un clavier : *a keyboard*
une redevance : *a rental charge (telephone)*
faire la queue : *to stand in line, to queue up*
P.C.V. : *à PerCeVoir (collect) reversed charges)*
un embouteillage : *a traffic jam, a bottle neck*
la standardiste : *the operator*

QUESTIONS ORALES

1. Que veut dire "affranchir" une lettre ?
2. Combien un chèque postal comporte-t-il de volets ?
3. Pourquoi les entreprises de V.P.C. demandent-elles d'envoyer tous les volets du chèque postal avec la commande ?
4. Quel est l'avantage des chèques postaux ?
5. Comment fonctionne le T.U.P. ? Par quoi va-t-il être remplacé ?
6. Qu'est-ce que la Caisse d'Épargne ?
7. Décrivez la façon d'utiliser un téléphone public.
8. Quel est l'avantage de l'annuaire téléphonique électronique ?
9. Qui paie la communication quand on fait un appel en P.C.V. ?
10. Quels sont tous les services qu'offrent les Postes en France ?

EXERCICES ECRITS

1. Ecrivez le mot ou l'expression qui vous paraît convenir :

1. L'Etat français a le monopole ....
   - du transport
   - de la distribution
   - des P.T.T.
   - des revenus

2. Certaines correspondances avec les services publics bénéficient de la .... postale.
   - qualité
   - franchise
   - distribution
   - règle

3. Notre service télex permet la liaison directe de deux ....
   - abonnés
   - préposés
   - destinataires
   - expéditeurs

4. Toute annonce téléphonée doit être .... confirmée par télex ou courrier.
   - impérativement
   - certes
   - vraiment
   - indubitablement

5. On a déjà équipé quelques milliers d' .... au téléphone de l'annuaire électronique qui doit peu à peu relayer les annuaires en papier.
   - adhérents
   - abandonnés
   - abonnés
   - inscrits

6. Dès réception des marchandises, je vous ferai un virement postal pour vous . . . . du montant de la facture.
   - ouvrir
   - agréer
   - couvrir
   - recouvrer

7. Décrochez . . . . , mettez la télécarte dans la fente et composez votre numéro.
   - le haut-parleur
   - le microphone
   - l'écouteur
   - le combiné

8. Le service du contentieux a envoyé une mise . . . . à ce client parce qu'il n'a toujours pas payé sa facture.
   - en domicile
   - en demeure
   - en reste
   - au point

9. Un chèque postal comporte deux . . . .
   - feuillets
   - fenêtres
   - volets
   - talons

10. Un appel en P.C.V. est payé par . . . .
   - le demandeur
   - l'opératrice
   - le correspondant
   - le bureau de poste

2. Vrai ou faux :

1. La correspondance adressée au Centre de Chèques Postaux est dispensée de timbre. [VRAI] [FAUX]
2. Les services postaux ne versent pas de fonds à domicile. [VRAI] [FAUX]
3. Le Centre de Chèques Postaux envoie un relevé de compte tous les mois. [VRAI] [FAUX]

3. Version :

1. L'affranchissement des lettres ordinaires pour les Etats-Unis est de 4,80 F.
2. Je ne peux pas vous la passer actuellement : elle est en communication ; à quel numéro peut-elle vous rappeler ?
3. Les mandats télégraphiques sont très utiles en cas d'urgence.
4. Il faut affranchir une lettre ordinaire à 2,20 F.
5. Ne quittez pas, je vous passe le poste 22.
6. Il faut envoyer une lettre recommandée avec accusé de réception.
7. Donnez-moi un carnet de timbres et cinq aérogrammes, s'il vous plaît.
8. Dans l'annuaire du téléphone on trouve les noms, adresses et numéros de tous les abonnés de la ville.
9. Pour retirer de l'argent de son compte à la Caisse d'Epargne on doit présenter son livret.
10. Même les petites entreprises utilisent largement les machines à affranchir à la place des timbres-postes.

4. Thème :

1. Calling during low rate periods is a good way to save money.
2. A 1845 letter and stamp sold for $ one million.
3. Can you put me through to extension 209?
4. What is the postage for a letter to France?
5. You will be charged less for this call if you dial direct.
6. Printed matter can be sent at a lower rate.
7. Send this parcel C.O.D.
8. I want to make a collect call.
9. The U.S. service mail does not have a savings account department.
10. Lift the receiver, listen to the dial tone, insert a coin in the slot, and dial the number of your correspondant.

5. Lors de la rédaction de ce texte, un certain nombre de mots ont été "effacés". Vous êtes chargé(e), avant l'impression définitive, de compléter le texte à l'aide des mots donnés cidessous dans l'ordre alphabétique.

- agissez
- banques de données
- communiquez
- dynamisez
- informez
- resserrez
- ressources informatiques
- services de consultations
- services en direct
- services internes

TELETEL : la puissance de l'informatique, la simplicité du téléphone.

Voici TELETEL : tout un monde de . . . .

TELETEL va donner une nouvelle dimension à votre vie professionnelle, à votre entreprise, quelles que soient sa taille et son activité, et vous ouvrir l'accès à des . . . . de toutes natures et de toutes puissances.

TELETEL, ... -vous en direct :

Chacun peut, de son poste de travail, interroger des . . . . professionnelles ou des services d'information pratique.
Sans intermédiaire, sans connaissances spéciales, sans contrainte d'horaire.

TELETEL, ... en direct :

En concevant des . . . . (boîtes à lettres électroniques, journal d'entreprise...) vous optimisez les circuits de communication dans votre entreprise, sans modifier vos structures, sans bousculer vos habitudes.

TELETEL, ... en direct :

Vous . . . . votre force de vente, vous . . . . vos liens avec vos distributeurs, vos clients, vos fournisseurs, grâce à des . . . . (catalogues, stocks, tarifs) et de commande en direct.

Voici TELETEL, un nouvel outil de compétitivité, une nouvelle liberté pour travailler et entreprendre.

6. Correspondance :

Vous venez de créer une entreprise et vous désirez faire installer le téléphone dans vos nouveaux locaux.

TRAVAIL A FAIRE

Vous **écrivez** aux Postes et Télécommunications en donnant tous les renseignements voulus et en demandant quelles sont les formalités à remplir pour obtenir une ligne téléphonique.

Date
Objet
Montant
BPF
LA POSTE
N° CCP pour virement
lettre
centre
PARIS
1 027 18 F
LIBRAIRIE A HATIER
8 RUE D ASSAS
75278 PARIS CEDEX 06
22174
CH. N°
879330001
PAYEZ CONTRE CE CHEQUE
BPF
en lettres
à
N° CCP pour virement
lettre
centre
A
le
19
signature
CCP PA 1 027 18 F
CH. N° 87 9330001 C
TÉL. (1) 45 30 77 77
484
Consultez l'index en tête des pages jaunes
VAIDIS
Spécialiste
des Questions
de Société
Constitution
Transformation
Fusion
Liquidation
34, rue de Ponthieu
75008 PARIS
(1) 359.82.53
Jean-Philippe VIVIE
A.J.F. & ASSOCIES
CABINET CAUSSADE
RÉDACTION D'ACTES
BÉNISTY-LAV
HINAULT
CONSEIL JURIDIQ
DROIT FISCAL
75 paris
a/h
PAGES JAUNES
mars 1984
annuaire officiel des
abonnés au téléphone
par professions
TELECOMMUNICATIONS

7. Compréhension de texte :

UN PAYS DE PETITS PROPRIÉTAIRES QUI PRÉFÈRENT LA CAMPAGNE A LA VILLE

Un recensement, c'est un décompte, une collection de chiffres, qui, accumulés, rapprochés, donnent une sorte de photographie, un état des lieux à un instant donné. Mais les éléments tirés par l'I.N.S.E.E. (*) du recensement de 1982 offrent mieux que cela : ils permettent de mesurer l'évolution de la société française au cours des dernières années et esquissent les transformations qu'elle subit aujourd'hui dans ses activités et son mode de vie.

Le premier trait qui apparaît avec netteté, c'est l'évolution des activités et des emplois. Les années qui avaient suivi la guerre avaient été marquées par l'exode agricole et rural : les jeunes avaient quitté la ferme paternelle pour l'usine. Aujourd'hui s'esquisse une seconde transformation : après l'agriculture, c'est l'industrie qui décline au profit du tertiaire ; celui-ci rassemble près de 60 % des actifs alors que l'industrie n'en accueille plus qu'un tiers.

L'évolution est trop massive pour être liée à la crise économique qui a frappé depuis 1974 ; il ne s'agit pas seulement de la "désindustrialisation", mais de l'entrée de la France dans ce que les sociologues américains ont appelé la "société post-industrielle".

Parallèlement, l'activité professionnelle devient l'apanage d'une tranche d'âge plus restreinte. Cela tient à la prolongation des études — les deux tiers des jeunes ne commencent pas à travailler avant l'âge de vingt ans — et à des départs plus précoces, accélérés par la crise économique, et "régularisés" depuis la fixation à soixante ans de l'âge de la retraite. L'évolution a été rendue possible par le travail des femmes, qui forment aujourd'hui plus de 40 % de la population active.

Ces changements vont sans doute s'accompagner d'une nouvelle répartition des hommes sur le territoire. L'industrialisation a provoqué une concentration dans les villes et dans les banlieues qui leur ressemblaient de plus en plus : la croissance a été d'autant plus forte que la ville était plus grande.

Mais, depuis 1975, ce mouvement séculaire a été rompu : pour la première fois, les petites villes et les communes rurales se sont développées plus vite que les grandes villes et les banlieues "traditionnelles". L'urbanisation prend aujourd'hui des formes plus lâches, et de nouvelles communes-dortoirs, des villages-satellites, se forment, qui seront peut-être l'équivalent des banlieues américaines.

La poussée des constructions — la majorité des logements actuels ont moins de vingt ans — s'est accompagnée d'une amélioration des conditions de vie matérielles ; la plupart des ménages peuvent avoir aujourd'hui un logement confortable ; l'équipement en téléphone, généralisé au cours de la période 1975-1982, dépasse la possession d'automobiles qui a pourtant continué à progresser.

Au cours des dix dernières années, l'effort de construction a donné aussi aux Français l'occasion de redevenir propriétaires : plus de la moitié sont aujourd'hui propriétaires de leur résidence principale. Un développement qui est allé de pair avec celui de l'habitat individuel.

Ce maintien de la petite propriété est synonyme d'indépendance dans les représentations collectives, mais l'est sans doute moins dans la pratique : il lie les gens à leur résidence et il rend aujourd'hui plus difficiles encore les départs en cas de fermeture d'entreprises.

L'indépendance, en tout cas, est aujourd'hui définitivement gagnée pour la famille : on ne rencontre pratiquement plus, même à la campagne, de ménages réunissant deux générations sous le même toit.

C'est aussi un des points de repère d'une autre évolution majeure : celle de la famille. Celle-ci s'est resserrée : elle ne comprend guère, dans la plupart des cas, qu'un ou deux enfants. Encore cette famille traditionnelle a-t-elle du mal à résister au désir d'autonomie de chacun de ses membres : le nombre de divorcés a augmenté de 50 % entre 1975 et 1982, comme celui des mères célibataires.

Les femmes ont acquis leur autonomie, au cours de la dernière décennie, sur le plan juridique, comme elles l'ont acquise sur le plan matériel par l'exercice d'un métier : dans deux couples de moins de quarante ans sur trois, les deux conjoints sont actifs.

Cette liberté gagnée par les individus dans la société française peut avoir comme contrepartie la solitude pour un nombre croissant d'entre eux : les célibataires, les divorcés, les veufs. Choisie par les plus jeunes, elle est subie par les plus âgés, et les femmes, qui forment 60 % des divorcés et autant des plus de soixante-quinze ans, risquent d'en être les principales victimes. Une situation que le confort et les moyens de communications ne compenseront pas.

d'après un article de Guy Herzlich
Le Monde (17.2.84)

(*) Institut National de la Statistique et des Etudes Economiques.

[A] **Complétez,** à l'aide du texte, la fiche de synthèse ci-dessous :

1. Thème de l'article : . . . .

2. Réalisation
   auteur : . . . .
   publié par : . . . .
   en date du : . . . .

D'où proviennent les éléments utilisés par l'I.N.S.E.E. ?

Que montre l'analyse de ces éléments ?

— L'évolution des activités et des emplois

Principale caractéristique des années d'après-guerre :
. . . .

Secteur économique actuellement en expansion :
. . . .

Comment les sociologues désignent-ils la société actuelle ? . . . .

Principale évolution de l'activité professionnelle :
. . . .

Les deux raisons de cette évolution : . . . .

Quel autre facteur a rendu possible cette évolution ?
. . . .

— L'évolution de l'habitat

Principale conséquence de l'industrialisation : . .
. . . .

Changement constaté depuis 1975 : . . . .
. . . .

Caractéristiques de la plupart des logements actuels : . . . .

Conséquence de l'effort de construction entrepris depuis dix ans : . . . .

Les deux aspects contradictoires de la petite propriété : . . . .

— L'évolution de la famille

Principale caractéristique de la famille actuelle :
. . . .

Que traduit l'augmentation du nombre de divorcés et de célibataires ? . . . .

Comment les femmes ont-elles acquis leur autonomie matérielle ? . . . .

Conclusions de l'article : . . . .

[B] D'après ce texte, **dégagez,** en quelques lignes, les caractéristiques de la France actuelle.

P.T.T.... en direct
Les P.T.T.
service public et/ou entreprise une dualité dynamique

La première période de l'action gouvernementale a permis d'enrayer le processus de privatisation des P.T.T. ainsi que l'évolution insidieuse vers une coupure entre les télécommunications, modernes et évolutives, et les services postaux qui eussent été voués au dépérissement...

Il convient maintenant de préserver à ce grand service public l'efficacité et l'originalité qui proviennent de sa double nature : grande administration, riche de près de 500 000 agents, il a en même temps les caractéristiques d'une entreprise publique...

Les P.T.T. ne doivent rien à l'impôt. Ils sont tenus d'équilibrer leurs recettes et leurs dépenses... Moyens d'action directe de la politique gouvernementale en tant qu'administration, leur logique de fonctionnement est cependant comparable à celle des sociétés nationales telles que E.D.F. ou la S.N.C.F.

La présence, sous la tutelle du ministère, de l'Etablissement public Télédiffusion de France dont l'activité assure la liaison entre le service public de l'audiovisuel et les télécommunications, illustre bien cette double nature et les contraintes qui en découlent.

DEVELOPPER LES SERVICES EXISTANTS

Intaller le téléphone, transporter le courrier, être présent sur l'ensemble du territoire français sont les trois grandes missions du service public P.T.T. Traditionnelles, certes, elles n'en restent pas moins primordiales aujourd'hui. Développer les services permettant de continuer à mener à bien ces trois missions est le premier souci des P.T.T.

Offrir le téléphone à tous

Faire du téléphone un outil à la libre disposition de tous, est l'objectif que s'est fixé le gouvernement à l'horizon 1986. Le niveau des demandes satisfaites en 1982 a atteint un niveau record, tandis que le délai moyen de raccordement n'était plus que de deux semaines à la fin de l'an dernier. Ce qui permet à plus de quatre ménages sur cinq de disposer du téléphone à domicile...

D'autre part, le service Téléalarme ou l'association du téléphone et d'un service de secours, instrument précieux pour les personnes âgées, isolées, malades ou invalides, est en train d'être mis en place...

Régulariser le transport du courrier en poursuivant sa modernisation

Chaque année, la Poste transporte plus de courrier. Pour mener à bien cette mission première, il a été décidé de poursuivre et d'étendre la réalisation d'un système de tri automatique du courrier, que la plupart des pays nous envient, tant par sa conception que pour son degré actuel de performance, il a aussi été décidé de doter la poste pour certaines liaisons, d'un moyen de transport terrestre très rapide, le TGV.

La polyvalence du bureau de poste en milieu rural

L'implantation des bureaux de poste sur l'ensemble du territoire est très dense (17 200 bureaux) particulièrement en zone rurale. Et le bureau de poste reste souvent le dernier échelon administratif dans les villages victimes d'exode, après la fermeture des principaux autres services publics dont le niveau d'activité était devenu trop faible (S.N.C.F., A.N.P.E., Commissariats...). C'est alors l'occasion pour le bureau de poste insuffisamment occupé, de valoriser sa présence en milieu rural en offrant, après formation préalable du personnel et accord avec la municipalité et les départements ministériels concernés, des prestations simples : offres d'emploi de l'A.N.P.E., dépôt et retrait des cartes grises et des passeports, délivrance de billets de train...

ETRE A L'ECOUTE DES USAGERS

Produits et services nouveaux ou améliorés

Des représentants des usagers (associations de consommateurs, usagers professionnels, élus) définissant leurs véritables besoins, ont participé au sein de différents organes de concertation mis en place depuis 2 ans, à l'élaboration de plusieurs de ces produits ou services : création d'une édition 1983 de l'annuaire alphabétique plus complète que celles des années précédentes, mise à disposition de documents explicatifs sur les différents services et produits des P.T.T. avec leurs tarifs, amélioration de la fiabilité de la facturation et mise en œuvre du service de la facturation détaillée.

La Poste, de son côté, a adapté ses services financiers et a créé de nouveaux services. Outre sa fonction de transporteur de courrier, elle collecte largement l'épargne publique à travers les Chèques Postaux qui drainent quelques 100 milliards de francs provenant des particuliers, comme des entreprises et la Caisse d'Epargne de l'"Oiseau bleu" qui en draine 220 milliards par le canal des dépôts sur les livrets A et B et l'Epargne-logement. Ces fonds sont mis en grande partie, à la disposition des collectivités locales par le truchement de la Caisse des Dépôts et Consignations...

Le 5 octobre 1982, au Conseil des Ministres, un ensemble de mesures destinées à offrir aux usagers des services financiers de la Poste ce qu'ils sont en droit d'attendre de l'institution financière qui tient leur compte est adopté :

- Adhésion de la Poste au groupement CARTE BLEUE : les 7,5 millions de titulaires de comptes-chèques postaux (C.C.P.) pourront ainsi accéder à toutes les facilités de ce réseau.
- Amélioration des règles d'octroi des prêts complémentaires d'Epargne-logement.
- Vente de devises et de chèques de voyages aux guichets des bureaux de poste.
- Découverts plus faciles pour les détenteurs de C.C.P.

PREPARER L'AVENIR PAR DE GRANDS ENGAGEMENTS TECHNOLOGIQUES

Le vidéotex et ses différentes applications

Le service de "l'annuaire électronique" permettant aux abonnés au téléphone d'obtenir dès 1984 des renseignements sur l'ensemble des abonnés du territoire par l'intermédiaire d'un terminal — Minitel — connecté à leur ligne téléphonique va s'étendre peu à peu à toutes les régions de France.

Parallèlement, la création de banques de données sera induite par le développement du vidéotex professionnel, service fonctionnant sur le même principe — terminal connecté à un ordinateur par l'intermédiaire du réseau téléphonique ; aujourd'hui, l'administration des P.T.T. participe à plus de soixante opérations de vidéotex professionnel. Et cela dans tous les secteurs (agriculture, industrie, banque, commerce, culture, presse, santé, loisirs) et dans toutes les régions de France.

Une autre application de la vidéographie fonctionnant selon les mêmes normes, Antiope, a pour objet de diffuser des informations sur des récepteurs TV par le réseau hertzien. Ce système français de vidéotex diffusé a été développé par Télédiffusion de France (TDF), organisme public sous la tutelle du ministère des P.T.T.

Les réseaux câblés et les fibres optiques

Le 3 novembre 1982, le Conseil des ministres approuvait l'ensemble du programme d'équipement de la France en réseaux câblés de télécommunication exposé par le Ministre des P.T.T. et souhaité par le Président de la République.

Satellites de télécommunications et de télévision

Le premier satellite national français de télécommunications Télécom 1, lancé début 1984, a pour mission prioritaire de fournir aux entreprises françaises et européennes - pour leur trafic interne - un service de liaisons numériques professionnelles (transfert de données, visioconférence...).

Les services du futur à la Poste : micro-informatique, libre-service, Postéclair et monnaie électronique

Dans le bureau de poste de demain, les quatre innovations majeures seront :

• La micro-informatique qui permettra à chaque guichetier de renseigner plus vite, plus complètement l'usager, d'effectuer l'ensemble des opérations postales plus efficacement, supprimant ainsi la spécialisation des guichets et les files d'attente.

• Le libre-service financier et le libre-service affranchissement permettant au public d'effectuer lui-même des opérations simples tel le retrait en espèces, jusqu'à 1 800 F pour le premier et l'affranchissement de ses envois ordinaires à destination de la France pour le second.

• Postéclair : ce système d'acheminement ultra-rapide de documents existe déjà dans de nombreux bureaux de poste. Le document est transmis par téléphone d'un bureau P.T.T. équipé à un autre bureau équipé. Le 31 mars 1983, Postéclair devient international, des télécopies pouvant être échangées avec la R.F.A., la Grande-Bretagne, le Canada, les Etats-Unis et les Pays-Bas.

• La monnaie électronique : ce domaine, promis à un grand avenir, voit les deux branches des P.T.T. collaborer activement à la mise au point d'un service attendu par tous les établissements financiers.

D'après une lettre mensuelle du Ministère des PTT, publiée par le Service de l'Information et de la Communication.

Notes sur la lecture :

enrayer : arrêter.

le dépérissement : l'affaiblissement

un outil : a tool.

un ménage : l'ensemble des membres d'une famille.

un échelon : une subdivision.

l'exode (m) : le départ massif d'une partie de la population de la campagne vers les villes.

A.N.P.E. : Agence Nationale pour l'Emploi.

la municipalité : le maire et les conseillers municipaux chargés de l'administration de la ville.

une carte grise : lorsqu'on achète un véhicule (auto, camion, etc.) l'administration délivre une carte de couleur grise qui mentionne les caractéristiques du véhicule, le nom du propriétaire et le numéro minéralogique, c'est-à-dire d'immatriculation du véhicule.

un annuaire : la liste, établie chaque année, de tous les abonnés au téléphone, avec leur adresse et leur numéro.

draîner : attirer à soi.

par le truchement : par l'intermédiaire.

la Caisse des Dépôts et Consignations est un organisme doté d'une certaine autonomie financière avec l'affectation de ressources propres qu'il gère sous le contrôle des pouvoirs publics.

la Carte Bleue est une carte de crédit (Visa).

l'octroi : l'attribution.

un prêt : a loan.

les devises (f) : les monnaies étrangères.

un découvert : un prêt à court terme consenti aux titulaires d'un compte.

une banque de données : data bank.

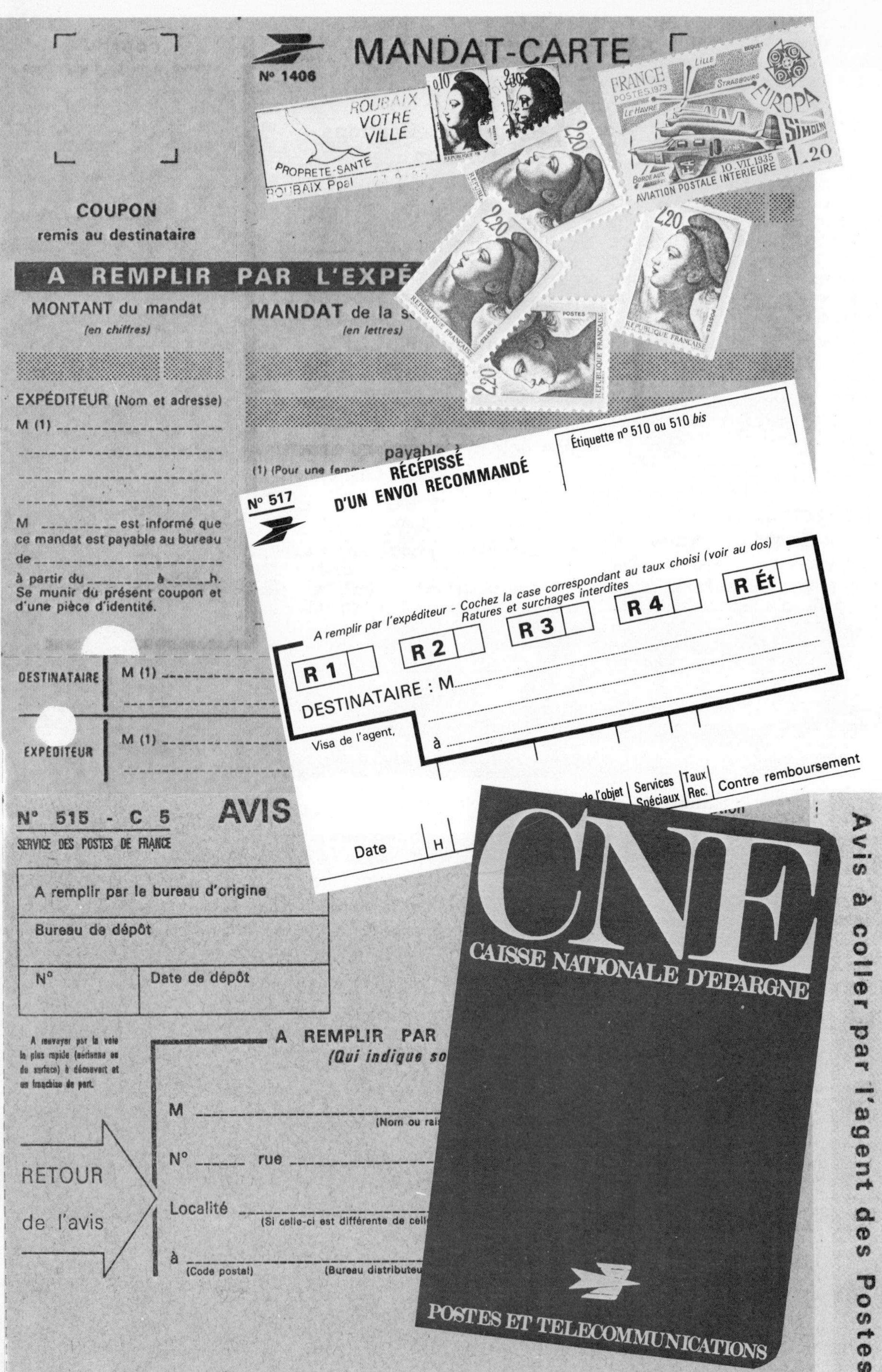
MANDAT-CARTE
N° 1406
COUPON
remis au destinataire
ROUBAIX VOTRE VILLE
PROPRETE-SANTE
ROUBAIX Ppal
FRANCE POSTES 1979
LILLE
STRASBOURG
LE HAVRE
EUROPA
BORDEAUX
AVIATION POSTALE INTERIEURE
10.VII.1935
1.20
2,20
REPUBLIQUE FRANÇAISE
POSTES
A REMPLIR PAR L'EXPÉ
MONTANT du mandat
(en chiffres)
MANDAT de la s
(en lettres)
EXPÉDITEUR (Nom et adresse)
M (1)
payable
(1) (Pour une femm
M ---------- est informé que ce mandat est payable au bureau
de
à partir du --------- à ------ h.
Se munir du présent coupon et d'une pièce d'identité.
DESTINATAIRE M (1)
EXPÉDITEUR M (1)
Étiquette n° 510 ou 510 *bis*
N° 517
RÉCÉPISSÉ
D'UN ENVOI RECOMMANDÉ
A remplir par l'expéditeur - Cochez la case correspondant au taux choisi (voir au dos)
Ratures et surchages interdites
R 1
R 2
R 3
R 4
R Ét
DESTINATAIRE : M.
Visa de l'agent,
à
Date
H
de l'objet
Services Spéciaux
Taux Rec.
Contre remboursement
N° 515 - C 5
AVIS
SERVICE DES POSTES DE FRANCE
A remplir par le bureau d'origine
Bureau de dépôt
N°
Date de dépôt
A renvoyer par la voie la plus rapide (aérienne ou de surface) à découvert et en franchise de port.
A REMPLIR PAR
(Qui indique so
M
(Nom ou rai
N° ------ rue
RETOUR
de l'avis
Localité
(Si celle-ci est différente de cell
à
(Code postal)
(Bureau distribute
CNE
CAISSE NATIONALE D'EPARGNE
POSTES ET TELECOMMUNICATIONS
Avis à coller par l'agent des Postes

FRANCE TELECOM et vous

LETTRE BIMESTRIELLE D'INFORMATION DE FRANCE TELECOM A SES CLIENTS DES ALPES-MARITIMES

N°6

TOUT CE QUE VOUS AVEZ TOUJOURS VOULU SAVOIR SUR VOTRE TELEPHONE, SANS MEME VOUS LE DEMANDER...

Le téléphone, c'est simple. Vous décrochez, vous composez le numéro de votre correspondant et ça marche. Alors, pourquoi donner des explications là où il n'y a pas de question? Pour le plaisir de communiquer, d'apprendre à mieux se connaître et de découvrir les merveilles de la technique.

Schéma simplifié d'une communication téléphonique entre Grasse et Sète.

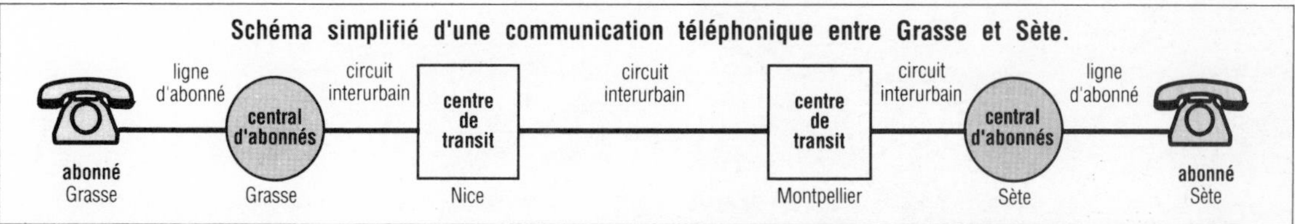

Votre ligne tient à deux fils.

Votre ligne téléphonique, comme celle de tout abonné au téléphone, est composée de 2 fils de cuivre qui relient votre poste téléphonique au central d'abonnés dont vous dépendez. Ces fils sont **réservés à votre seul usage**. Sur le trajet qui les mène au central, ils sont regroupés avec d'autres paires de fils dans des câbles aériens (sur poteaux) ou souterrains de plus en plus gros. Les plus importants arrivent au central avec 900, 1 800, parfois même 2 700 paires de fils (ou lignes).

Pourquoi une coupure EDF ne vous prive-t'elle pas de votre téléphone?

Le téléphone, c'est d'abord un courant électrique qui passe dans des câbles. Alors, vous vous êtes sans doute demandé pourquoi votre téléphone fonctionne en cas de coupure d'électricité? En fait, EDF fournit effectivement de l'électricité à FRANCE TELECOM. Du 20 000 volts, que FRANCE TELECOM transforme dans les centraux téléphoniques en courant continu de 48 volts et l'envoie sur l'ensemble de ses installations. Au départ, ce courant alimente de grosses batteries qui, en cas de panne d'alimentation EDF, sont capables de prendre le relais, le temps que se mettent en marche des groupes électrogènes.

Votre central envoie sur votre ligne un courant continu.

Parce qu'il est inutile de le laisser passer dans votre téléphone lorsque vous ne téléphonez pas, le courant est coupé automatiquement dès que vous raccrochez le combiné. En revanche, dès que vous le décrochez, les 2 fils qui sont à l'intérieur «forment une boucle» qui permet de laisser passer le courant.

Un courant électrique de 48 volts *passe dans votre téléphone. C'est pourquoi il vous est recommandé de ne pas répondre au téléphone lorsque vous êtes dans votre bain et d'éviter de téléphoner en cas de gros orage.*

Votre central est l'un des 28 centraux d'abonnés des Alpes-Maritimes.

D'une capacité de 10 000 à 50 000 lignes, ces centraux sont reliés entre eux par des câbles ou par faisceaux hertziens, chargés de transporter les communications.

Chaque central d'abonnés est également relié de la même façon et directement au central régional. Il s'agit du "Centre de Transit" par lequel transite toute communication qui arrive dans les Alpes-Maritimes ou en part.

Les 8 chiffres du numéro que vous composez correspondent à des repères très précis:

- les 2 premiers indiquent le numéro du département dans lequel vous appelez. (Pour Paris, il convient d'ajouter le 16-1);
- les 2 suivants désignent, dans ce département, le central auquel est raccordée la ligne de votre correspondant;
- les 4 derniers correspondent réellement à sa ligne.

9. Les assurances

Paul : En revenant de la Pizzeria, j'ai été témoin d'un accident au coin de la rue, devant la boutique. Notre camion s'est arrêté au feu rouge et une vieille camionnette qui suivait, l'a embouti à l'arrière, juste comme nous arrivions avec Guido.

Mme Moreau : J'espère qu'il n'y a pas eu de blessés !

Paul : Non, les deux chauffeurs ont été un peu commotionnés mais c'est tout, par contre les dégâts matériels sont très importants sur les deux véhicules.

Mme Moreau : Nous sommes très bien assurés, heureusement ! Mais qui est responsable de l'accident ?

Paul : Le chauffeur de la camionnette qui n'a pas été maître de son véhicule. Il a dit que la chaussée était glissante à cause de la pluie, mais je pense que s'il avait eu de bons freins, il aurait pu s'arrêter !

Mme Moreau : Il va falloir faire une déclaration d'accident pour toucher des dommages et intérêts, c'est-à-dire pour obtenir une indemnité. Puisque vous avez été témoin de l'accident, je vous demanderai de signer aussi la déclaration. Voulez-vous avoir la gentillesse de prendre le dossier ''Assurances Auto'' dans le classeur, vous y trouverez la police correspondante et les formulaires de déclaration de sinistre.

Paul : De sinistre ?

Mme Moreau : Oui, c'est ainsi que l'on appelle un accident dans le langage des assurances ! Et le contrat est une police ! Vous voyez, nous avons souscrit une assurance tous risques pour tous nos véhicules, ainsi nous sommes bien couverts, les chauffeurs sont assurés même s'ils sont responsables de dommages causés aux tiers ou aux véhicules...

Paul : J'imagine que vous devez payer très cher ce genre d'assurance.

Mme Moreau : Oui, les primes à payer sont élevées, mais il y a tellement d'accrochages dans Paris que l'on a intérêt à être assuré convenablement.

Paul : On m'a dit qu'il y avait en France des assurances mutuelles qui étaient moins chères que les Compagnies d'assurances ordinaires...

Mme Moreau : C'est exact, ce sont des mutuelles corporatives qui ne font pas de bénéfices. Les cotisations demandées sont en général moins élevées que les primes, mais si le nombre d'accidents dépasse les prévisions, les mutuelles peuvent faire des appels de cotisations complémentaires dans le courant de l'année. Mon mari, qui est professeur, est membre d'une mutuelle d'enseignants, la M.A.A.I.F., pour notre voiture et il en est très content.

Paul : Est-ce qu'en tant qu'étudiant, je pourrais en profiter ? J'ai envie d'acheter une voiture, je pourrais résilier le contrat d'assurance pour ma mobylette, que je vais tâcher de revendre, et souscrire une police à la M.A.A.I.F. pour ma voiture si c'est plus avantageux...

Mme Moreau : Je ne sais pas, je vais demander à mon mari si vous pouvez bénéficier de sa mutuelle. Mais, attention, il y a un délai de préavis à respecter pour résilier votre contrat, vous devez envoyer une lettre recommandée indiquant le motif de la résiliation : disparition du risque, si vous avez vendu votre vélomoteur. Sinon, vous continuerez à devoir les primes et si vous ne les payez pas, il y aura rupture de contrat et la Compagnie d'assurances pourra se retourner contre vous.

Paul : Ah, diable ! Je n'avais pas pensé à cela ! Mais puisqu'on parle d'assurances, j'espère que la société est bien assurée aussi contre les incendies avec tout ce bois !

Mme Moreau : Bien sûr. Tous les magasins, les ateliers et les entrepôts sont assurés contre l'incendie et les recours des voisins, les dommages que le feu dans un de nos locaux pourrait causer dans le voisinage. De plus, nous sommes aussi couverts contre le dégât des eaux et contre le vol et le vandalisme. Mais comme nous venons de faire installer un système d'alarme très perfectionné, nous avons fait faire un nouvel avenant qui modifie la prime à payer.

Paul : Est-ce que le personnel est assuré aussi contre les accidents ?

Mme Moreau : Oui, tous les ouvriers et employés sont automatiquement couverts contre les accidents du travail par la Sécurité Sociale — et à ce propos, je suis heureuse de vous dire que tout le personnel est protégé à partir du moment où il quitte son domicile pour venir travailler, jusqu'au moment où il rentre chez lui.

Paul : Vous voulez dire que si un ouvrier tombe dans l'escalier de son immeuble le matin en partant pour son travail et se casse la jambe, c'est considéré comme un accident du travail ?

Mme Moreau : Oui, et il est couvert. Et nous avons même souscrit des assurances complémentaires pour les "gros risques", les machinistes, par exemple, qui peuvent se mutiler avec les scies à ruban ou les perceuses, etc.

Paul : Mais comment peut-on couvrir les marchandises dans les ateliers et les entrepôts, il en arrive et il en sort continuellement ?

Mme Moreau : C'est pour cela que nous avons une police flottante qui couvre tout jusqu'à concurrence d'une certaine somme. Notre courtier d'assurances vient régulièrement nous voir et nous conseiller afin de modifier nos contrats s'il y a des changements dans les risques couverts.

Paul : Est-ce que vous êtes aussi couverts pour les accidents qui pourraient arriver à des clients qui se blesseraient, par exemple, en s'asseyant sur un siège mal monté ?

Mme Moreau : Oui, nous avons un contrat "responsabilité civile" qui nous couvre pour toutes sortes d'accidents de ce genre qui pourraient provenir de notre fait. Mais il est bien entendu que seule la responsabilité civile peut être couverte, pas la responsabilité pénale.

Paul : Pénale ? Vous voulez dire "criminelle" ?

Mme Moreau : Oui, mais on dit pénale. Si le client peut prouver que le gérant a volontairement modifié ce siège dans le but de lui nuire, l'assurance paiera les frais d'hospitalisation, d'invalidité même, mais si le gérant est reconnu coupable, il pourra être condamné à une amende et/ou à une peine de prison !

Paul : Je crois que c'est assez peu vraisemblable...

Mme Moreau : Je le crois aussi ! Mais savez-vous qu'en France, un employeur peut être tenu responsable de tout dommage causé par son personnel pendant les heures de travail, car il leur en a fourni l'instrument. C'est ainsi qu'un chauffeur de camion qui avait tué son ex-femme en l'écrasant avec son poids-lourd, a attaqué son employeur en justice, car il est bien évident qu'il n'aurait jamais pu la tuer avec sa bicyclette !

Paul : Incroyable ! J'espère que le patron n'a pas été guillotiné pour cela.

Mme Moreau : Non, heureusement, car c'est là que l'assurance "responsabilité civile" intervient, elle joue aussi si un cambrioleur s'introduit dans les locaux par effraction et se blesse, car c'est le propriétaire qui est responsable, il l'est également pour les dégâts causés par un enfant ou un animal lui appartenant. J'ajoute que nous avons aussi une assurance-crédit qui nous couvre si un client ne paie pas. Evidemmment toutes ces assurances coûtent très cher, mais comme le dit notre assureur "une assurance insuffisante procure une garantie illusoire". Mais revenons à nos moutons, comme l'on dit : nous avons cinq jours pour faire cette déclaration d'accident, mais je préfère la remplir tout de suite... Dès que le chauffeur sera revenu avec le devis de réparation que le garagiste lui a donné, dites-lui, s'il vous plaît, de me l'apporter pour que je le joigne à la déclaration. J'espère que ce camion ne va pas être immobilisé trop longtemps chez le carrossier !

TOUS ÉGAUX DEVANT LE BONUS/MALUS

Jusqu'à présent, le BONUS-MALUS était appliqué différemment selon les sociétés d'assurance. Depuis l'arrêté du 11 juin 1976, toutes sont tenues d'appliquer la même réglementation et le même barème.

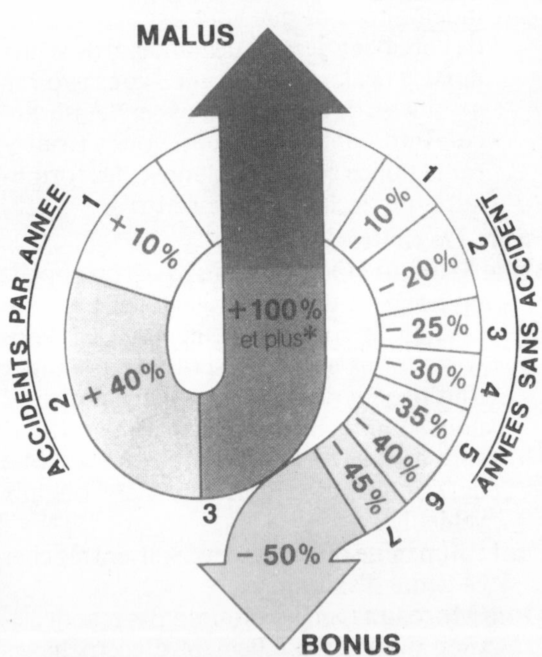

* + 100 % par accident supplémentaire.

A noter :

– 2 accidents survenant au cours de 2 années consécutives entraînent la suppression du BONUS.
Inversement, après 2 années sans accident, tout MALUS est annulé.

– Seule la responsabilité entière ou partielle de l'assuré déclenche l'application du MALUS. Aucun MALUS n'intervient si la voiture en stationnement est endommagée par un tiers. De même en cas de bris de glace, de vol ou d'incendie du véhicule.

VOCABULAIRE

être témoin : *to witness*
un témoin : *a witness*
emboutir : *to crash into...*
un blessé : *an injured person, a casualty*
le chauffeur : *the driver*
commotionné : *suffering from concussion*
des dégâts (m) : *damage*
la chaussée : *the roadway*
le frein : *the brake*
une déclaration d'accident : *an accident report*
des dommages et intérêts : *damages*
une indemnité : *compensation*
la police (d'assurance) : *the policy*
un formulaire : *a form*
un sinistre : *an accident, a disaster*
souscrire : *to sign*
tous risques : *all-in policy, comprehensive policy*
un tiers : *third party*
une prime : *a premium*
un accrochage : *minor accident, "fender bender"*
une mutuelle : *mutual insurance*
une cotisation : *dues*
M.A.A.I.F. : *Mutuelle d'Assurance Automobile des Instituteurs de France*
résilier : *to cancel, to terminate*
un délai de préavis : *term of notice*
le motif : *the cause*
la résiliation : *cancellation*
une rupture de contrat : *a breach of contract*
un incendie : *a fire, a conflagration*
le recours des voisins : *neighbors claim*
un local : *premises*
le dégât des eaux : *water damages*
le vol : *theft*
le vandalisme : *vandalism*
un système d'alarme : *a burglar alarm*
un avenant : *an additional clause, addendum*
la Sécurité Sociale : *Social Security (but the French system covers much more that the American one)*
se mutiler : *to injure, maim oneself*
une police flottante : *a floater, a floating policy*
un courtier d'assurances : *an insurance broker*
un poids-lourd : *a heavy truck*
un cambrioleur : *a burglar*
un devis de réparation : *repair cost estimate*
le carrossier : *the man in the body shop*

QUESTIONS ORALES

1. De quoi Paul a-t-il été témoin ?
2. Que doit-on faire quand il y a eu un accident ?
3. Comment appelle-t-on le contrat d'assurances ?
4. Quels sont les différents sens du mot "sinistre" ?
5. Qu'est-ce qu'une "mutuelle" ?
6. Que doit-on payer à la Compagnie d'assurances ? à la Mutuelle ?
7. Quels types de polices d'assurances connaissez-vous ?
8. Comment appelle-t-on une addition à une police d'assurances ?
9. Quels risques couvre la Sécurité Sociale ?
10. Quel est le rôle du courtier d'assurances ?

EXERCICES ECRITS

1. Ecrivez le mot ou groupe de mots qui vous paraît convenir :

1. N'étant pas satisfait des services de cette compagnie, j'ai .... mon contrat d'assurances.
   - abandonné • condamné
   - domicilié • résilié

2. En matière d'assurance, la .... est le contrat qui engage les deux parties.
   - quittance • redevance
   - police • procédure

3. L'assurance est pour l'assuré, un moyen de .... la perte de son capital.
   - se délivrer • s'obliger
   - se prévenir du risque • recouvrer

4. Une .... permet de couvrir tous les dégâts causés par votre véhicule.
   - assurance-incendie • assurance tous risques
   - assurance-vie • assurance de responsabilité civile

5. En vous appuyant sur l'un des motifs prévus au contrat, vous pouvez demander la .... d'une police d'assurance.
   - suppression • résiliation
   - résignation • finition

6. J'ai souscrit une assurance .... pour ma voiture.

- vie
- vieillesse
- obligatoire
- tous risques

7. L'assuré est tenu de déclarer .... dans les 5 jours qui suivent.

- le désastre
- le sinistre
- la catastrophe
- le risque

8. Ce cambrioleur s'est introduit par .... dans l'appartement.

- contraction
- infraction
- effraction
- extraction

9. Pour nous protéger contre les mauvais payeurs, nous avons souscrit une assurance ....

- débit
- crédit
- client
- sociale

10. En cas de perte totale, seul le prix .... servira de base de calcul pour l'indemnisation.

- de vente
- d'appel
- d'achat
- de revient

2. Trouvez trois mots de la même famille :

assurer :

3. Faites une phrase avec les mots suivants :

- Assurance - tous risques - payer - prime
- Primes - cotisations - variables
- Caisses des Mutuelles - alimenter - versements - cotisations

4. Choisissez dans la liste ci-dessous, l'expression qui convient et écrivez-la sur la ligne correspondant à sa définition :

- délai de préavis
- délai d'obtention
- délai de réflexion
- délai de paiement
- délai de garantie

.... : période au cours de laquelle le vendeur d'un article s'oblige à remettre en état ou à remplacer tout ou partie de l'article qui serait reconnu défectueux.

.... : temps qui doit être observé entre la dénonciation d'un contrat et sa fin effective.

.... : période entre le moment où un produit ou un service est facturé et celui où s'opère le règlement.

.... : période pendant laquelle il est possible, sous certaines conditions, de renoncer à sa commande.

.... : temps nécessaire pour s'approvisionner en marchandises après en avoir constaté le besoin ou l'absence.

5. Trouvez le mot qui manque dans les phrases suivantes (le même mot dans les phrases a, b, c, d et e) et faites vous-même une phrase (phrase f) en utilisant ce mot :

a. La compagnie n'a pas remboursé les gros .... subis par l'un de nos véhicules et son chargement.

b. Je pense que vous toucherez des .... et intérêts pour cet accident.

c. C'est .... que vous n'ayez pas pu voir ce spectacle exceptionnel.

d. Les .... causés par le feu sont très importants.

e. Quel .... que ce contrat nous ait échappé !

f. ....

6. Version :

1. Pourra-t-on obtenir une indemnité en cas de rupture de contrat ?
2. Depuis combien de temps votre secrétaire est-elle en congé de maladie ?
3. Renseignez-vous auprès de votre agent d'assurances.
4. La Sécurité Sociale a été instituée en 1945.
5. Le contrat était résilié depuis trois mois quand elle a eu son accident.
6. Notre agent d'assurances passera vous voir lundi prochain.
7. En cas de sinistre, l'assuré devra fournir un devis des dégâts.
8. Notre prime d'assurances vient encore d'être augmentée.
9. Avant de signer le contrat, lisez attentivement toutes ses clauses, en particulier celles qui sont écrites en petits caractères.
10. Les dommages causés par les guerres, les émeutes, la désintégration du noyau atomique et les catastrophes naturelles comme les tremblements de terre et les éruptions volcaniques, ne sont pas couverts par cette police.

7. Thème :

1. Lloyd's has always been one of the best known financial institutions in the world.
2. Simply fill in and sign the attached request form.
3. Our premises are insured against fire and theft.
4. The premium will fall due at the end of the month.
5. Total premium includes reduction of $ 36.00 as safe driver discount.
6. This policy may be cancelled during a policy period by returning the policy to us or by giving us advance written notice of the date cancellation is to take effect.
7. A multiple coverage insurance offers the best protection.
8. The cancellation should be notified by registered letter.
9. This policy shall not be valid unless countersigned by a duly authorized Agent of the Company.
10. The insurance company will send an inspector to assess the damage.

8. Correspondance :

Un début d'incendie s'est déclaré dans votre chambre. Vous avez réussi à le maîtriser, mais vous déplorez des dégâts assez considérables. Vous écrivez à votre compagnie d'assurance pour faire part du sinistre et du montant des dommages que vous avez fait estimer.

TRAVAIL A FAIRE

Vous **rédigez** cette lettre.

9. Compréhension de texte :

LE PRIX DE LA RÉPARATION AUTOMOBILE

Contrairement à une idée largement répandue dans le public, le prix de la réparation automobile ne dépend pas, pour l'essentiel, du taux horaire de main-d'œuvre pratiqué par le réparateur. Sans aller jusqu'à affirmer qu'il est totalement neutre dans le calcul de la facturation, on peut dire qu'il apparaît en trompe l'œil pour masquer les véritables raisons des hausses continues de la réparation automobile ; c'est en quelque sorte l'arbre qui cache la forêt...

Nous n'irons pas jusqu'à dire qu'il faut fuir comme la peste le réparateur qui pratique un taux horaire relativement bas car nous connaissons, surtout dans les villes de faible importance et dans les zones rurales, des réparateurs qui, avec un taux horaire de main-d'œuvre faible, font de la bonne réparation à des prix modérés, mais il faut savoir qu'un taux horaire peu élevé n'est pas forcément synonyme de réparation bon marché.

LE PIÈGE

Considérons la situation d'un réparateur qui affiche dans son établissement un taux horaire de main-d'œuvre de l'ordre de 70 à 80 F : sachant que son taux horaire de main-d'œuvre doit être approximativement le triple du salaire horaire moyen qu'il verse à ses employés, s'il veut atteindre son seuil de rentabilité il ne peut guère, dans ces conditions, faire appel à de la main-d'œuvre qualifiée qui lui coûterait trop cher ; bien au contraire, il doit, pour assurer la survie de son entreprise, se résoudre à engager des manœuvres dont la formation laisse à désirer et qui sont tout juste capables de remplacer l'aile qu'un tôlier expérimenté aurait à coup sûr redressée. Comme par ailleurs les constructeurs qui détiennent le monopole de la vente des pièces détachées — on les appelle les pièces captives — poussent à la consommation en accordant aux réparateurs, sur ces pièces, des remises de l'ordre de 40 %, le piège se referme inéxorablement sur le consommateur ; on remplace quand on aurait pu réparer et le prix sur la facture s'en ressent...

BARÈMES DE TEMPS...VARIABLES !

Que se passe-t-il lorsque l'expert intervient ! S'il s'agit d'un expert qui connaît son métier (il y a dans cette profession, comme dans toutes les autres, les bons et les mauvais) il va exiger, si cela est justifié, que l'aile abîmée soit redressée même si le réparateur propose son remplacement. Ce dernier, forcé d'en convenir, doit obligatoirement trouver des compensations ; il tente alors d'obtenir de l'expert qu'il accorde généreusement un temps de réparation supérieur à celui normalement nécessaire pour effectuer le travail. A partir de là les choses se compliquent... Il existe en France plusieurs barêmes de temps ; on n'a que l'embarras du choix. Chacun revendique bien sûr l'application de celui qui est le plus favorable à ses intérêts. Il y a d'abord les barêmes que publient les constructeurs, ceux que diffuse S.R.A. (Sécurité et Réparation Automobiles), organisme mis en place par les sociétés d'assurances pour étudier ces problèmes et ceux défendus par les deux Chambres Syndicales d'Experts. On distingue par ailleurs les barêmes dits « à fourchette » et les barêmes à temps fixe ; il s'agit dans les deux cas de prendre en compte, en sus du temps arithmétique communément admis pour chacune des opérations de remplacement, les différents facteurs susceptibles d'influer sur le résultat :
— état de vétusté du véhicule,
— nature des dégâts,
— équipement du réparateur,
— qualification et expérience du personnel,
— etc.

Nous entrons dans le domaine du subjectif et de l'arbitraire... L'importance du rôle de l'expert devient alors évidente : il doit limiter strictement les prétentions du réparateur pour éviter que les prix ne s'envolent.

Bonne route, Revue MASSIF/SMACIF (octobre 1984)

[A] **Complétez** à l'aide du texte, la fiche de synthèse ci-dessous :

1. Thème de l'article :	
2. Réalisation	publié par : ....
	au mois de : ....

3. Pourquoi dit-on que le taux horaire de main-d'œuvre est "l'arbre qui cache la forêt" ?
4. En quoi consiste le piège ?
5. Pourquoi les réparateurs préfèrent-ils souvent changer la pièce plutôt que la réparer ?
6. Que peut exiger l'expert ?
7. De quoi doit-on tenir compte en plus du temps arithmétique admis pour chacune des opérations de remplacement ?
8. Que doit faire l'expert ?

[B] **Résumez** cet article en une douzaine de lignes.

10. Jeu de rôles :

Pendant son stage en France, Paul a décidé d'acheter une auto, il est allé voir un courtier en assurance, car il désire aussi prendre une assurance pour ses biens personnels et l'appartement qu'il loue. Avant de prendre une décision, il en parle à ses camarades de travail pour connaître leur avis sur les différentes options proposées par le courtier. Vous jouerez le rôle de Paul et vos camarades de classe seront les employés du bureau.

SECURITE SOCIALE

ATTESTATION DE SALAIRE

Accident du travail ou maladie professionnelle

(NOTICE D'UTILISATION)

Madame, Monsieur,

Vous devez obligatoirement adresser la présente attestation à la CAISSE PRIMAIRE DU LIEU DE RESIDENCE HABITUELLE de la victime dès que vous avez connaissance de l'arrêt de travail ou de la rechute.
S'il s'agit d'une maladie professionnelle, remettez l'attestation à la victime.
C'est en fonction des renseignements fournis que seront calculées les indemnités journalières dues à la victime, étant précisé que si celle-ci travaille simultanément pour plusieurs employeurs, chacun d'eux est tenu de fournir la présente attestation.

é versés) y
te période

emaines,
nent, ou à
s réglé au
it pas con-
s frais pro-
us du taux

VERSES

ès et d'une
itre et sus-
t 1983. Il a
laquelle la
nc 1/12 de
83) pour le
s) motif(s)
, chômage
vice natio-
ence. Dans
alaire affé-
e inférieur
à considé-
égorie.
dans lequel
res dues à
al aux dites
ndemnités.

e Directeur
se Primaire
ce Maladie

cerfa

N° 60-3683

ATTESTATION DE SALAIRE

Accident du travail ou maladie professionnelle

SECURITE SOCIALE

(Livre IV du Code de la Sécurité Sociale) (Notice d'utilisation : voir au verso)

ATTENTION : Dans le cas d'un accident avec arrêt de travail, les zones «EMPLOYEUR» et «VICTIME» peuvent être remplies par duplication avec la liasse de la déclaration d'accident du travail S 6200.

EMPLOYEUR

Nom, prénom ou raison sociale

Adresse

Code postal — N° Téléphone

ETABLISSEMENT D'ATTACHE PERMANENT DE LA VICTIME

(le chantier n'est jamais considéré comme établissement d'attache permanent)

Adresse

Code postal — N° Téléphone

N° de SIRET de l'établissement

Code de Sécurité sociale (à 5 chiffres) d'activité professionnelle figurant sur la notification du taux applicable à l'activité dans laquelle est comptabilisé le salaire de la victime

RESERVE CPAM

CPAM

VICTIME

N° d'immatriculation

A défaut — Sexe — date de naissance

Nom, prénom

(suivi, s'il y a lieu, du nom d'époux)

Adresse

Code postal

Nationalité ☐ Française ☐ C.E.E. ☐ Autre

Date d'embauche — Profession

Qualif. profession. — Ancienneté dans le poste

L'accident a-t-il fait d'autres victimes ? ☐ oui ☐ non

RENSEIGNEMENTS RELATIFS A L'ARRET DE TRAVAIL

Date de l'accident

Date de l'arrêt de travail

Motif de l'arrêt ☐ Accident du travail ☐ Maladie professionnelle

Date de reprise du travail ou ☐ non repris à ce jour

SALAIRE DE REFERENCE (en fonction de la date de l'arrêt de travail)

Ⓐ Salaire de base et accessoires du salaire, de la période de référence	SALAIRE DE BASE				ACCESSOIRES DU SALAIRE						
	Date d'échéance de la paie	Période du	au	Montant brut	Avantages en nature et pourboires non inclus dans le salaire brut de base	Indemnités, primes, gratifications, versées avec la même périodicité que le salaire brut de base et non inclus dans celui-ci	Cotisations patronales à un régime complémentaire ou de prévoyance — Taux	montant	Frais profes. Soumis à cotisations	Déd. sup. %	Montant de la cotisation ouvrière calculée sur le salaire sous plafond
	1	2	3	4	5	6	7		8		9

Ⓑ Rappels de salaire et d'accessoires du salaire, accessoires du salaire versés avec une périodicité différente de celle du salaire de base	Date de versement	Période à laquelle se rapporte le versement du	au	Montant brut	Ⓒ Cas où la période de référence n'a pas été entièrement accomplie	Interruption du travail — Motif	Période du	au	S'il s'agit d'une interruption autorisée — La victime a-t-elle bénéficié d'un maintien de salaire ?	Si la victime a subi une perte de salaire, indiquez le salaire brut perdu
	10	11	12	13		14	15	16	17 ☐ OUI ☐ NON — si OUI, précisez : ☐ INTEGRAL ☐ PARTIEL	18

Ⓓ Cas particuliers

Salaire minimum des apprentis ou stagiaires et des salariés de moins de 18 ans :

→ pour les apprentis précisez le n° et la date du contrat :

DEMANDE DE SUBROGATION DE L'EMPLOYEUR

La victime bénéficiera-t-elle du maintien de salaire au cours de l'arrêt de travail consécutif à l'accident ? ☐ OUI ☐ NON

si oui, précisez : ☐ INTEGRAL ☐ PARTIEL

Période maximale pendant laquelle l'employeur demande la subrogation :

N° de compte postal ou bancaire de l'employeur et intitulé :

SIGNATURE DE L'ASSURE autorisant l'employeur à percevoir les indemnités journalières pour la période indiquée ci-dessus :

Nom, prénom du signataire
Qualité

Fait à *le*

Signature

CETTE ATTESTATION SERA CONSERVEE PAR LA CAISSE EN VUE DES VERIFICATIONS NECESSAIRES

8.84 CPAM 00.06202.6

A. DUBOIS FILS
Commerce de bois et charbon
13, rue du Fourneau
RIOM (Puy-de-Dôme)
Tél. 12-85

Riom, le 30 juillet 1986

Société d'Assurance "l'Accident"
35, rue Neuve - LYON

Police Auto n° 5.143.722
Avenant de contre-assurance n° 233.126

DECLARATION D'ACCIDENT

Messieurs,

J'ai l'honneur de vous informer que mon camion 5 tonnes, marque Berliet, n° 3229 RV 63, est entré hier en collision avec une voiture particulière.

Il est résulté de cette collision de gros dommages matériels de part et d'autre. De plus, un de nos employés a été blessé, tandis que deux personnes dans la voiture adverses étaient légèrement contusionnées.

- Date : 27 juillet 1986
- Heure : 17 heures

Il faisait jour et le temps était sec.

- Lieu : Croisement de la route départementale D 60 E prolongée par la D 80, allant de SAINT-PRIEST à VERGHEAS, et de la R.D. 13 allant de ESPINASSE à CHARENSAT.

Le croisement est signalé sur les deux routes par un panneau d'intersection sans priorité particulière :

- Conducteur de mon camion : M. Jean LEFEVRE, âgé de 37 ans Permis, catégorie C, n° 219.301, délivré le 3 mars 1969 par la préfecture de Versailles.
- Véhicule adverse : voiture de tourisme, conduite intérieure, marque Peugeot n° 5478 QT 69, 8 CV.

- Assurance : Police n° 3.721.368, à la Compagnie "Le Pare-Choc", 25 rue de la Tour à LYON
- Conducteur du véhicule adverse : M. Paul LOUIS, représentant, 131 avenue du Général-Hoche, à LYON
- Propriétaire du véhicule adverse : P. Paul LOUIS, représentant, 131 avenue du Général-Hoche, à LYON

L'accident s'est produit de la façon suivante :

- Mon camion circulait sur la route départementale 60 E, venant de SAINT-PRIEST, pour effectuer une livraison à VERGHEAS.

Arrivé au croisement avec la départementale 13, mon chauffeur ralentit et klaxonna, puis s'engagea dans le carrefour, au moment où arrivait de sa droite, à vive allure, allant vers CHARENSAT et venant d'ESPINASSE, la voiture Peugeot ; à noter que la visibilité est masquée par une maison (Café LEROY), à l'angle des deux routes.

Mon camion allait au pas ; on a relevé des traces de freinage de 1 mètre derrière ses roues. La Peugeot laissa 25 mètres de traces de freinage.

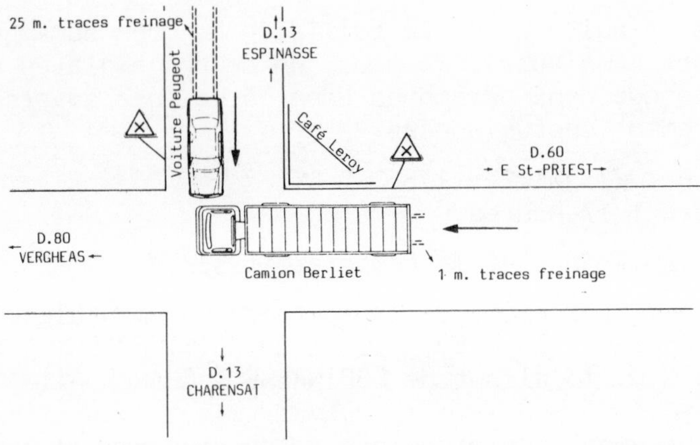

Le choc se produisit entre l'avant de la "Peugeot" et le côté de la cabine du camion.

Mon chauffeur était accompagné d'un de mes employés M. Gaston LEFORT, qui devait l'aider au déchargement. M. LEFORT a été blessé au bras droit (fracture possible). (Il s'agit pour lui d'un accident de travail, et j'ai fait la déclaration à la Sécurité Sociale).

M. LEFORT a été transporté à l'hôpital de RIOM par un automobiliste de passage, le Docteur MEDECIN, de RIOM.

Mon chauffeur n'a pas été blessé.

Le conducteur de la voiture légère et son passager ont été légèrement commotionnés mais ont refusé tout soin.

La gendarmerie de RIOM, appelée par téléphone par le cafetier M. LEROY, est rapidement arrivée sur les lieux et a procédé aux constatations d'usage.

Les seuls témoins sont les personnes transportées, à savoir :

- dans mon véhicule :
  M. Gaston LEFORT, 34 rue Grande à RIOM
- dans la voiture Peugeot :
  M. Henri GERARD, Industriel, 177 quai des Augustins
  LYON.

- Blessés :
  - dans le camion Berliet :
    M. Gaston LEFORT, né le 28 mars 1940
    3, rue Grande, à RIOM
    Employé manutentionnaire

    Fracture probable du bras droit

  - dans la voiture Peugeot
    M. Paul LOUIS, représentant
    131, avenue Général-Hoche, à LYON

    Contusions légères - refus de soins.

    M. Henri GERARD, industriel
    177, quai des Augustins, LYON

    Contusions légères - refus de soins.

- Dégâts matériels
  - à mon véhicule :
    Côté avant droit, cabine enfoncée
  - à la voiture Peugeot :
    Tout l'avant détérioré.

Je vous serais reconnaissant de faire le nécessaire pour que mon camion soit expertisé le plus rapidement possible.

L'expert voudra bien téléphoner pour prendre rendez-vous au 73.24.12.85 à RIOM.

Veuillez agréer, Messieurs ...

11. Notes sur la lecture :

contusionné : meurtri par un objet dur, il n'y a pas de sang visible.
le carrefour : l'intersection de deux routes.
l'allure : la vitesse.
masqué : caché.
le cafetier : le commerçant qui tient un café.
une expertise : rapport d'un expert.

constat amiable d'accident automobile

Ne constitue pas une reconnaissance de responsabilité, mais un relevé des identités et des faits, servant à l'accélération du règlement

à signer obligatoirement par les DEUX conducteurs

1. date de l'accident | heure

2. lieu (pays, n° dépt, localité)

3. blessé(s) même léger(s) non ☐ oui ☐ *

4. dégâts matériels autres qu'aux véhicules A et B non ☐ oui ☐ *

5. témoins noms, adresses et tél. (à souligner s'il s'agit d'un passager de A ou B)

véhicule A

6. assuré souscripteur *(voir attest. d'assur.)*

Nom (majusc.)

Prénom

Adresse *(rue et n°)*

Localité *(et c. postal)*

N° tél.*(de 9 h. à 17 h.)*

L'Assuré peut-il récupérer la T.V.A. afférente au véhicule ? non ☐ oui ☐

7. véhicule

Marque, type

N° d'immatr. (ou de moteur)

8. sté d'assurance

N° de contrat

Agence *(ou bureau ou courtier)*

N° de carte verte *(Pour les étrangers)*

Attest. ou carte verte } valable jusqu'au

Les dégâts matériels du véhicule sont-ils assurés ? non ☐ oui ☐

9. conducteur *(voir permis de conduire)*

Nom (majusc.)

Prénom

Adresse

Permis de conduire n°

catégorie (A,B,...) — délivré par

le

permis valable du — au

(pour les catégories C, C1, D, E, F et les taxis)

10. Indiquer par une flèche (→) le point de choc initial

11. dégâts apparents

14. observations

12. circonstances

Mettre une croix (x) dans chacune des cases utiles pour préciser le croquis.

A			B
☐	1	en stationnement	1 ☐
☐	2	quittait un stationnement	2 ☐
☐	3	prenait un stationnement	3 ☐
☐	4	sortait d'un parking, d'un lieu privé, d'un chemin de terre	4 ☐
☐	5	s'engageait dans un parking, un lieu privé, un chemin de terre	5 ☐
☐	6	s'engageait sur une place à sens giratoire	6 ☐
☐	7	roulait sur une place à sens giratoire	7 ☐
☐	8	heurtait l'arrière de l'autre véhicule qui roulait dans le même sens et sur la même file	8 ☐
☐	9	roulait dans le même sens et sur une file différente	9 ☐
☐	10	changeait de file	10 ☐
☐	11	doublait	11 ☐
☐	12	virait à droite	12 ☐
☐	13	virait à gauche	13 ☐
☐	14	reculait	14 ☐
☐	15	empiétait sur la partie de chaussée réservée à la circulation en sens inverse	15 ☐
☐	16	venait de droite (dans un carrefour)	16 ☐
☐	17	n'avait pas observé un signal de priorité	17 ☐
☐		◀ **indiquer le nombre de cases marquées d'une croix** ▶	☐

13. croquis de l'accident

Préciser : 1. le tracé des voies – 2. la direction (par des flèches) des véhicules A,B – 3. leur position au moment du choc – 4. les signaux routiers – 5. le nom des rues (ou routes).

15. signature des conducteurs

A B

véhicule B

6. assuré souscripteur *(voir attest. d'assur.)*

Nom (majusc.)

Prénom

Adresse *(rue et n°)*

Localité *(et c. postal)*

N° tél.*(de 9 h. à 17 h.)*

L'Assuré peut-il récupérer la T.V.A. afférente au véhicule ? non ☐ oui ☐

7. véhicule

Marque, type

N° d'immatr. (ou de moteur)

8. sté d'assurance

N° de contrat

Agence *(ou bureau ou courtier)*

N° de carte verte *(Pour les étrangers)*

Attest. ou carte verte } valable jusqu'au

Les dégâts matériels du véhicule sont-ils assurés ? non ☐ oui ☐

9. conducteur *(voir permis de conduire)*

Nom (majusc.)

Prénom

Adresse

Permis de conduire n°

catégorie (A,B,...) — délivré par

le

permis valable du — au

(pour les catégories C, C1, D, E, F et les taxis)

10. Indiquer par une flèche (→) le point de choc initial

11. dégâts apparents

14. observations

* En cas de blessures ou en cas de dégâts matériels autres qu'aux véhicules A et B, relever les indications d'identité, d'adresse, etc.

Ne rien modifier au constat après les signatures et la séparation des exemplaires des 2 conducteurs

Voir déclaration de l'Assuré au verso ➡

déclaration

à remplir par **l'assuré** et à transmettre dans les **cinq** jours à son assureur
(dans les 24 heures en cas de vol du véhicule)

1. nom de l'assuré ______ Profession ______ nº tél. ______
(Le Souscripteur)

2. circonstances de l'accident :

______

CROQUIS (seulement s'il n'a pas déjà été fait sur le constat au recto)

Désigner les véhicules par A et B conformément au recto.

Préciser : 1. le tracé des voies - 2. la direction (par des flèches) des véhicules A.B - 3. leur position au moment du choc - 4. les signaux routiers - 5. le nom des rues (ou routes).

3. A-t-il été établi un **procès-verbal de gendarmerie** ? OUI ☐ NON ☐ **un rapport de police** ? OUI ☐ NON ☐

Si oui : Brigade ou Commissariat de ______

4. conducteur du véhicule assuré : Est-il le conducteur habituel du véhicule ? .... OUI ☐ NON ☐

Réside-t-il habituellement chez l'Assuré ? OUI ☐ NON ☐ Est-il célibataire? .... OUI ☐ NON ☐

Date de naissance ______ Est-il salarié de l'Assuré ? OUI ☐ NON ☐

Sinon à quel titre conduisait-il ? ______

5. véhicule assuré : Lieu habituel de garage ______

Quel était le motif du déplacement ? ______

EXPERTISE des DÉGATS : Garage où le véhicule sera visible ______

Quand ? ______ Éventuellement téléphoner à : ______

Si le véhicule
- a été **volé**, indiquer son numéro dans la série du type (voir carte grise) ______
- est **gagé** : nom et adresse de l'Organisme de crédit ______
- est un **poids lourd** : poids total en charge ______
- était **attelé** à un autre véhicule (tractant ou remorqué) au moment de l'accident, indiquer le nº d'immatriculation de **cet autre** véhicule : ______ poids total en charge : ______
  nom de la Société qui l'assure : ______ nº police dans cette Société : ______

6. dégâts matériels autres qu'aux véhicules **A et B** (nature et importance ; nom et adresse du propriétaire) :

______

7. blessé(s) NOM		
Prénom et âge		
Adresse		
Profession		
Degré de parenté avec l'assuré ou le conducteur		
Est-il salarié de l'assuré ?	OUI ☐ NON ☐	OUI ☐ NON ☐
Nature et gravité des blessures		
Situation au moment de l'accident *(conducteur, passager avant ou arrière du véhicule A ou B cycliste, piéton)*		
Portait-il casque ou ceinture ?	OUI ☐ NON ☐	OUI ☐ NON ☐
1ers soins ou hospitalisation à		

A ______ le ______ 19 ______

Signature de l'Assuré :

10. La publicité

Paul : Monsieur, regardez cette publicité que le magazine Le Point a envoyé à un de mes amis. C'est génial !

Perrier : Oui, c'est excellent. Savez-vous que les TROIS BELGES ont fait appel à ce même dessinateur de B.D. pour la publicité des kits, pour illustrer la façon de monter les meubles, et c'est plein d'humour...
D'après les derniers sondages leurs ventes de kits — et par conséquent les nôtres — ont quadruplé depuis qu'ils publient cette annonce. Mais vous savez qu'ils ont un gros budget pour la publicité afin de promouvoir leurs articles et qu'ils font aussi appel à d'autres supports. Avez-vous vu le film de Jean Mineur sur ces fameux kits ? Un coup de baguette magique et toutes les pièces viennent se placer là où il faut et le meuble est terminé... un jeu d'enfant !

Paul : Non, je n'ai pas vu ce film, mais j'ai vu un spot publicitaire à la télé : la vieille dame qui s'installe dans son salon pour monter ses meubles de jardin et qui dit : "Eh bien, je pourrai dire à mon petit-fils que je n'ai pas eu besoin de lui pour faire cela, et moi, je n'ai jamais joué avec un Mécano dans ma jeunesse !"

Perrier : Oui, et vous avez remarqué que toute cette gamme de meubles est très photogénique, j'espère !

Paul : Oui, c'est très joli... même à côté de meubles Louis XV ! Mais quand la vieille dame installe son salon de jardin sur cette terrasse qui domine tout Paris, cela fait rêver...
La télévision est un des médias les plus puissants et les plus persuasifs, beaucoup plus qu'un catalogue ou une brochure. En fait, j'aime bien la pub à la télé française car cela n'interrompt jamais les émissions comme aux Etats-Unis.

Perrier : Oui, vous avez raison, mais j'aime aussi beaucoup les catalogues, les dépliants... L'image s'évanouit sur l'écran, tandis que la reproduction reste dans le catalogue avec tous les renseignements pertinents : dimensions, couleurs, prix, délai de livraison, etc.

Paul : Mais le mieux, c'est encore de voir l'objet lui-même ! A ce propos, j'ai vu dans le métro des affiches annonçant l'ouverture de la Foire de Paris, est-ce que nous exposons ?

Perrier : Mon cher, les grands esprits se rencontrent ! J'allais justement vous proposer d'aller à notre stand pendant la durée de la Foire, c'est une très importante manifestation à laquelle nous participons chaque année, cela nous permet de prendre des contacts avec des clients éventuels, et même de trouver des fournisseurs nouveaux parmi les exposants. Il est toujours bon d'entretenir son image de marque !
Pendant la durée de la Foire, nous accordons, en plus de la remise spéciale "Foire de Paris", des prix de lancement pour nos nouveaux articles, les meubles "informatiques" qui permettent de loger les micro-ordinateurs, les écrans, les claviers et les imprimantes et qui possèdent des tiroirs fermant à clé pour assurer la protection des disquettes.
Nous comptons aussi exposer ces meubles au S.I.C.O.B. en plus de la gamme des bureaux "Ministre".

Paul : Tous ces salons, ces foires, ces expositions permettent de créer un véritable réseau de contacts, de distribuer des tonnes de prospectus et de circulaires pour attirer l'attention des visiteurs sur les articles, mais est-ce que c'est rentable ?

Perrier : Sans aucun doute. Il est d'ailleurs difficile d'obtenir une place disponible, ou un nouveau stand bien placé pour un nouvel exposant, ce qui en dit long sur le succès de ces manifestations. Le nombre impressionnant de visiteurs n'est pas non plus à négliger. Certains viennent de l'autre bout de la France pour voir les nouveaux modèles, emporter quelques échantillons, goûter de nouveaux produits, et passer commande à la Foire, pour profiter des réclames et épargner ainsi quelques centaines de francs...

Paul : Oui, c'est juste, je me souviens que mon professeur de français disait que les congressistes allaient toujours voir les éditeurs-exposants dans les congrès pour découvrir les nouveautés, mais aussi pour obtenir des specimens gratuits ou bénéficier des remises spéciales sur le prix des livres, ou d'abonnements à prix réduit pour des magazines ou des revues.

Perrier : Ce qui m'a beaucoup frappé aux Etats-Unis, c'est le nombre de ventes-réclames ou de soldes ! Pour le 4 juillet, pour les anniversaires des Présidents, pour Thanksgiving, pour Noël bien sûr, pour Memorial Day, et je suis certain d'en oublier ! Ici, nous avons des soldes de fins de série, ou d'inventaires, et des prix spéciaux de lancement, mais c'est à peu près tout.

Paul : Est-ce que vous faites appel à des publicitaires pour organiser vos campagnes ?

Perrier : Au début, nous faisions notre publicité nous-mêmes, nous cherchions des slogans, nous préparions nos annonces et nous achetions de l'espace dans les différents journaux et périodiques pour publier nos réclames. Mais maintenant nous utilisons les services d'une agence de publicité et... je dois avouer que le rendement est nettement supérieur... En fait, notre budget publicité, s'il est plus élevé qu'autrefois, est loin d'être une dépense inutile, les ventes réalisées grâce à la publicité nous ont permis de baisser nos prix et... donc de vendre encore plus.

Paul : Vous n'avez pas de service de relations publiques ? Je ne sais plus qui a comparé ce service pour l'entreprise au syndicat d'initiative pour une ville...

Perrier : Non, car nous ne faisons pas "visiter" et les différents vendeurs prennent directement soin des gens qui viennent au magasin. D'autre part, nous n'avons pas vraiment de relations avec la presse, et comme vous avez pu le constater vous-même, nos clients comme les TROIS BELGES ou CROISEMENT font énormément de publicité, dont nous bénéficions indirectement...

Paul : Pour récapituler, on peut dire que nous utilisons presque toutes les formes de publicité, le film de Jean Mineur est une excellente **publicité de lancement** pour les kits ; l'envoi ou la distribution des circulaires, des dépliants, des catalogues constitue la **publicité directe** ; à la Foire de Paris, puisque les clients éventuels peuvent voir, toucher, essayer les meubles, c'est de la **publicité naturelle** ; mais pendant la durée de la Foire, on fait aussi de la **publicité de rendement** pour vendre le plus d'articles pendant un temps déterminé. En fait, on peut même parler de **publicité de prestige** avec la distribution de porte-clefs, de stylos, de briquets publicitaires car cela entretient dans l'esprit du public le nom, la raison sociale de la maison. Il n'y a guère que pour la **publicité collective** que je n'arrive pas à trouver d'exemples...

Perrier : C'est plutôt pour les denrées alimentaires que l'on fait de la publicité collective. Les producteurs s'associent pour payer une campagne publicitaire collective ayant pour but de faire vendre rapidement leurs récoltes par exemple. Vous vous souvenez peut-être de ces slogans : "Des pêches... et vous" ou "On a toujours besoin de petits pois chez soi."

Paul : Non, je ne connaissais pas ces slogans... Mais, c'est curieux, le second me rappelle quelque chose de familier...

Perrier : "On a souvent besoin d'un plus petit que soi." ?

Paul : Oui, c'est cela, la fable de La Fontaine Le Lion et le rat !

Perrier : Excellent, n'est-ce pas ! Et cela vient se superposer dans le subconscient à cet alexandrin appris par cœur dans l'enfance.

Le Salon du Livre au Grand Palais à Paris

VOCABULAIRE

la publicité : *advertising, advertisement, an ad*
une B.D. (bande dessinée) : *a cartoon, a comic*
un sondage : *a poll, a survey*
une annonce : *an ad*
promouvoir : *to promote*
un support : *a medium*
un spot publicitaire : *a short commercial*
les médias (f) : *the media*
un catalogue : *a catalog*
une brochure : *a catalog*
la pub : *short for "publicité"*
un dépliant : *a folder, a leaflet*
un écran : *a screen*
une affiche : *a poster*
une foire : *a fair*
exposer : *to exhibit*
un stand : *a booth*
une manifestation : *an exhibition, a show*
prendre des contacts : *to make contacts*
un exposant : *an exhibitor*
une image de marque : *a brand/corporate image*
une remise : *a discount*
un prix de lancement : *an introductory offer/price*
un micro-ordinateur : *a personal computer*
un écran : *a monitor*
un clavier : *a keyboard*
une imprimante : *a printer*
une disquette : *a diskette*
S.I.C.O.B. : *Salon des Industries du Commerce et de l'Organisation du Bureau*
un salon : *a show*
une exposition : *a show, an exhibit (of goods)*
un réseau : *a network*
un prospectus : *a hand-out, a flyer, a leaflet*
une circulaire : *a circular (letter)*
une place disponible : *available space, a vacancy*
un visiteur : *a visitor*
un échantillon : *a sample*
une réclame : *a special offer*
épargner : *to save*
un congressiste : *a convention participant*
un specimen : *a complimentary copy*
un abonnement : *a subscription*
une vente-réclame : *a bargain sale*
des soldes (m) : *sales, stocking sales, end-of-season sales*
un publicitaire : *an ad-man*
une campagne (publicitaire) : *an advertising campaign, a publicity drive*
un slogan : *a slogan*
un périodique : *a periodical, a magazine*
une agence de publicité : *an advertising agency*
le service de relations publiques : *public relations*
un syndicat d'initiative : *a tourist information office*
une denrée : *produce, commodity*

QUESTIONS ORALES

1. Que peut-on faire pour promouvoir un produit ?
2. Quels sont les supports publicitaires que vous connaissez ?
3. Quelle différence faites-vous entre un catalogue, une brochure, un dépliant et un prospectus ?
4. Comment appelle-t-on une grande exposition commerciale périodique où des branches variées de l'industrie et du commerce sont représentées ?
5. Comment appelle-t-on une exposition commerciale où seul un secteur industriel et/ou commercial bien défini est représenté ?
6. Comment appelle-t-on l'emplacement que les exposants louent pour montrer leurs produits aux visiteurs ?
7. Que distribue-t-on aux consommateurs pour leur permettre d'essayer ou de goûter un nouveau produit ?
8. Qu'entend-on par le mot "soldes" ? Quand en fait-on en France ? aux Etats-Unis ?
9. Quel est le rôle d'une agence de publicité ?
10. A votre avis, quelles sont les entreprises qui ont besoin d'un service de relations publiques ?

EXERCICES ECRITS

1. Ecrivez le mot ou l'expression qui vous paraît convenir :

1. La radio et la télévision constituent de nos jours le principal . . . . de la diffusion de l'information.
   - récepteur
   - objectif
   - support
   - code
2. La publicité contribue à l' . . . . du prix de revient quand elle augmente les ventes d'un produit.
   - abaissement
   - affaissement
   - élévation
   - élargissement
3. Les relations . . . . ont pour objet de créer des liens étroits entre l'entreprise et sa clientèle.
   - sociales
   - publiques
   - humaines
   - privilégiées

4. Chaque année, nous éditons une .... qui présente à nos clients l'ensemble de nos campagnes publicitaires.
- couverture
- participation
- exposition
- brochure

5. Pour .... nos produits, nous faisons de de plus en plus appel à la publicité.
- percevoir
- acheter
- promouvoir
- concevoir

6. C'est .... de Lyon qu'on expose les biens d'équipement.
- à la messe
- au marché
- au salon
- à la foire

7. L'action publicitaire qui devait .... ce nouveau produit a été un grand succès.
- justifier
- légaliser
- lancer
- léser

8. Nous prions instamment nos annonceurs d'avoir l'............. de répondre à toutes les lettres qu'ils reçoivent.
- attention
- obligeance
- obligation
- honneur

9. A Biarritz, plus de 1 500 ...., représentant des entreprises de l'industrie et du commerce, ont assisté au 25e festival national du film d'entreprise.
- manifestants
- congressistes
- estivants
- parlementaires

10. Le but de la publicité est .... les clients à acheter.
- d'exciter
- d'exposer
- d'inciter
- d'imposer

2. Mettez au pluriel les phrases suivantes :

1. Le catalogue te sera adressé gratuitement sur demande.
2. Un succès publicitaire n'est pas forcément un succès de vente.
3. Le commerçant organise un jeu publicitaire qui permettra au gagnant de recevoir un cadeau.

3. Associez chacun des termes ci-dessous à l'une des définitions proposées :

- brochure
- prospectus
- catalogue
- tarif
- dépliant

— .... : liste de prix d'articles proposés par un fournisseur.

— .... : imprimé publicitaire consistant en une feuille pliée plusieurs fois.

— .... : livret publicitaire consacré, par exemple, à la présentation d'un nouvel article.

— .... : feuillet publicitaire présentant un ou plusieurs articles.

— .... : livret décrivant les articles proposés par un fournisseur.

4. Bâtissez une phrase en employant les mots ou groupes de mots suivants :

Catalogue - publicité - rentrée scolaire.

Plaisir - informer - lancer - nouvelle collection - meubles - bureau.

5. Version :

1. Je vous donnerai les résultats de ce sondage dès que je les connaîtrai.
2. Le Salon International de l'Alimentation est au premier rang des manifestations internationales.
3. Exposants et visiteurs savent qu'ils pourront y prendre des contacts nombreux.
4. Avez-vous acheté la machine à écrire qui est actuellement en réclame ?
5. Les publicitaires consacrent beaucoup de temps et d'argent pour essayer de déterminer si les résultats de tous leurs efforts sont effectifs.
6. C'est le syndicat d'initiative de Paris qui m'a fait parvenir cette brochure.
7. Parmi les visiteurs étrangers dont le nombre s'est accru de 8 % par rapport à l'an dernier, on a remarqué de nombreux industriels japonais.
8. Cette rencontre internationale commence après-demain et va durer quatre jours.
9. Du 8 au 15 mars 1981, Paris redeviendra l'annuelle capitale mondiale de l'agriculture avec le 18e Salon International de l'Agriculture.
10. Le Palais des Expositions de Grenoble permet sur un seul niveau de présenter un salon homogène.

6. Thème :

1. You will find enclosed a copy of our latest catalogue giving full detail of our activities.
2. As a new subscriber to the International Herald Tribune you can save up to 46 % of the newsstand price, depending on your country of residence.
3. For details on the special introductory offer, write the International Herald Tribune Subscriptions Department.
4. Attention Businessmen : Publish you message in this newspaper, where more than a third of a million readers worldwide, most of whom are in business and industry, will read it.
5. Just telex us before 10 a.m., ensuring that we can telex you back and your message will appear within 48 hours.
6. We enclose a copy of our catalogue showing the products currently handled as well as a brief write-up on the history and development of our company.
7. Paying guests welcomed on luxurious house-boat at Chelsea, London. Some vacancies for July and August from £ 75 per week.
8. We will place at your disposal our network.
9. The new issue of our catalogue will be mailed to you shortly.
10. Our brand image keeps improving.

7. Correspondance :

[1] Une entreprise d'appareils électro-ménagers qui vous emploie animera, cette année, un stand au Salon des Arts Ménagers à Paris. C'est la première fois qu'elle est appelée à participer à cette importante manifestation annuelle oú il s'agit de mettre en valeur ses produits et de présenter les nouveautés.

TRAVAIL A FAIRE

Vous êtes chargé(e) de **rédiger une lettre-circulaire** à l'intention des principaux clients de cette entreprise. Cette lettre-circulaire aura pour but de les informer et de les inviter à vous rendre visite. Une carte d'entrée gratuite y sera jointe.

[2] Vous souhaitez vous rendre au Salon des Luminaires qui aura lieu du 10 au 16 mars prochain.

TRAVAIL A FAIRE

Vous **écrivez** au Comité directeur de ce Salon pour demander la liste des exposants et des différents catalogues de cette manifestation.

PALAIS DE CHAILLOT

MUSEE DE L'HOMME

Restaurant **"LE TOTEM"**

Esplanade du Trocadéro - 75016 PARIS

La plus belle
terrasse panoramique de Paris

Conditions spéciales pour les groupes

• Réceptions • Cocktails • Mariages

10 h à 24 h

ouvert le dimanche, fermeture le mardi

[3] Intéressé(e) par l'annonce ci-dessus parue dans la presse et désireux(se) de fêter agréablement un événement, vous **écrivez** au restaurant :
• pour retenir une table en donnant les renseignements nécessaires,
• pour demander les précisions que vous jugez utiles.

[4] Vous avez relevé l'annonce suivante dans le journal France-Soir du 20 décembre :
"Alpes Haute-Provence Praloup. Station ski. Appartement 6 pers. Studio 4 pers. Petit studio 2 pers. Location sem. ou quinzaine. Ecrire à M. LEGRAND, 24 Grande Rue, 04300 Forcalquier."

TRAVAIL A FAIRE

Vous êtes intéressé(e) par ces propositions. Vous **écrivez** pour demander toutes les précisions que vous souhaitez obtenir en vue d'une location éventuelle correspondant à vos besoins.

[5] Après un stage professionnel de plusieurs mois dans une entreprise française de province, vous envisagez de vous offrir une détente. L'annonce suivante retient votre attention :

"L'Agence **MONDOVISION**
vous propose des voyages à la carte
et sur brochure
l'Egypte avec **EGYPTOUR**
la Grèce avec **GRECORAMA**
la Méditerranée avec **ORIENTALES...**
Pour toutes destinations, nous orienterons votre choix vers les meilleurs programmes des sociétés spécialisées.

Nous pouvons tenir à votre disposition toutes réservations et billets de train et avion, voitures, hôtels, spectacles,...
Nous livrons à domicile."

TRAVAIL A FAIRE

Selon vos goûts, vous **écrivez** à MONDOVISION, 124 rue de Rivoli, Paris 4e, pour obtenir précisément toute la documentation nécessaire à un voyage éventuel.

[6] ELECTRONIC, l'entreprise d'appareils électro-ménagers qui vous emploie animera du 10 au 16 mars prochain, un stand au Salon des Arts Ménagers à Paris. C'est la première fois qu'elle est appelée à participer à cette importante manifestation annuelle où il s'agit de mettre en valeur ses produits et de présenter les nouveautés.
Vous êtes chargé(e) de concevoir une carte d'invitation destinée aux clients de l'entreprise ; cette carte a pour but de les informer et de les inviter à vous rendre visite sur le stand. Elle donne droit à l'entrée gratuite au Salon des Arts Ménagers.

Rédigez et présentez la carte d'invitation :

Par ailleurs, vous adressez au Comité directeur de ce Salon un chèque de 75 492 francs accompagné d'une carte de visite confirmant la réservation du stand B-024.

Etablissez le chèque et **écrivez** les quelques mots d'accompagnement sur la carte de visite (fac-similé p. 167).

[7] Vous vous chargez, pour un groupe de compatriotes, d'organiser la visite des Etablissement PERNOD, 120, Avenue du Maréchal Foch, 94015 CRETEIL CEDEX.
Ecrivez au service des Relations Extérieures pour formuler votre demande et donner toutes les précisions utiles.

[8] Une entreprise de votre pays, où vous travaillez comme stagiaire, participe pour la première fois à une importante foire exposition annuelle qui se tient dans la capitale.
On vous charge d'**inviter,** par lettre personnalisée, les principaux clients français de l'entreprise, en justifiant des raisons essentielles de cette invitation.

[9] M. BOUGEAUD, Directeur Technique dans votre entreprise (la Société S.M.W., 145 rue Jules Verne, 44000 NANTES), a l'intention de se rendre au salon professionnel LOGISTIC à Bordeaux. Il souhaite y passer les mardi et mercredi 16 et 17 septembre et assister à la journée franco-espagnole.

Remplissez le coupon d'inscription au salon.

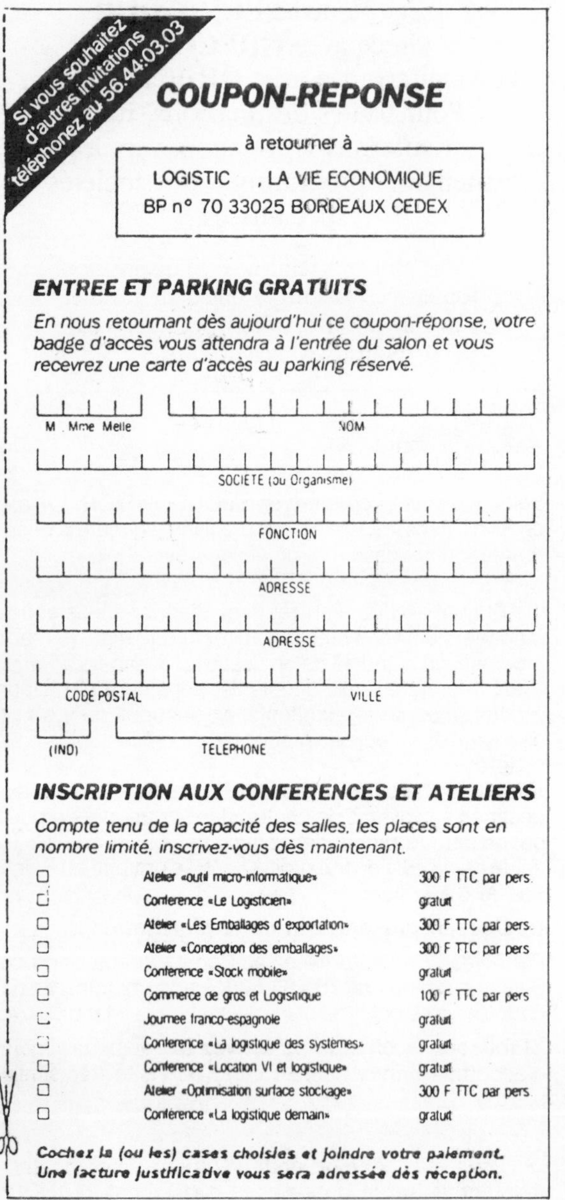

Si vous souhaitez d'autres invitations téléphonez au 56.44.03.03

COUPON-REPONSE

à retourner à

LOGISTIC , LA VIE ECONOMIQUE
BP n° 70 33025 BORDEAUX CEDEX

ENTREE ET PARKING GRATUITS

En nous retournant dès aujourd'hui ce coupon-réponse, votre badge d'accès vous attendra à l'entrée du salon et vous recevrez une carte d'accès au parking réservé.

M . Mme Melle ______ NOM ______

SOCIETE (ou Organisme) ______

FONCTION ______

ADRESSE ______

ADRESSE ______

CODE POSTAL ______ VILLE ______

(IND) ______ TELEPHONE ______

INSCRIPTION AUX CONFERENCES ET ATELIERS

Compte tenu de la capacité des salles, les places sont en nombre limité, inscrivez-vous dès maintenant.

- ☐ Atelier «outil micro-informatique» — 300 F TTC par pers.
- ☐ Conférence «Le Logisticien» — gratuit
- ☐ Atelier «Les Emballages d'exportation» — 300 F TTC par pers.
- ☐ Atelier «Conception des emballages» — 300 F TTC par pers.
- ☐ Conférence «Stock mobile» — gratuit
- ☐ Commerce de gros et Logistique — 100 F TTC par pers.
- ☐ Journée franco-espagnole — gratuit
- ☐ Conférence «La logistique des systèmes» — gratuit
- ☐ Conférence «Location VI et logistique» — gratuit
- ☐ Atelier «Optimisation surface stockage» — 300 F TTC par pers.
- ☐ Conférence «La logistique demain» — gratuit

Cochez la (ou les) cases choisies et joindre votre paiement. Une facture justificative vous sera adressée dès réception.

Rédigez l'enveloppe d'expédition de ce coupon.

Après avoir choisi dans l'horaire les vols pour le voyage de M. BOUGEAUD (aller le mardi matin, retour le mercredi soir) et les avoir réservés par téléphone auprès de votre agence de voyage (NANTES-EVASION), vous confirmez par télex votre réservation et demandez qu'elle émette le billet d'avion.

Départ NANTES (NTE) — res. TAT tél. 40.84.82.82

Villes desservies	Validités du	au et du	au	Départ		Arrivée	N° vol	Jours	✈
BORDEAUX (BOD) ☎ 61.30.04.93	28/03-14/07	04/09-27/10		07.00		08.00	IJ 871	1234	SWM
	17/07-01/09			07.00		08.00	IJ 871		SWM
	10/04-13/07	04/09-28/10		16.00		17.00	IJ 875	345	SWM
	28/03-14/07	04/09-27/10		18.10		19.10	IJ 877	2345	SWM
	17/07-01/09			18.10		19.10	IJ 877	2345	SWM
LILLE (LIL) ☎ 20.87.51.11	01/07-13/07			09.55		11.20	IJ 962		EM2
	28/03-30/06	04/09-27/10		10.10		11.45	IJ 962		FK7
	01/07-03/09			20.20		21.55	IJ 968		FK7
	28/03-30/06	04/09-27/10		20.55		22.00	IJ 968	2345	B14
MARSEILLE (MRS) ☎ 42.75.17.17 T : via Toulouse	28/03-30/06	04/09-27/10		08.00	T		IJ 301/	[1]23	B14
						10.00	IJ 442	[1]	B14
	01/07-01/09			08.30	T		IJ 301/		FK7
						11.30	IJ 442		FK7
	28/03-30/06	04/09-27/10		18.20	T		IJ 307/	2345	FK7
						21.20	IJ 448	2345	FK7
	01/07-13/07			18.35	T		IJ 307/	2345	EM2
						21.20	IJ 448	2345	FK7
VOLS VACANCES à 1 200 Francs (aller - retour) = VOLS ENCADRES									
MONTPELLIER (MPL) ☎ 42.75.17.17	01/04-30/09			09.00		10.55	IJ 315		FK7
	16/07-03/09			09.00		10.55	IJ 315	[7]	FK7
VOLS VACANCES à 1 200 Francs (aller - retour) = VOLS ENCADRES									
NANCY (ENC) ☎ 83.21.56.90 W : via Paris Orly-Ouest	28/03-13/07	04/09-27/10		07.00	W		IT 852/	1234	AB3
						10.00	IJ 251	1234	FK7
	17/07-28/07			07.00	W		IT 852/	1234	AB3
						10.00	IJ 251	1234	FK7
	28/03-13/07	04/09-27/10		18.15	W		IT 462/	12345	AB3
						21.25	IJ 259	2345	FK7
	17/07-01/09			18.15	W		IT 462/	12345	AB3
						21.25	IJ 259	2345	FK7

Destination NANTES (NTE)

Validités du	au et du	au	Départ		Arrivée	N° vol	Jours	✈	Liaisons Villes/Aéroport
01/07-02/09			17.50		19.30	IO 854	6	F28	Aéroport de NANTES Atlantique (15km)
01/07-02/09			10.05	B	13.20	IO 535	6	F28	Point de vente Tél. 40.84.82.83 Navette Taxi
28/03-27/10			08.20		09.20	IJ 872	234	SWM	
10/04-13/07	04/09-28/10		17.20		18.20	IJ 876	345	SWM	
28/03-27/10			19.45		20.45	IJ 878	2345	SWM	
28/03-30/06	04/09-28/10		06.35		07.40	IJ 961	1	B14	
01/07-03/09			06.35		08.10	IJ 961		FK7	
28/03-30/06	04/09-28/10		16.20		18.00	IJ 965		FK7	
01/07-13/07			16.50		18.15	IJ 965		EM2	
28/03-13/07	04/09-27/10		06.50	T		IJ 441/	1234	FK7	
					09.50	IJ 302		FK7	
01/07-03/09			17.00	T		IJ 445/	234[5]	FK7	
					20.00	IJ 308	[2]345	FK7	
28/03-30/06	04/09-27/10		18.35	T		IJ 445/	234[5]	B14	
					20.35	IJ 308	[2]345	B14	

Vous passez enfin un second télex à l'Hôtel NOVOTEL de Bordeaux pour **réserver** une chambre pour M. BOUGEAUD.

[10] L'entreprise où vous travaillez pratique la vente par correspondance de meubles en kit* et d'articles pour la maison. Elle a conçu pour la France un catalogue de 200 pages, très précis et détaillé, abondamment illustré et propose, à titre promotionnel, 20% de réduction sur toute première commande.
Vous êtes chargé(e) de **rédiger une lettre publicitaire** pour annoncer la diffusion de ce catalogue qui sera envoyé gratuitement sur simple demande.
A la suite de cette lettre publicitaire, l'entreprise a reçu un grand nombre de demandes d'envoi de catalogue. Vous êtes chargé(e) de **concevoir une lettre d'accompagnement** qui mettra en valeur l'efficacité du système d'achat par correspondance et rappellera l'aspect promotionnel (20% de réduction sur toute première commande) pour inciter les destinataires à passer commande.

(*) kit : ensemble d'éléments vendus avec un plan de montage et que l'on peut assembler soi-même.

8. Compréhension de texte :

FUNERAILLES EN LIBRE-SERVICE

De bien singuliers placards publicitaires fleurissent, depuis quelques jours, dans la presse du Gard. A défaut d'être de bon goût, ils font même un scandale. C'est qu'ils touchent un sujet tabou : la mort. Jugez plutôt le genre de slogans : "Sensationnel ! Ouverture des premiers libres-services de pompes funèbres en France. Le cercueil en chêne massif à 1 000 francs, mise en bière comprise."

Dans la région, à la lecture de ces placards publicitaires, c'est d'abord la surprise. Une mauvaise blague ? Puis, renseignements pris, les milieux professionnels contre-attaquent. "Concurrence sauvage, fantaisiste, déloyale !" explosent-ils.

L'homme par qui le scandale arrive, Gabriel Toyos, quarante-sept ans, d'origine espagnole, ne perd pas son sang-froid. Premier fabricant de cercueils du Languedoc-Roussillon, il est installé à Rousson, un petit village proche d'Alès. Voilà trois ans qu'il mijote son "coup".

"Je déclare la guerre à tous ceux qui se mettront en travers de ma route, menace-t-il, mi-goguenard, mi-solennel. Jusqu'ici, personne ne m'a fait de cadeau. Je n'en ferai pas. J'ignore si cela fera du chômage ailleurs, mais chez moi, ça fera des emplois."

De quoi s'agit-il ? De lancer une offensive contre ce qu'il appelle le lobby des pompes funèbres, de "casser" les prix. Et Gabriel Toyos est décidé à mener cette offensive à sa manière, non conformiste — c'est le moins qu'on puisse dire.

A Rousson, il a déjà ouvert ce qu'il appelle "un libre-service". Un mot contestable, en l'occurence. Il s'agit d'une salle d'exposition de cercueils d'à peine trente mètres carrés. Mais il va bientôt en ouvrir d'autres à Anduze — le 1er novembre — puis à Alès et Camont. Son but est de ceinturer la région et — il ne le cache pas — d'écraser la concurrence.

Il en a les moyens. Ses chaînes de fabrication peuvent sortir trois mille cercueils par mois à 1 000 francs pièce pour les moins chers. Des tarifs difficiles à tenir pour les concurrents. D'autant que son entreprise, outre le matériel, assure aussi la mise en bière.

"Avec moi, les gens peuvent avoir un enterrement complet pour 1 000 francs, explique-t-il. Car le transport de corps et l'inhumation sont assurés gratuitement par les municipalités. Généralement, on l'ignore, mais c'est écrit dans le "manuel d'application pratique de la législation funéraire". Donc c'est la loi."

"Je me débrouille."

On imagine le tollé dans la profession. Pour l'instant, Gabriel Toyos n'en a cure. Il estime qu'il "faut se battre dans la vie", qu'il s'est toujours battu. Et qu'il faut faire preuve d'initiative et d'imagination.

"Par rapport à la fabrication traditionnelle, je tire deux cercueils de plus par mètre cube de chêne, dit-il. Quant au bois, je l'achète directement aux exploitants forestiers du Lot ou de l'Allier et le sèche moi-même. Bref, je me débrouille. C'est pourquoi un cercueil me coûte, charges sociales comprises, environ 500 F. Je gagne donc 500 F sur chacun. Cela me suffit pour vivre."

Mais la maison Toyos veut développer son marché de la mort. C'est la raison de son offensive publique et de ses placards publicitaires. Gabriel Toyos s'étonne des remous qu'il provoque.

"J'ouvre quatre centres d'exposition pour que le consommateur puisse juger par lui-même, dit-il. J'ai confiance. Mes produits sont meilleurs et moins chers..."

Il n'empêche que "la mort à meilleur marché" est un slogan qui passe difficilement...

J.L.M.
Le Figaro - Novembre 1981

[A] **Cochez** la bonne réponse :

1. Les placards publicitaires parus depuis quelques jours dans la presse du Gard
- ☐ ont reçu une approbation unanime des lecteurs
- ☐ sont de bon goût et font même scandale
- ☐ ont choqué par leur mauvais goût
- ☐ n'ont pas provoqué de scandale

2. Gabriel Toyos lance une offensive contre
- ☐ la vie chère dans cette région de France
- ☐ la clientèle aisée
- ☐ le chômage
- ☐ le monopole dont jouissent certains professionnels

3. Son entreprise, pour un coût réduit
- ☐ ne fait que fabriquer des cercueils
- ☐ fabrique des cercueils et assure la mise en bière
- ☐ assure également le transport
- ☐ se charge de tout, inhumation comprise

4. L'ensemble de la profession
- ☐ est plutôt indifférent
- ☐ réagit de façon très critique
- ☐ va porter l'affaire en justice pour concurrence déloyale
- ☐ n'en a cure

5. "Je me débrouille" signifie
- ☐ j'ai confiance dans l'avenir
- ☐ je ne fais de cadeau à personne
- ☐ cela me suffit pour vivre
- ☐ je m'étonne des remous que je provoque

6. L'auteur de cet article
- ☐ prend position en faveur de M. Toyos et de son initiative qu'il juge positive
- ☐ ne prend pas position et relate simplement et objectivement les faits
- ☐ a du mal à cacher sa réprobation devant cette initiative qui lui paraît un peu scandaleuse
- ☐ semble s'amuser de cette histoire régionale qu'il relate sur un ton humoristique.

[B] "La mort à meilleur marché" — **Trouvez** deux autres slogans publicitaires qui caractérisent l'activité de cette entreprise originale.

[C] En une dizaine de lignes, **rédigez** vous-même un court article résumant ce qui vous paraît essentiel dans cet extrait de presse.

9. Jeu de rôles :

Vous êtes au stand à la Foire de Paris et vous proposez aux visiteurs les articles que vous exposez. (Vos camarades joueront le rôle des visiteurs.)

Notes sur la lecture :

Un mode d'emploi : est une notice qui indique comment utiliser un produit ou comment faire marcher un appareil.

Le Canard Enchaîné : est un périodique politique satirique indépendant.

un abonnement : est un contrat qui prévoit le paiement d'une somme forfaitaire par l'abonné contre le service d'un journal, d'un magazine par l'éditeur pendant une durée déterminée (six mois, un an, etc.).

les petites annonces : section d'un journal où les lecteurs peuvent, moyennant le paiement d'une certaine somme, faire publier des offres de marchandises, des demandes d'emploi, etc.

la force de vente : est l'ensemble de toutes les personnes chargées de la vente d'un produit ou d'un service. On dit aussi le "réseau de distribution".

un annonceur : est une personne qui fait insérer une annonce dans un journal, ou qui assume les frais d'une émission publicitaire.

le lectorat : l'ensemble des lecteurs.

affiné : rendu plus fin, plus subtil, ici : mieux défini.

pointu : ici : poussé, précis.

positionner : synonyme de "situer", terme militaire : indiquer les coordonnées géographiques permettant de situer une armée. En comptabilité on parle aussi de positionner un compte, c'est-à-dire calculer le solde d'un compte (différence entre crédit et débit).

entropie : selon le *Larousse*, il s'agit d'un terme de physique qui veut dire : grandeur qui en thermodynamique permet d'évaluer la dégradation de l'énergie.

la cible : le point de mire, le but (target).

une centrale d'achat : a central purchasing office.

le maquis : au propre une zone de végétation touffue, au figuré une complication inextricable.

une épreuve de force : un affrontement.

une société de régie : une société de gestion d'un service public.

La pub mode d'emploi

La publicité, par les ressources qu'elle apporte aux journaux, est le seul vrai garant du pluralisme. Sauf que son aide, surtout en période de crise, est forcément sélective

Sans le secours de la publicité, il faudrait vendre le *Matin* huit francs. Cela seul explique la présence d'annonces commerciales dans la quasi-totalité des journaux et magazines que vous achetez. Car, hormis *le Canard enchaîné* auquel sa structure légère et la fidélité d'un lectorat important permettent d'éviter de recourir à la « réclame », tous les autres titres de la presse française ou presque n'existeraient pas sans publicité.

Grâce à elle, les journaux peuvent se vendre la moitié, si ce n'est le quart, de leur prix de revient. Sans elle, ils seraient des produits de luxe.

L'équilibre parfait entre les recettes des ventes et des abonnements et celles de la publicité serait bien entendu une répartition à part égale : 50/50, mais une telle proportion est illusoire, et le partage varie selon les journaux. A titre d'exemples, citons *le Monde,* qui tire 43 % de ses recettes des ventes et 57 % de la publicité, *le Figaro* : 27 % et 73 %, *le Matin* : 54 % et 46 %. A noter que les recettes des petites annonces sont assimilées à la publicité, ce qui permet de comprendre l'écart important constaté pour *le Figaro*, qui est très riche en petites annonces. La publicité est donc la garantie de l'existence et du développement de la presse écrite, mais aussi de son indépendance rédactionnelle, puisque représentée en partie par une multitude d'annonceurs différents.

Comme tout produit de consommation, un journal est équipé d'une force de vente : c'est le service de publicité, dont le but est la promotion du titre auprès des annonceurs (sociétés faisant de la publicité), des agences de publicité.

Il ne s'agit pas de vendre le journal mais ses lecteurs. Pour chaque support de presse, quotidien ou magazine, le lectorat est étudié quantitativement — sexe, âge, catégorie socio-professionnelle, niveau d'instruction, lieu d'habitation, structure familiale — et qualitativement en terme de consommation — loisirs, équipement, revenu, mode de vie... Cette méthode permet de définir un profil du lecteur type le plus affiné possible. Des études de plus en plus pointues permettent de positionner les supports de presse, c'est le cas du CCA (Centre de communication avancée), qui définit la place de chaque titre dans l'univers de la presse en terme de style de vie, selon quatre paramètres : positivisme, évasion, défense et entropie. L'agence de publicité et l'annonceur se réfèrent à ces études lorsqu'ils ont défini la cible de la campagne, c'est-à-dire le public qu'ils veulent toucher. Par exemple, le scooter Peugeot s'adresse à des hommes et des femmes plutôt jeunes, entre vingt et quarante ans, plutôt citadins, de catégorie socio-professionnelle moyenne et supérieure (classification INSEE) et ouverts à la nouveauté. Les annonces de publicité ont donc été programmées dans des supports qui répondaient à ces critères, dont *le Matin Magazine*, puisque le profil de son lectorat correspond à ces caractéristiques.

Le service de publicité d'un journal vend son espace publicitaire à des tarifs différents en fonction de plusieurs critères : emplacement (certains sont plus en vue que d'autres : première page d'un quotidien, dos ou recto de la couverture d'un magazine...), taille de l'annonce, fréquence de parutions (des tarifs dégressifs sont appliqués selon le nombre de parutions successives dans un même journal), la présence ou non de couleur. Les tarifs varient bien sûr d'un support à l'autre selon la diffusion et la qualité de l'audience. Le service de publicité traite soit directement avec l'annonceur, ce qui est peu fréquent pour les gros budgets, soit avec les agences de publicité, ou avec des centrales d'achat d'espace. Les centrales d'achat d'espace ont d'abord été créées par des groupes importants ayant de nombreux produits dont les budgets de publicité sont répartis dans différentes agences de publicité. Leur but : rassembler l'achat d'espace de leurs produits, et ainsi bénéficier des tarifs dégressifs sur l'achat d'espace cumulé. Mais les dégressifs ne sont pas les seuls facteurs, car les acheteurs négocient aussi le prix et la qualité des emplacements. A plus forte raison lorsqu'une centrale qui manage plusieurs produits manipule des sommes très importantes. Tout le monde négocie peu ou prou les emplacements ou les tarifs. Ce maquis de plus en plus sophistiqué nécessite des interlocuteurs très puissants, la négociation des supports de presse étant une véritable épreuve de force. C'est ce qui a incité à la création de certaines centrales d'achat d'espace, regroupant tous les produits d'une même société, comme celles de Nestlé, L'Oréal ou de Lever, achetant de l'espace « en gros » qu'elles répartissent ensuite sur leurs différents clients.

Face à ces nouvelles puissances, il faut être très fort. C'est sans doute ce qui a provoqué le regroupement de certains journaux en régies. Par exemple, Interdéco, qui regroupe environ 22 titres, dont *Paris-Match, Elle,* le groupe *Femmes d'aujourd'hui, Télé-7-Jours.* Les groupes Havas et Publicis ont eux-mêmes créé des sociétés de régie.

La concurrence est âpre, surtout pour la presse, qui est extrêmement diversifiée (environ 350 magazines et une trentaine de quotidiens nationaux et régionaux), d'autant plus que l'on assiste constamment à l'émergence de nouveaux supports, comme l'ouverture de FR3 à la publicité depuis janvier 1983.

Cette mesure, qui, à fin 1983, aura rapporté à la chaîne environ 265 millions de francs de recettes publicitaires (15 millions venant des campagnes menées par des groupements d'intérêts collectifs et 250 millions pour les produits de marque), porte un sérieux coup aux autres médias. Car, même si les budgets de publicité évoluent sensiblement (14 020 millions de francs en 1981 pour 16 420 millions de francs en 1982, source IREP), la répartition entre la presse et la télévision montre en pourcentage une régression de 1 % en ce qui concerne la presse. Présage d'un dur avenir lorsque FR3 Régions ouvrira à son tour ses portes à la publicité. Influente également, l'augmentation de la redevance TV, qui a, par voie de conséquence, entraîné l'accroissement du quota autorisé pour les recettes publicitaires. En effet, par principe, les recettes publicitaires ne dépassent pas 25 % des recettes totales de l'audiovisuel. Ces recettes ayant augmenté en 1983 grâce à la redevance TV, la part des 25 % a également pris de l'ampleur. (En francs constants, les recettes publicitaires cumulées sur les trois chaînes sont passées de 1,7 milliard de francs en 1982 à 2,4 milliards de francs en 1983). A noter également une hausse moyenne des tarifs de 8% en 1983 par rapport à 1982.

Les budgets publicitaires de marques n'étant pas, surtout en périodes de crise, extensibles, il a bien fallu que les annonceurs enlèvent aux uns ce qu'ils donnaient aux autres. Pas étonnant dans ce cas que l'équilibre financier des journaux soit sans cesse menacé.

Isabelle Merlet
Le Matin Magazine (25-6-83)

11. Import-export-Douanes

Paul : Bonjour, Monsieur, vous avez l'air rayonnant !

Grosjean : Oui, je suis plutôt content ! Vous vous souvenez de Xiffre, notre voyageur qui est maintenant dans le Roussillon pour être plus près de sa famille ? Eh bien, il vient d'enlever un gros marché avec un importateur de Casablanca, pour les meubles de jardin...

Paul : Ah, ça c'est formidable ! Mais, je suppose qu'il va y avoir de nombreuses formalités à remplir pour exporter...

Grosjean : Il faudra obtenir une licence d'exportation, nous devrons aussi demander à la Chambre de Commerce ou au Bureau des Douanes un certificat d'origine pour nos marchandises... En fait, nous nous adresserons à un transitaire.

Paul : A un transitaire, pourquoi ? Il ne s'agit pas de transit...

Grosjean : Le transitaire, qu'on appelle aussi ''commissionnaire en transport'' est un intermédiaire qui se charge de toutes les formalités administratives douanières pour passer en douane c'est-à-dire, faire entrer, traverser et sortir des marchandises d'un pays.

Paul : Si j'ai bonne mémoire, je crois avoir appris que, dans le commerce extérieur, on utilisait des factures "pro forma"...

Grosjean : C'est exact. Ce sont des factures fictives qui servent à l'acheteur pour prouver le montant de devises dont il a besoin pour régler son achat. C'est surtout utile dans les pays qui ont un contrôle des changes.

Paul : Est-ce que l'importateur marocain va devoir payer des droits de douane ? Comment sont-ils calculés ?

Grosjean : Comme le Maroc n'est pas membre de la C.E.E., il y aura en effet des droits de douane à payer. Ils sont en général calculés ''ad valorem'', c'est-à-dire que, selon la valeur des marchandises, on ajoute un certain pourcentage. Mais, comme vous le savez déjà, la T.V.A. n'affecte pas les ventes à l'exportation, par conséquent on applique le tarif H.T. et bien souvent, en dépit des droits de douane, le prix de revient de la marchandise à l'étranger, même en comprenant le transport et l'assurance, est inférieur au prix de vente en France !

Paul : Cela semble invraisemblable...

Grosjean : Le Gouvernement encourage les exportations, parce que cela améliore la balance commerciale, c'est-à-dire la différence entre les importations et les exportations. Si les importations l'emportent sur les exportations, la balance est déficitaire, au contraire si les exportations sont supérieures, alors la balance commerciale est excédentaire, le pays a beaucoup de devises étrangères et s'enrichit. C'est pourquoi les gouvernements tentent de freiner les importations et favorisent les exportations.

Paul : Cela peut être compréhensible, mais, aux Etats-Unis, nous sommes partisans du libre-échange.

Grosjean : Mais le Marché Commun est une zone de libre-échange ! Il n'y a plus de barrières douanières aux frontières entre les pays membres. Quant au protectionnisme, il n'a pas que des avantages, c'est certain, mais, en période de crise économique, cela permet de protéger les industries nationales qui ne pourraient peut-être pas faire face à la concurrence étrangère.

Paul : Est-ce que les douaniers vérifient toutes les caisses ?

Grosjean : Ils peuvent le faire, mais en général, ils effectuent des vérifications par épreuve, c'est-à-dire qu'ils ouvrent quelques caisses au hasard et s'assurent que les marchandises qui s'y trouvent correspondent en tous points à la description, quantité et qualité indiquées sur la déclaration.

Paul : Et si cela n'est pas conforme ?

Grosjean : Les marchandises sont confisquées et l'expéditeur doit payer une lourde amende et il peut même aller en prison, s'il a tenté de faire passer en contrebande des marchandises illicites (des drogues par exemple).

Paul : En fait, ce sont surtout les marchandises importées qui doivent être très surveillées, beaucoup plus que les exportations.

Grosjean : Oui et non ! Il y a des interdictions d'exporter certaines choses, des produits rares, des œuvres d'art, des machines dont le procédé de fabrication doit rester secret, certaines pièces d'armement par exemple... et c'est aussi le rôle des douaniers d'empêcher leur sortie du pays. Mais, il est bien évident que la vérification des importations est leur responsabilité majeure.

Paul : Quand je suis arrivé à l'aéroport de Roissy-en-France, j'ai remarqué que les passagers avaient le choix entre deux sorties dont l'une indiquait : "Rien à déclarer" et tous les douaniers se tenaient près de l'autre sortie. Inutile de dire que tout le monde prenait la sortie "Rien à déclarer"...

Grosjean : Là encore les douaniers peuvent effectuer des vérifications par épreuve, il y a des inspecteurs des douanes en civil qui peuvent arrêter un voyageur au hasard et lui demander de retourner à la douane s'il dit qu'il n'a rien à déclarer, et si l'on trouve des objets illicites, des bijoux, plus d'alcool que la tolérance douanière permet d'introduire en franchise, c'est-à-dire sans payer de droits, alors tout sera confisqué et il devra payer une amende très forte, bien supérieure aux droits qu'il aurait normalement dû acquitter.

Paul : Aux Etats-Unis, les douaniers ouvrent tous les bagages et vérifient tout ! Alors les passagers déclarent très honnêtement tout ce qu'ils ont acheté à l'étranger...

Grosjean : "La peur du gendarme est, dit-on, le commencement de la sagesse !" Mais, excusez-moi, Paul, j'ai encore beaucoup de choses à terminer et je dois rattraper le temps perdu !

1 Expéditeur *Consignor* Expedidor المرسـل	Nº 0026169	ORIGINAL
2 Destinataire *Consignee* Destinatario المرسل اليه	COMMUNAUTÉ EUROPÉENNE *EUROPEAN COMMUNITY* COMUNIDAD EUROPEA المجموعة الاقتصادية الاوروبية CERTIFICAT D'ORIGINE *CERTIFICATE OF ORIGIN* CERTIFICADO DE ORIGEN شهادة المنشأ	
	3 Pays d'origine *Country of origin* Pais de origen بلد المنشا	
4 Informations relatives au transport (mention facultative) *Transport details* expedicion مرسلة بواسطة	5 Remarques *Remarks* Observaciones ملاحظات	
6 Nº d'ordre ; marques, numéros, nombre et nature des colis ; désignation des marchandises *Item number; marks, numbers, number and kind of packages, description of goods* Nº de orden ; marcas, numeros, nombre y naturaleza de los bultos ; designacion de las mercancias مواصفات البضاعة : رقم التسلسل ،العلامة ،رقم الطرود ،عدد وطبيعة الطرود	7 Quantité *Quantity* Cantitad الكمية	

8 L'AUTORITÉ SOUSSIGNÉE CERTIFIE QUE LES MARCHANDISES DÉSIGNÉES CI-DESSUS SONT ORIGINAIRES DU PAYS FIGURANT DANS LA CASE Nº 3
THE UNDERSIGNED AUTHORITY CERTIFIES THAT THE GOODS DESCRIBED ABOVE ORIGINATE IN THE COUNTRY SHOWN IN BOX 3
LA AUTORIDAD INFRASCRITA CERTIFICA QUE LAS MERCANCIAS DESIGNADAS SON ORIGINARIAS DEL PAIS INDICADO EN LA CASILLA Nº 3
تشهد السلطة الموقعة أدناه أن البضائع المذكورة أعلاه مصدرها البلاد المذكورة في الحقل رقم ٣

Lieu et date de délivrance ; désignation, signature et cachet de l'autorité compétente
Place and date of issue name, signature and stamp of competent authority
Lugar y fecha de expedicion, designacion, firma y sello de la autoridad competente
مكان ،وتاريخ وتسمية وتوقيع وختم السلطة المختصة .

Réf. 36001 CHAMBRE DE COMMERCE ET D'INDUSTRIE DE PARIS Librairie du Commerce International, 10, av. d'Iéna - 75783 Paris Cedex 16
TEL. 505.37.01
· En vente chambres de commerce et d'industrie ·

VOCABULAIRE

rayonnant : *beaming*
enlever un marché : *to get a contract/a deal*
des formalités (douanières) (f) : *formalities/customs formalities*
une licence d'exportation : *an export licence*
le Bureau des douanes : *Customs house*
un certificat d'origine : *a certificate of origin*
un transitaire : *a forwarding agent, transit agent*
un agent en douane : *a customs broker*
passer en douane, dédouaner : *to clear through customs*
une facture "pro forma" : *a pro forma invoice*
le contrôle des changes : *exchange control*
un droit de douane : *a customs duty*
la CEE : *E.E.C.*
la balance commerciale : *trade balance*
une balance déficitaire : *negative trade balance, trade deficit*
une balance excédentaire : *positive trade balance, trade surplus*
freiner : *to curb, to restrain*
le libre-échange : *free trade*
la frontière : *the border*
un douanier : *a customs officer*
la vérification par épreuve : *customs examination*
une amende : *a fine*
passer en contrebande : *to smuggle in/out*
rien à déclarer : *nothing to declare*
un bijou : *a jewel*
en franchise : *duty-free*
rattraper le temps perdu : *to make up for lost time*
un entrepôt de douane : *a bonded warehouse*

QUESTIONS ORALES

1. Pourquoi M. Grosjean est-il rayonnant ?
2. Quelles sont les formalités à remplir pour l'exportation ?
3. Quelles sont les fonctions d'un transitaire ?
4. A quoi sert une facture "pro forma" ? Doit-on la payer ?
5. Comment calcule-t-on les droits de douane ?
6. Quand la balance des paiements est-elle déficitaire ?
7. Quel est le contraire du protectionnisme ?
8. Comment les douaniers s'assurent-ils que les marchandises correspondent à la déclaration ?
9. Que se passe-t-il quand un douanier découvre les objets que l'on a tenté d'introduire en contrebande ?
10. Que veut dire l'expression "en franchise" ?

EXERCICES ECRITS

1. Ecrivez le mot ou l'expression qui vous paraît convenir :

1. Si les importations sont supérieures aux exportations, on dit que la balance commerciale est ....
   - déficitaire
   - excédentaire
   - en équilibre
   - en déséquilibre

2. Pour .... à la concurrence, il est nécessaire de développer notre .... internationale.
   - affronter
   - implantation
   - faire face
   - sollicitation
   - gagner
   - opposition
   - exposer
   - variation

3. La .... du marché à l'exportation s'élève à 40,3 % contre 37,7 % l'année précédente.
   - provision
   - cible
   - part
   - section

4. La .... des marchés extérieurs étant très complexe, la plupart des exportateurs doivent s'adresser à des organismes spécialisés.
   - perspective
   - potentialité
   - prospérité
   - prospection

5. Le système du .... s'oppose bien évidemment au protectionnisme.
   - libre choix
   - libre échange
   - libre arbitre
   - libre service

6. Pour un industriel qui envisage d'exporter, la première démarche est d'identifier les risques et les dommages que peut .... l'entreprise.
   - soumettre
   - suivre
   - assujettir
   - subir

7. Pour prendre soin des formalités douanières, nous ferons appel à un ....
   - transitoire
   - transporteur
   - transitaire
   - transistor

8. Il a dû payer une .... parce qu'il avait essayé de passer de l'alcool en contrebande.
   - amante
   - amande
   - aimante
   - amende

9. Pour éviter les fuites de capitaux, il y a, en France, un contrôle ....
   - d'échange
   - des changes
   - des chances
   - d'échéance

10. Les Etats-Unis sont membres .
   - de la C.E.E.
   - du Commonwealth
   - de l'O.T.A.N.
   - du Comecon

11. L'après-vente et la maintenance ne sont pas les points forts de l'entreprise exportatrice française ; c'est .... dommage que le service entre de plus en plus dans les motivations d'achat du consommateur étranger.
   - encore plus
   - fort
   - d'autant plus
   - bien

12. Le « Moniteur du commerce international » prépare son traditionnel numéro annuel consacré au classement des sociétés françaises les .... exportatrices.
   - très
   - mieux
   - plus
   - cent

2. Faites une phrase avec les mots suivants :

- Balance commerciale - équilibre.
- Déclarer - objets de valeur - douane - amende.
- Douanier - déclarer - touriste.
- Il s'agit de - matières premières - développement.

3. Mettez au pluriel :

Pour freiner l'importation du café, on l'a taxée.

4. Choisissez dans la liste ci-dessous, l'expression qui convient et écrivez-la sur la ligne correspondant à sa définition :

[1]
- valeur en douane
- valeur nominale
- valeur marchande
- valeur vénale
- valeur d'usage

— .... : Prix moyen probable que l'on pourrait obtenir par la vente d'un bien déjà usagé et dans son état actuel.

— .... : Valeur théorique d'émission ou de remboursement d'une monnaie, d'un titre ou d'un effet de commerce.

— .... : Valeur commerciale d'un produit, c'est-à-dire sa valeur d'échange.

— .... : Valeur de la marchandise déclarée ou forfaitaire au moment où elle pénètre sur le territoire national.

— .... : Appréciation de la qualité d'un bien ou d'un service en fonction de la satisfaction que l'on tire de son utilisation.

[2]
- autoconsommation
- besoin
- devise
- régime douanier

— .... : Consommation finale de biens et de services par leur producteur.

— .... : Réglementation applicable aux marchandises traversant la frontière d'un Etat.

— .... : Moyens de paiement libellés dans une monnaie étrangère.

— .... : Manque ressenti par l'individu ou la communauté.

5. Version :

1. Nos échanges ne sont pas à la hauteur de nos espérances, nous sommes décidés à les développer.
2. La prospection des marchés extérieurs étant très complexe, la plupart des exportateurs doivent s'adresser à des organismes spécialisés.
3. La plupart des pays européens devront exporter davantage s'ils veulent équilibrer leur balance commerciale.
4. Le poste de responsable régional sera créé prochainement pour développer nos ventes en Europe du Nord.
5. Nos ventes à l'exportation ont augmenté de 15,5% en valeur par rapport à l'année dernière.
6. Pour rattraper le temps perdu dans le domaine des investissements à l'étranger, la France a encore un long chemin à parcourir.
7. Il est de plus en plus difficile de faire face à la concurrence étrangère.
8. Savez-vous que les droits de douane ont été relevés de 5 % ?
9. C'est le transitaire qui va s'occuper des formalités douanières.
10. La Chambre de Commerce informe les producteurs sur les débouchés possibles à l'étranger.

6. Thème :

1. Custom broker looking for Canadian buyers for his company.
2. You will be receiving copies of packing lists, certificate of origin and commercial invoices from Messrs Harrington Bros.
3. The goods will have to be cleared through customs by the end of the week.
4. Americans are again turning increasingly to homemade goods rather than imports.
5. Maker of beautiful French jewellery looking for Canadian importers.
6. The merchandise will have to be stored in a bonded warehouse.
7. We would be grateful if you would send us a pro forma invoice.
8. We import our raw materials from Africa.
9. The importer will have to produce a certificate of origin.
10. The shipment has still to be cleared through customs.

7. Lors de la rédaction de cette annonce publicitaire, un certain nombre de verbes ont été "oubliés". Avant l'impression définitive, COMPLETEZ le texte à l'aide de la liste qui vous est fournie (ordre alphabétique) et en rétablissant, le cas échéant, la forme verbale correcte.

1

aider	apporter	consulter	juger	réaliser	s'équiper
adapter	assister	exporter	prospecter	s'adresser	vendre

QUI VOUS .... A GAGNER LES MARCHÉS ÉTRANGERS ?

.... est nécessaire pour votre entreprise. Mais comment .... cette percée sur l'étranger ?

Vous .... ?... le crédit prospection du Crédit Lyonnais vous donne les moyens d'aller .... sur place les possibilités d'affaires.

Vous .... ?... le Crédit Lyonnais vous .... pour le recouvrement de vos créances ou vous .... les financements nécessaires.

Vous .... ?... au Crédit Lyonnais on choisit avec vous le crédit (à moyen ou long terme) .... au développement ou la modernisation de votre équipement.

Pour mieux réussir à l'étranger, ... le Crédit Lyonnais. Il est présent dans le monde entier.

En France, ... à l'agence la plus proche (il y en a plus de 2 000) ou aux Affaires Internationales, Département du Commerce Extérieur, 16 rue du Quatre-Septembre, 75002 PARIS. Tél. : 42.95.13.70.

CREDIT LYONNAIS
VOTRE PARTENAIRE

2

adapter	circuit	disposition	place	réaliser	terme
caisse	connaît	finance	prévoir	sélectionner	vit

EXPORTATION :

L'entreprise ne .... pas seulement de crédits. Il y a des banques qui l'ont compris.

Les chefs d'entreprises demandent	La Banque Populaire
Comment .... un marché étranger ? Comment choisir et .... le produit ? Quel .... de distribution utiliser ?	informe.
Comment négocier les contrats d'exportation ? Quelles clauses .... avec l'acheteur ? Quelles garanties prendre ?	conseille.
Comment .... les ventes à l'exportation ? Où trouver les crédits de préfinancement ? Comment assurer la mobilisation des créances à court, à moyen et à long .... ? Comment mettre en place un crédit acheteur ?	....

Une de nos 38 Banques vous .... certainement.

Dans votre région, sur .... un spécialiste Exportation est à votre ....

Renseignez-vous auprès de votre Banque Populaire ou auprès de la .... Centrale des Banques Populaires, 115 rue Montmartre, 75002 Paris, tél. 42.96.15.15.

Banque Populaire.

1993 : EN VOIE DE DISPARITION ?

8. Correspondance :

[1] Vous êtes importateur de vins aux Etats-Unis. Vous désirez recevoir des vins d'Alsace et vous écrivez à G. HUMBRECHT, propriétaire-viticulteur à 68420 HERRLISHEIM pour lui demander son dernier prix-courant ainsi que les conditions de vente de ses vins à l'exportation.

TRAVAIL A FAIRE

1. Votre lettre à G. HUMBRECHT.
2. Sa réponse.

[2] Travaillant dans une entreprise de transports internationaux, vous êtes intéressé(e) par le prochain forum mondial pour l'exportation française : « Partenaires export 1990 ».
Vous écrivez au Centre Français du Commerce Extérieur – organisateur de cette manifestation – pour demander l'ensemble des informations nécessaires pour être exposant.

TRAVAIL A FAIRE

Votre lettre au Centre Français du Commerce Extérieur.

9. Compréhension de texte :

EXPORTER, C'EST L'AFFAIRE DE TOUS

Exporter, ce n'est pas le bout du monde : 70 % des exportations se font à moins de 1 500 km.

Le monde est vaste. Passer de la taille nationale à la dimension internationale, cela peut donner le vertige et le frisson aux plus audacieux des chefs d'entreprises.

Pourtant, chaque année, des firmes moyennes et petites arrivent à faire le saut. Pas forcément très loin : une entreprise bretonne, par exemple, a choisi de traverser la Manche pour vendre ses produits frais aux Anglais.

Pour exporter, il suffit en somme de passer la frontière !... Mais la frontière la plus délicate à franchir est souvent celle de la connaissance des procédures administratives et de l'information.

Où s'adresser ? A qui ?
Il existe en France tout un réseau de documentation et d'expérience à la disposition des chefs d'entreprises dynamiques.

Ce sont les Chambres de Commerce et d'Industrie, les organisations professionnelles et interprofessionnelles, les banques et le Centre Français du Commerce Extérieur, ses correspondants régionaux ainsi que les 182 postes de Conseillers Commerciaux français à l'étranger.

Exploiter ce réseau pour mieux vous lancer dans un monde qui n'est plus celui de l'aventure, mais toujours celui des preneurs de risques, de risques calculés.

Réussir à l'exportation, c'est avant tout une affaire d'hommes. D'hommes qui s'informent.

[A] **Répondez** aux questions suivantes :

1. En vous inspirant éventuellement d'une formule tirée du texte, donnez un autre titre à ce passage.
2. En quoi consiste l'exportation ?
3. Expliquez le sens de la phrase : "Mais la frontière la plus délicate... et de l'information."
4. En matière d'exportation, que peut apporter l'expérience des autres ?
5. A qui ce texte vous paraît-il être adressé ?
6. Commentez brièvement l'expression suivante : "Exporter, c'est l'affaire de tous."

[B] En quelques lignes, **résumez** les principales idées contenues dans ce texte.

10. Jeu de rôles :

Vous allez au bureau des douanes pour dédouaner des marchandises. Mais vous avez quelques problèmes : il manque une caisse et vous n'avez pas le certificat d'origine pour l'un des produits expédiés.
Imaginez votre conversation avec :
1. le douanier,
2. l'inspecteur des douanes.

Formation et répartition de la valeur ajoutée

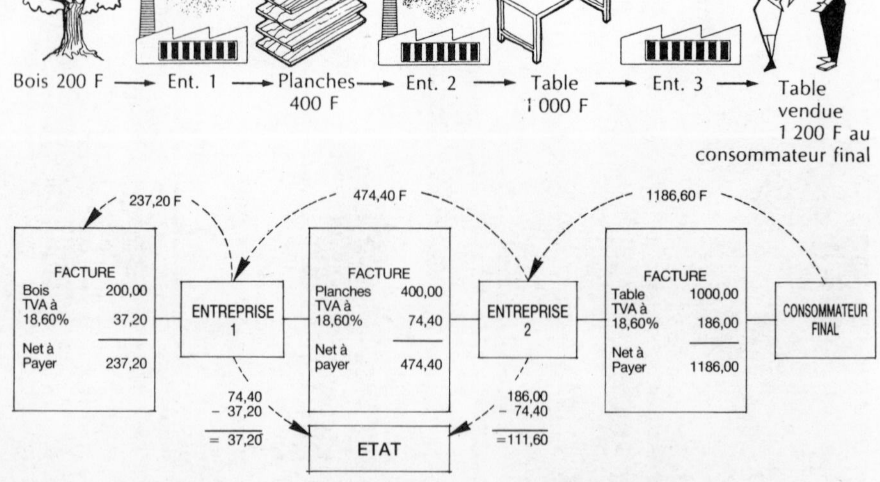

L'entreprise E1 facture ses planches à l'entreprise E2 au prix de 474,40 F T.V.A. incluse. Mais elle a payé son bois 237,20 F, montant qui inclut également de la T.V.A. Elle versera donc à l'État la différence entre la T.V.A. perçue auprès de E2 et celle versée au vendeur de bois.

TVA : le casse-tête européen

Les experts prévoyaient que la création du grand marché poserait de sérieux problèmes. Le dossier des impôts montre qu'ils étaient loin de la réalité.

Pour l'Europe de 1993, les difficultés sérieuses commencent. En témoigne l'interruption du compte à rebours – le premier du genre – intervenue la semaine dernière à la suite du double coup de gueule lancé par le Britannique Nigel Lawson et le Français Michel Rocard, à propos de l'harmonisation des taux de TVA. Cette passe d'armes dissimule, plus qu'une simple discordance de vues sur une question technique, deux philosophies économiques diamétralement opposées.

Pour le chancelier de l'Echiquier, les problèmes réels que pose, au niveau de la fiscalité, la suppression des frontières ne doivent pas être préalablement réglés entre fonctionnaires, mais plutôt sous la pression des faits. Ce sont les « lois du marché », dit Nigel Lawson, qui contraindront tel ou tel pays à modifier ses taux de TVA, s'il veut rester dans la course.
Sous-entendu : aux pays qui détiennent les taux les plus élevés de les réduire, et non l'inverse. Un argumentaire qui rend, bien sûr, service à la Grande-Bretagne, seul Etat parmi les Douze à pratiquer le taux zéro sur certains articles et où, globalement, la TVA n'assure que 15% des recettes publiques.

Pour l'Etat français, qui tire lui, de cet impôt indirect 41,7% de ses recettes, l'enjeu est hors de proportion.
L'harmonisation fiscale, incontournable à terme, doit être mûrement réfléchie quant à ses modalités d'application. Car les lois du marché dont parle le chancelier britannique n'aboutiraient à rien d'autre qu'à provoquer une diminution drastique des taux en vigueur en France. Alors que Bruxelles prévoit deux « bandes » de taux (de 4 à 9% et de 14 à 20%), la France disposera encore, en 1989, de quatre étages de taux : 5,5, 18,6, 28 et 33,3%. Le danger, comme l'a dit vigoureusement Michel Rocard dans « L'Expansion », serait de « tarir la seule ressource fiscale significative de l'avenir » (520 milliards de francs dans le budget 1988). Et de brandir, tour à tour, le spectre d'une atteinte à la « souveraineté nationale » et celui d'une « paupérisation de l'Etat » contraire aux choix arrêtés par Pierre Bérégovoy dans le budget 1989. Lequel vise, justement, à réhabiliter la dépense publique ! De toute façon, l'impôt sur le revenu serait alors sévèrement mis à contribution.

Le temps d'un week-end à Elounda, en Crètes, les 17 et 18 septembre, les ministres des Finances de la CEE n'ont pu qu'entériner ces désaccords et renvoyer aux experts de Bruxelles leur copie. Jacques Delors, président de la Commission, a reconnu implicitement que l'harmonisation fiscale demanderait plus de temps que prévu et devrait être repoussée au-delà du 1er Janvier 1993. Une péripétie qui ne doit en aucun cas remettre en question l'objectif du grand marché.

Mais le dogme de la souveraineté nationale n'est pas seul à freiner cette mise en place. Celle-ci pose en outre un problème financier. Question de départ : comment, compte tenu de l'abolition des frontières, permettre à l'Etat de percevoir la TVA qui lui est due ? En fait, il est prévu de taxer non pas les importateurs, comme c'est le cas actuellement, mais les exportateurs, qui devront ainsi verser à leur administration fiscale de tutelle un montant de TVA correspondant au taux applicable dans leur propre pays. Une pratique contraire aux usages en vigueur, certes, mais qui seule garantit au fisc un recouvrement de la TVA. Sinon, comment surveiller les flux de marchandises une fois qu'elles auront été livrées dans un autre pays ? Inconvénient : la taxe ainsi perçue profite non plus au fisc du pays importateur, mais à celui de l'exportateur.

Qu'à cela ne tienne, Bruxelles a prévu de mettre en place un système de « compensation » qui permettra aux différents ministères des Finances de retomber sur leurs pieds.

Loin de faire l'unanimité sur ce point, les experts de la Communauté, déjà contrés par les hommes politiques, doivent aussi affronter des spécialistes fiscaux. Parmi eux, l'inventeur de la TVA , Maurice Lauré. Le président des Nouvelles Galeries y décèle un élément important de distorsion de la concurrence. Dans un document intitulé « Au secours du 1er janvier 1993 » – que doit prochainement publier l'Institut du commerce et de la consommation – cet ancien haut fonctionnaire de la Direction du budget, qui fut aussi PDG de la Société Générale, prône de retenir, comme base de taxation, la TVA en vigueur dans le pays destinataire. Une solution qui, selon ses calculs, digère plus facilement les disparités entre pays et annule les aberrations les plus criantes, notamment pour la vente par correspondance. « Les propositions de directives de la Commission admettent qu'il pourra exister, dans le marché unique (...), jusqu'à 6 points d'écart entre les taux normaux de la TVA », écrit Maurice Lauré. Commentaire, en privé : « Pour le commerce, c'est un écart énorme. J'ai dû fermer 7 Monoprix parce que Leclerc était moins cher de 6%. Les experts de Bruxelles sous-estiment le problème. »

Faute d'obtenir une réponse de Jacques Delors, à qui il a déjà écrit trois fois, cet homme de chiffres est allé plaider son dossier, le 20 septembre, auprès de Jacques Atalli, à l'Elysée. Démarche symbolique. Grâce à la TVA, les hommes politiques, et pas seulement français, ont enfin touché du doigt l'une des réalités du grand marché.

Yves Messarovitch

Notes sur la lecture :

un casse-tête : un problème difficile à résoudre.

le compte à rebours : comme l'horaire des opérations de lancement d'une fusée où l'on compte à l'envers : 10 - 9 - 8 - ... - 0 (feu).

un coup de gueule : une dispute, une colère qui fait élever le ton de la voix.

une passe d'armes : ici, un échange de mots pas très aimables.

entériner : ratifier, confirmer.

qu'à cela ne tienne : never mind.

prôner : ici, vanter l'idée de...

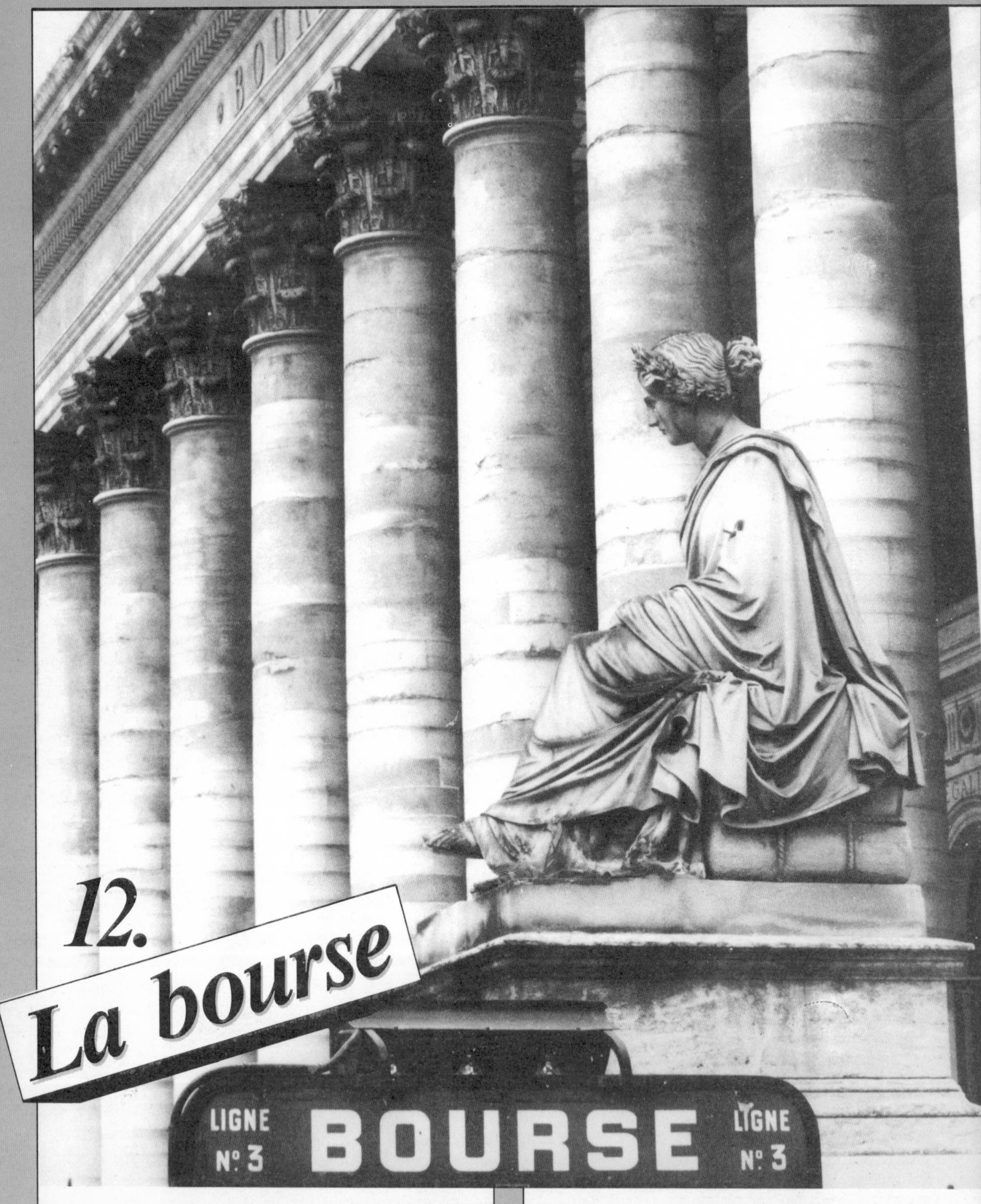

12. La bourse

Sophie : Je vais à la Bourse de Paris, voulez-vous m'accompagner ?

Paul : Avec plaisir, j'ai toujours eu envie de la visiter. Vous y allez pour acheter des titres ?

Sophie : Non, c'est impossible...

Paul : Impossible ? Pourquoi, je croyais que la Bourse était un marché oú l'on achetait et vendait des valeurs mobilières, c'est-à-dire des actions, des obligations et des fonds d'état !

Sophie : C'est vrai, mais les particuliers ne peuvent pas agir directement. Depuis 1988, seules les Sociétés de Bourse sont habilitées à effectuer les transactions, c'est-à-dire qu'elles ont le monopole des négociations en bourse. Auparavant ceux qui avaient cette exclusivité étaient les Agents de Change.

Paul : Je croyais que les agents de change changeaient l'argent, par exemple les dollars en francs et vice-versa !

Sophie : Il y a bien longtemps qu'ils ne s'en occupent plus. Maintenant ce sont les cambistes qui font le change, les agents de change étaient des intermédiaires...

Paul : des courtiers ?

Sophie : Oui, mais d'un genre particulier parce que la bourse est un marché réglementé placé sous l'autorité du gouvernement. Un agent de change était un officier ministériel, c'est-à-dire qu'il était nommé par le gouvernement. Maintenant, les Sociétés de Bourse doivent être agréées par le Conseil des Bourses de Valeurs. Les charges d'agents de change existantes à la date de la publication de la loi de 1988 sont automatiquement devenues des Sociétés de Bourse. Il y en a 61, dont 45 à Paris et 16 dans les six autres bourses de province, à Lille, Nancy, Lyon, Marseille, Bordeaux et Nantes. Aucune autre ne sera agréée avant le 31 décembre 1991. Après cette date, le "numerus clausus" disparaîtra, mais non le monopole. L'accès à la Bourse sera ouvert à d'autres sociétés, si le Conseil des Bourses décide d'accroître le nombre de sièges.

Paul : Cela semble bien compliqué ! ... Et que font ces Sociétés de Bourse en plus de l'achat et de la vente de valeurs mobilières ?

Sophie : L'Etat a décloisonné le marché des capitaux et elles peuvent maintenant intervenir sur le marché financier primaire comme les banques et même avoir accès au marché monétaire. De plus, il faut mentionner, à côté du Hors Cote, la création du Second Marché, pour les valeurs non encore admises à la cote officielle et le lancement du MATIF, le marché à terme des instruments financiers.

Paul : Mais, au fait, vous ne m'avez toujours pas dit ce que vous alliez faire à la Bourse...

Sophie : J'ai un ami belge, Didier Wauters, qui fait un stage dans une Société de Bourse. Je lui ai parlé de vous et il m'a dit de vous amener si vous étiez intéressé.

Paul : C'est très aimable à lui !

Sophie : Ah, voici Didier !

Didier : Bonjour Sophie, bonjour... Paul !

Sophie : Pour les Français, la Bourse est toujours un peu mystérieuse et pour ceux qui ont lu le roman de Zola *L'argent* elle est même dangereuse ! Les femmes n'avaient pas le droit d'y entrer et ce n'est que depuis 1972 que la Bourse de Paris a ouvert au public cette "Galerie des visiteurs" où nous sommes. Pour beaucoup, la bourse est une sorte de casino où l'on joue et où l'on perd des fortunes !

Didier : C'est tout de même beaucoup plus sérieux, croyez-moi la bourse est nécessaire. Pour que leur capital soit souscrit, les sociétés anonymes font appel à l'épargne publique par le truchement des banques d'affaires qui placent leurs actions. Les actionnaires ont donc investi une certaine somme dans ces actions or, il se peut qu'ils aient besoin de cet argent par la suite, ou qu'ils désirent en investir davantage, ils vont donc vouloir soit revendre leurs titres, soit en acheter d'autres. Mais comment estimer la valeur d'une action ? C'est là qu'intervient la bourse. C'est la loi de l'offre et de la demande qui va permettre de déterminer la cote de l'action à toute heure du jour et de la nuit grâce à la cotation continue assistée par ordinateur qui permet de se relier à toutes les places étrangères. Si tout le monde veut acheter et personne ne veut vendre, les cours montent en flèche, et si, au contraire, tout le monde veut vendre et personne ne veut acheter, les cours s'effondrent. Maintenant les raisons pour lesquelles les actionnaires veulent vendre ou acheter sont multiples, comme on vient de le voir, il y a le besoin de liquidité qui amène l'actionnaire à revendre et le désir d'investir qui le pousse à acheter, mais il y a aussi la crainte de perdre de l'argent quand une société est victime d'une crise économique ou d'une mauvaise gestion et ne fait plus de bénéfices, ses actions baissent et l'actionnaire cherche à s'en débarrasser pour limiter sa perte. Par contre si la société est prospère et fait de gros bénéfices, elle verse de gros dividendes à ses actionnaires et ses actions sont recherchées... Mais il n'y a pas que les actions qui sont négociées en bourse, il y a aussi des obligations et des emprunts d'état.

Paul : Oui, c'est ce que je n'ai jamais très bien compris. Quelle différence y a-t-il entre une action et une obligation par exemple ?

Didier : Lorsque l'Etat ou les collectivités publiques (villes, départements, services publics comme les P. & T., la S.N.C.F. ou l'E.D.F.-G.D.F.) ont besoin d'argent en plus de l'apport constitué par les divers impôts, ils font appel à l'épargne publique et lancent un emprunt. Les obligations sont des titres qui représentent ces prêts à l'Etat ou aux collectivités qui rapportent un intérêt et sont amortissables, c'est-à-dire remboursables à une certaine date. Le titulaire d'une obligation, l'obligataire, est un créancier tandis que l'actionnaire est un associé. L'action rapporte des dividendes variables, qui sont des fractions de bénéfices, tandis que l'obligation rapporte un intérêt généralement fixe... Il y a aussi les emprunts d'Etat et les Bons du Trésor...

Sophie : Tu sais Didier, je trouve que cette visite de la Bourse est beaucoup moins spectaculaire qu'avant ! Il n'y a plus toute cette agitation, tout ce bruit ! Maintenant on ne voit plus que des gens rivés devant leurs écrans télématiques...

Didier : Oui, c'est vrai : il n'y a plus grand chose à voir ! D'autant plus que maintenant, les cotations ont cessé de se dérouler dans un lieu unique le Parquet, mais peuvent tout aussi bien se faire depuis les Sociétés de Bourse opérant à partir de terminaux reliés à un ordinateur central. Autrefois tout se passait autour de la Corbeille et la cotation à la criée était très spectaculaire, mais c'était quand même lent, alors il y avait aussi un autre système, la cotation par casier, les ordres d'achat et de vente étaient déposés dans une boîte – le casier – et étaient dépouillés par un commis.

Sophie : Quand le cours est fixé, comment se passent les transactions ?

Didier : Les opérations peuvent s'effectuer au comptant et dans ce cas, le paiement et l'inscription des titres suivent de près la transaction, ou bien à terme – et c'est ce marché-là qui est spéculatif – l'inscription et le paiement d'un montant immédiatement stipulé sont reportés à une date fixe – la liquidation – qui constitue le terme du marché – ce qui laisse à l'acquéreur la possibilité de revendre à meilleur prix des titres qu'il n'a pas encore payés (ni touchés d'ailleurs) et au vendeur la possibilité d'acheter à un cours plus bas les actions qu'il a vendues sans les avoir ! L'acheteur est un haussier puisqu'il spécule à la hausse, alors que le vendeur est un baissier.

Paul Et bien cela n'est pas simple ! Je me sens de plus en plus français en ce qui concerne la bourse !!! Est-ce que les bourses de commerce fonctionnent de la même façon ?

Didier Plus ou moins, oui. Il y a 33 bourses de marchandises en France qui permettent de coter les marchandises, le sucre, le café, la laine, etc. La cote officielle s'appelle la mercuriale.

Paul A cause de Mercure, le dieu romain du commerce, des voleurs et... des médecins !

Didier Oui, cela se passe de commentaires ! Au sous-sol de ce bâtiment, il y a d'autres salles où sont fixés le cours de l'or et des métaux précieux et le cours des changes.

Sophie Moi, j'aimerais que tu m'expliques ce que veulent dire ces sigles S.I.C.A.V. et S.I.C.O.V.A.M.

Didier : Maintenant que les valeurs mobilières sont dématérialisées, c'est-à-dire qu'au lieu d'être représentées par des titres imprimés sur papier avec des coupons à découper et à présenter pour pouvoir toucher les dividendes, elles sont maintenant enregistrées dans la mémoire de l'ordinateur central et tous les mouvements se font par simple virement d'un compte à un autre. La S.I.C.O.V.A.M. est l'organisme qui se charge de transférer ainsi les titres d'un vendeur à un acheteur. Quant aux S.I.C.A.V., ce sont des Sociétés d'Investissement à Capital Variable qui ont pour but de gérer, pour le compte de leurs actionnaires, un portefeuille de valeurs mobilières.

Sophie Didier, tu es un puits de science, mais est-ce que tu as des tuyaux sur les bonnes affaires ?

Didier Les experts, eux-mêmes, ne sont pas toujours d'accord ! On peut se tromper... Mais je pense que les fonds d'état sont des placements "de père de famille", des investissements sûrs, même s'ils ne rapportent pas beaucoup.

Paul Cette visite était très intéressante, merci Didier. J'ai de l'argent à placer et je vais l'investir dans... un restaurant. Venez, il est tard et nous n'avons pas déjeuné : je vous invite.

VOCABULAIRE

La Bourse : *the Stock Exchange, the stock market*
un titre : *stock, security*
les valeurs mobilières (f) : *stocks and bonds, transferables securities*
une obligation : *a bond*
des fonds d'état (m) : *government stocks/securities*
une Société de Bourse : *a Stock Exchange Company*
le monopole : *monopoly*
un cambiste : *foreign exchange dealer/broker*
un agent de change : *a stock broker*
changer : *to exchange*
le change : *exchange*
un courtier : *a broker*
une charge : *an office*
hors cote : *unlisted, off-board*
l'offre et la demande : *supply and demand*
la cote : *quotation*
le cours : *quotation, price*
s'effondrer : *to collapse*
un dividende : *a dividend*
une rente : *a government bond*
lancer un emprunt : *to issue/to float a loan*
amortissable : *redeemable*
un obligataire : *a bond holder*
rapporter un intérêt : *to bear an interest*
un emprunt d'Etat : *a government bond*
un Bon du Trésor : *a Treasury bond*
le Parquet : *the trading floor*
la corbeille : *the trading floor*
la cotation à la criée : *quotation by oral bid*
la cotation par casier : *quotation by written bid*
dépouiller : *to analyse, to sort/(am. analyze)*
le marché à terme : *forward market/options market*
un haussier : *a bull*
un baissier : *a bear*
la Bourse de commerce : *the commodity exchange*
la Bourse des marchandises : *the commodity exchange*
la mercuriale : *the market price-list*
le cours de l'or : *the rate of gold*
un coupon : *a coupon*
la S.I.C.O.V.A.M. : *Société Interprofessionnelle de COmpensation des VAleurs Mobilières*
la S.I.C.A.V. : *mutual funds*

QUESTIONS ORALES

1. Qu'appelle-t-on valeurs mobilières ?
2. Où sont-elles négociées ?
3. Qui a le monopole de ces transactions ?
4. Comment appelle-t-on les gens qui changent l'argent ?
5. Que peuvent faire les Sociétés de Bourse ?
6. Quand les cours montent-ils ?
7. Quand s'effondrent-ils ?
8. Quelles différences y a-t-il entre une action et une obligation ?
9. Qu'est-ce qu'un haussier ? un baissier ?
10. Comment s'appelle la cote officielle à la bourse des marchandises ?

EXERCICES ECRITS

1. Ecrivez le mot ou l'expression qui vous paraît convenir :

1. L'opération de . . . . consiste à acheter ou à vendre des monnaies étrangères.
   - escompte
   - change
   - crédit
   - cours

2. C'est à la . . . . que s'effectuent les opérations relatives aux valeurs mobilières.
   - Bourse de commerce
   - banque de dépôt
   - Bourse des valeurs
   - banque mobilière

3. Un . . . . est une valeur mobilière.
   - titre
   - chèque
   - crédit
   - mobilier

4. Les bourses sont des marchés . . . . placés sous l'autorité du gouvernement.
   - réglementés
   - administrés
   - commissionnés
   - régularisés

5. En ce qui concerne l'émission de nos nouvelles actions, vous pouvez . . . . auprès des établissements bancaires et des agents de change.
   - vous associer
   - souscrire
   - remplir
   - émettre

6. Les actions et les . . . . sont des valeurs négociées à la bourse.
   - lettres de change
   - traites
   - dividendes
   - obligations

7. Les mouvements de la bourse sont déterminés par la loi . . . .

- du talion
- du plus fort
- de l'offre et de la demande
- divine

8. On dit souvent que les rentes d'Etat sont des placements de . . . . famille.

- grande
- père de
- nom de
- fils de

9. Les . . . . sont chargés du change.

- agents de change
- chargeurs
- échangeurs
- cambistes

10. Les épargnants français investissent nettement moins en actions, ... et autres formes de placement boursier, depuis novembre 1987.

- traites
- obligations
- agents de change
- billets

2. Bâtissez une phrase cohérente avec chacun des mots suivants :

- prêter
- investissement
- épargne
- marché

3. Mettez au pluriel la phrase suivante :

Le capital investi a vite été rentabilisé.

4. Vrai ou faux :

1. La France compte 33 bourses des valeurs. VRAI FAUX
2. Les Sociétés de Bourse ont le monopole des transactions en bourse. VRAI FAUX
3. Les spéculateurs font des placements de père de famille. VRAI FAUX
4. Quand il y a une crise économique les cours montent en flèche. VRAI FAUX
5. Un agent de change est un officier ministériel. VRAI FAUX

5. Choisissez ci-dessous l'expression qui convient et écrivez-la sur la ligne correspondant à sa définition :

- marché des changes
- marché potentiel
- marché noir
- marché captif
- marché d'un produit

— . . . . : partie ou totalité d'un marché dans lequel un seul producteur vend un bien ou un service.

— . . . . : ensemble des acheteurs actuels ou potentiels d'un produit qui se trouve sur un territoire déterminé.

— . . . . : marché au comptant ou à terme des devises étrangères.

— . . . . : marché dont les transactions sont opérées dans le non-respect des lois et des règlements économiques.

— . . . . : ensemble des consommateurs possibles d'un bien ou d'un service.

6. Trouvez le mot qui manque dans les phrases suivantes (le même mot dans les phrases a, b et c) et faites vous-même une phrase (phrase d) en utilisant ce mot :

1er mot :

a. Le . . . . du jour des actions est publié dans la cote officielle.

b. Ce billet de banque a été retiré de la circulation ; il n'a plus . . . . légal.

c. Ne vous inquiétez pas de notre silence momentané, l'affaire suit son . . . .

d. . . . .

2e mot :

a. La lettre de . . . . est un moyen de paiement très utilisé par les entreprises.

b. L'agent de . . . . avait un rôle d'intermédiaire dans la négociation des valeurs boursières.

c. En troquant son vieux vélo contre un blouson de cuir presque neuf, il n'a pas perdu au . . . .

d. . . . .

7. Lors de la rédaction de ce texte, un certain nombre de mots ont été effacés. Vous êtes chargé(e), avant l'impression définitive, de COMPLETER LE TEXTE à l'aide des mots donnés ci-dessous dans l'ordre alphabétique :

1. affaires - avoirs - code - corbeille - cotations - cours - obligations - portefeuille - risques - sélection - système - talents - utilisateurs - valeur

BOURSE

CONFIEZ-NOUS
VOTRE PORTEFEUILLE PERSONNEL

Et tous les jours, nous vous indiquons l'évolution de chaque . . . . et nous calculons pour vous le montant global de votre . . . . C'est la . . . . en direct. Dès la clôture de la Bourse, vous connaissez les . . . . du jour. Vous êtes informé sur-le-champ.

POUR REAGIR PLUS VITE

Vous pouvez tout nous demander. A tout moment, tout au long de la journée. Nous suivons l'intégralité des . . . . à la Bourse de Paris : même le hors-cote, les . . . . et les SICAV. En tout : 4 500 valeurs. A vous de dénicher les bonnes . . . .

ET PAS DE . . . . D'INDISCRETIONS

Nous vous attribuons un . . . . personnel et secret qui vous donne accès à la . . . . de valeurs que vous avez vous-même établie. Le Monde sur minitel gère déjà 35 000 portefeuilles. Le . . . . est simple et il rend service. Il paraît d'ailleurs que certains . . . . ne possèdent pas un vrai portefeuille mais en profitent pour mettre à l'épreuve leurs . . . . d'opérateur.

UNE SAGE PRECAUTION !

D'autres se sont constitué plusieurs portefeuilles : un avec leurs véritables . . . . et d'autres — fictifs — pour mieux suivre certaines valeurs. Et acheter au bon moment.

INGENIEUX ET EFFICACE, NON ?

Sur votre Minitel, faites le 36-15 et tapez LE MONDE.

2. Complétez le texte avec les mots ci-dessous dans l'ordre alphabétique :

capitaux - finances - investisseurs - lois - mutuelles - opportunités - particuliers - placements - pouvoirs - produits - risques - valeurs

QUAND ON PREND DES RISQUES
IL FAUT DIVERSIFIER SES ACTIFS

Après l'ouverture internationale du marché financier, il est nécessaire aujourd'hui de profiter de toutes les . . . . La mutation qui se produit actuellement sur la place de Paris permet de mieux gérer les . . . . en diversifiant ses actifs.

L'Etat a, en effet, décloisonné le marché des . . . . Désormais, tous les . . . ., entreprises, ..., banques, ..., peuvent y accéder. Les . . . . Publics souhaitent la concurrence. Mieux, ils la jouent. Le Trésor a décidé de se plier aux . . . . du marché. A son incontestable solidité, le Trésor ajoute la meilleure liquidité.

Les nouveaux . . . . financiers du Trésor sont négociables au jour le jour, pour une gamme de placements allant de trois mois à vingt-cinq ans. Idéal pour gérer ses risques !

Les nouvelles . . . . du Trésor ont la cote. Les investisseurs ne s'y trompent pas : elles sont compétitives pour gérer les trésoreries et diversifier les . . . .

Si vous voulez vous-même vous initier à ce marché, demandez la brochure « les Valeurs du Trésor » au Ministère de l'Economie, des . . . . et de la Privatisation.

8. Version :

1. Depuis juillet 1979 le cours de l'or a doublé.
2. De nos jours, il est plus intéressant d'acheter des actions que des obligations.
3. Tout spéculateur cherche toujours à revendre plus cher qu'il n'a acheté.
4. Quand il y a une crise économique, les cours s'effondrent.
5. Les petits épargnants cherchent des investissements sûrs.
6. Notre banquier a exigé des titres en garantie avant de nous accorder un prêt.
7. Les devises sont cotées chaque jour sur le marché des changes.
8. Le gouvernement vient d'annoncer sa décision de faire flotter le franc.
9. La spéculation internationale va forcer le gouvernement à soutenir le franc.
10. Les titres d'état sont considérés comme un placement de père de famille.

9. Thème :

1. Commodity exchanges operate according to the same principles as stock exchanges.
2. The London Stock Exchange, while ranking behind the New York and Tokyo Exchanges in terms of the value of the securities quoted, today lists almost 8 000 separate issues.
3. They have a large portfolio of tax-free bonds.
4. Shareholders receive a dividend which may vary, while bondholders are paid a fixed interest.
5. Bulls as well as bears contribute to the activity of the market.
6. Economists do not understand this new upward trend.
7. The interest yielded is 10 %, it is a good investment.
8. No doubt the fear of a devaluation of the franc can explain this downward trend.
9. Would the distribution of dividends be worth the investment ?
10. The number of stock-holders in France has risen to 7.5 million.

10. Correspondance :

Vous avez passé par téléphone un ordre d'achat pour un lot d'actions d'une société d'électronique et un ordre de vente d'obligations des Aciéries de France à une Société de Bourse.

Vous **écrivez** une lettre pour confirmer votre communication téléphonique.

11. Jeu de rôles :

Ce texte n'a pas particulièrement la Bourse pour sujet, mais il fait partie des textes d'examen donnés par la CCIP.

12. Compréhension de texte :

Vous avez visité la Bourse des Valeurs de Paris, et vos camarades vous posent des questions. Vous leur répondez en leur expliquant le fonctionnement de ce marché.

L'AVENTURE DE LA CREATION D'ENTREPRISE

Ils sont cinq apprentis ingénieurs pas encore sortis de l'école, d'une moyenne d'âge de vingt-trois ans. Leur société de graphisme informatique est déjà lancée : une carte électronique, introduite dans un ordinateur, pilote l'écran vidéo et lui permet d'en restituer les données dessinées. L'affaire tourne honorablement.

Les petits Français ont câliné un million de poupées E.T. grâce à Laurent, un jeune importateur qui a réussi à arracher les droits de diffusion à la Société Kamar, la multinationale de la poupée.

L'âge tendre fait aussi vivre Sylvain et ses deux acolytes qui ont lancé à Bazarnes, dans l'Yonne, la fabrication de meubles pour poupées.

A Lyon, une S.C.O.P. (*) de formation et de conseil en micro-informatique, créée il y a deux ans à peine, parraine déjà d'autres jeunes entrepreneurs.

L'aventure de l'entreprise tente aussi des jeunes dont le désir n'est pas seulement d'être performant.

C'est l'amour de l'art qui a poussé Patricia, vingt-cinq ans, à créer l'un des cinq ateliers de restauration de textiles anciens en France.

Préoccupation sociale pour Pierre, qui a lancé à Marseille un atelier de construction de bateaux en bois. Les ouvriers ? Des loubards à qui il souhaite donner une occasion de se réinsérer dans le circuit économique.

Pour devenir créateur d'entreprise, il suffit au départ d'avoir une idée ou simplement d'être très motivé.

En fait, il y a trois catégorie de créateurs : ceux qui ont une idée originale, innovatrice et qui lancent l'entreprise qui la met en pratique. Ceux qui se propulsent habilement, et à leur manière, dans les mailles libres d'un créneau déjà existant. Ceux, enfin, qui créent pour créer et changent d'entreprise sitôt qu'elle est à flot. "On n'a rien à perdre quand on est jeune", estiment-ils tous.

L'argent ? En manquer n'est pas toujours un obstacle incontournable. Plus la somme dont ils disposent est mince, plus les créateurs doivent faire preuve d'imagination. Il faut surtout choisir son projet.

Faute, cependant, de disposer de capacités financières pour les investissements initiaux, beaucoup préfèrent se lancer dans les services plutôt que dans la production industrielle.

Le savoir-faire ? Sans étude de marché ni plan financier, un projet n'en est pas un. A vingt ans, rares sont ceux qui savent en établir ! Ils se tournent alors vers des organismes spécialisés dans le conseil.

Certains font payer leurs services. D'autres, telles l'Agence Nationale pour la Création d'Entreprise (A.N.C.E.), les Chambres de Commerce et d'Industrie ou France-Initiative, établissent gratuitement le plan financier.

Encore faut-il le savoir. "Officiellement, l'Etat encourage la création d'entreprise mais, concrètement rien n'est fait pour la faciliter, déplorent en chœur les candidats. On perd un temps fou à s'informer sur les démarches à effectuer et sur les différentes aides."

Lorsque l'entreprise est officiellement lancée, les jeunes patrons se plaignent de leurs rapports avec la banque, la seule à pouvoir permettre le découvert inévitable du début.

"Les banquiers ne prennent pas de risques", enragent-ils. "Là n'est pas notre rôle", rétorquent les accusés.

Sans doute leur est-il plus difficile encore de faire confiance à un garçon ou à une fille de vingt-trois ans dont le projet se fonde sur une idée totalement innovatrice.

Malgré ces difficultés, les candidats à cette aventure ne manquent pas. C'est que, créer son entreprise, c'est aussi, pour des jeunes, une manière d'affronter la crise. Et cette attitude n'est pas l'apanage des jeunes diplômés ou des "fils à papa". Et ils sont nombreux à se lancer. France-Initiative en est un bon baromètre. Son fondateur, Jean-Philippe Mallet, de l'Institut de développement industriel, a entrepris depuis quatre ans un véritable combat "contre le chômage et pour l'émergence et l'accompagnement des entreprenants".

Grâce à une "cagnotte" alimentée par le mécénat industriel, ce fonceur donne des "coups de pouce" à des créateurs. Il reçoit deux projets par semaine, presque tous solides, mais il n'est pas en mesure de les aider tous.

La micro-entreprise est, à ses yeux, un remède au chômage : de 1974 à 1980, elle a créé cinq cent cinquante mille emplois. Les vingt-huit premiers coups de pouce de France-Initiative en ont créé cent cinquante.

Ces premiers chiffres amènent Jean-Philippe Mallet a préconiser l'élaboration d'un statut de l'"entreprise en émergence" laissant à des jeunes innovateurs la possibilité d'être dégrevés au tout début de leur expérimentation. "Il faut laisser les créateurs créer", répète-t-il inlassablement.

D'après un article du Monde de l'Education
octobre 1983

(*) S.C.O.P. : Société Coopérative Ouvrière de Production.

[A] **Complétez** à l'aide du texte, la fiche de synthèse ci-dessous :

1. Thème de l'article : . . . .
2. Réalisation
   publié par : . . . .
   au mois de : . . . .

Quelles sont les activités des entreprises citées en exemple ?
La principale motivation des jeunes qui les ont créées ?
Autres types d'entreprises également créées par des jeunes ?
Les motivations respectives de leurs créateurs ?
Que faut-il, au départ, pour tenter l'aventure de la création d'entreprise ?
Quelles sont les difficultés rencontrées par les jeunes candidats ?
Comment remédier au manque d'argent ?
Sans savoir-faire, comment établir un plan financier ?
L'aide à la création d'entreprise : d'où viennent les fonds qui permettent d'aider de jeunes créateurs ?
Quelle est la principale justification économique de la micro-entreprise ?
Quels sont les chiffres qui le prouvent ?
En conclusion, que peut-on souhaiter pour aider les jeunes créateurs d'entreprise ?

[B] Que pensez-vous de ces jeunes qui créent leur entreprise ? Peut-être aimeriez-vous, vous-même, tenter l'aventure ? **Exprimez** librement votre point de vue en une dizaine de lignes.

Thomson: la corbeille percée

Un haut fonctionnaire du ministère de la Défense serait impliqué dans une affaire boursière, à propos des actions de Thomson-CSF.

BOURSE

Depuis plusieurs jours maintenant, le ministre de la Défense, est informé d'une enquête de la COB (Commission des opérations de Bourse) mettant en cause un des hauts fonctionnaires de son ministère...

...Les griefs a son égard? Etre impliqué dans une affaire "d'initiés". En clair, selon les investigations de la COB auprès d'agents de change et des banques, il aurait racheté, en décembre 1983, 6 000 actions Thomson-CSF. Et cela dans l'espoir de les revendre à un taux bien supérieur, et de réaliser une bonne opération.

L'ennui est que ce fonctionnaire avait été — pour le compte du ministère de la Défense — l'un des négociateurs du contrat décroché par Thomson-CSF en Arabie Saoudite au mois de janvier dernier. Un fabuleux contrat — connu sous le nom de "Shahine 2", œil de Faucon — d'un montant de 4,2 milliards de dollars (35 millards de francs) portant sur la livraison à Riyad d'un système de défense anti-aérienne intégré (25 % de ce contrat revenant à Matra, au Groupement industriel de l'armement terrestre et à trois entreprises de travaux publics, dont Bouygues).

A n'en pas douter, ce contrat est apparu comme une belle bouffée d'oxygène pour la firme française, dont les comptes prévisionnels n'apparaissent guère mirobolants.

Ce n'est d'ailleurs pas un hasard si du côté de la corbeille, l'action Thomson-CSF — avant la signature de ce contrat — ne s'envolait guère : 189,80 F au 1er décembre 1983.

Or, phénomène bizarre, elle va grimper vigoureusement au début de 1984 ; 242 francs le 10 janvier ; 260 francs le 12 janvier. Ce jour-là, 70 000 titres changent de mains à la Bourse de Paris. A la COB, supputations et interrogations vont bon train : qui sont ces gros et mystérieux acheteurs ?

La Bourse à Paris

Le 16 janvier, nouvelle alerte : 100 000 titres Thomson-CSF sont cette fois échangés. Curieusement, pourtant, l'action a légèrement chuté : moins 4 francs par rapport au 12 janvier. (Elle repart les jours suivants pour coter 281 francs le 17 et 288 francs le 18).

Le 16 janvier, précisément, est annoncée officiellement la signature du contat entre Thomson-CSF et Riyad. A la Bourse, la rumeur enfle : "*Pas de doute, entend-on quelques informés connaissaient la signature imminente d'un contrat juteux pour Thomson-CSF, d'où ces opérations d'initiés...*"

En réalité — la précision est capitale — le contrat a été paraphé dans le plus grand secret à Paris, le 11 janvier. Après d'ultimes négociations qui se sont déroulées à Riyad du 4 au 8 janvier.

Or, c'est le 10 et le 12 janvier — rappelons-le — que l'action Thomson-CSF s'est envolée.

De plus en plus intrigués, les enquêteurs de la COB poursuivent leurs investigations auprès de l'administration et des banques. Finalement, ils estiment que lorsqu'il a acheté ses 6 000 titres avec son épouse en décembre 1983, ce fonctionnaire savait qu'un contrat entre Thomson-CSF et l'Arabie Saoudite allait être signé dans les prochaines semaines et qu'il aurait pu bénéficier d'informations privilégiées.

Or, l'ordonnance sur les sociétés commerciales du 28 septembre 1967, dans son article 10.1, est claire : elle punit de sanctions pénales toute personne qui à l'occasion de ses fonctions, disposant d'informations privilégiées, a réalisé une opération boursière avant que le public en soit informé.

C'est sur la base de ce texte — sans préjuger bien sûr d'une décision de justice — que la COB a saisi les autorités judiciaires de cette affaire . Reste évidemment une question clé : qui a acheté, entre le 8 et le 16 janvier 1984 — pour une somme supérieure à 1,5 milliard de centimes — plus de 60 000 actions Thomson ?...

Extrait d'un article de
Gilles GAETNER
Le Point, n° 609 (21-5-84)

VALEURS	% du nom.	% du coupon
....	30 80	2 285
....	46 70	2 123
mort. 45-54 ..	....	2 786
7 % 1973 ...	8101	..
8,80 % 77 ...	119 75	1 061
% 78/93	97 80	9 639
% 78/86	97 82	4 967
0 % 79/94 ...	99 90	9 025
25 % 80/90 ...	106 20	1 198
30 % 80/87 ...	106 20	9 944
30 % 81/89 ...	108 90	6 503
75 % 81/87 ...	111 30	13 721
20 % 82/90 ...	118 30	7 723
% juin 82	119 15	1 184
.F. 7,8 % 61 ...	146 60	6 879
.F. 14,5 % 80-92	106 50	1 359
. France 3 %	154	..
NB Bques janv. 82 .	102 35	0 152
NB Paribas	103 46	0 152
NB Suez	103 20	0 152
NI janv. 82	102 30	0 152

VALEURS	Cours préc.	Dernier cours
Actions au comptant		
Aciers Peugeot	162	160
A.G.F. (St Cent.) ...	1950	1970
Amrep	53	55
André Roudière	280	275
Applic. Hydraul. ...	360	372
Arbel	72	69 10
Artois	1620	....
Avenir Publicité	1055	1100
Bain C. Monaco	375	360
Banania	480	478
Banque Hypoth. Eur.	330	....
B.G.I.	271 60	282 50
Blanzy-Ouest	442	483 50 d
B.N.P. Intercontin. ..	174	....
Bénédictine	2880	2900
Bon-Marché	274 80	274 80
Calif	579	579
Cambodge	335	....
C.A.M.E.	137	135 10
Campenon Bern. ...	185 30	181 10
Caout. Padang	490 10	509
Carbone-Lorraine ..	292 40	293
Caves Roquefort ...	1550	1550
C.E.G.Frig.	550	540
C.E.M.	52	51
Centen. Blanzy	1050	1008
Centrest (Ny)	125	127
Cerabati	45	46 40
C.F.C.	269	265 50
C.F.F. Ferrailles	355	350 50
C.F.S.	600	....

VALEURS	Cours préc.	Dernier cours
Fnac	550	550
Focep (Chât. eau) ..	880	....
Foncière (Cie)	376	377
Fonc. Agache-W. ..	271	....
Fonc. Lyonnaise ...		
Foncina		
Forges Strasbourg ..		
Forinter		
Fougerolle		
France I.A.R.D.		
France (La)		
From. Paul Renard ..		
GAN		
Gaumont		
Gaz et Eaux		
Genty S.A.		
Gér. Arm. Hold.		
Gévelot		
Gr. Fin. Constr.		
Gds Moul. Corbeil ..		
Gds Moul. Paris ...		
Groupe Victoire ...		
G. Transp. Ind. ...		
H.G.P.		
Hydro-Energie		
Hydroc. St-Denis ..		
Immindo S.A.		
Imminvest		
Immobail		
Immobanque ...		
Immob. Marseille .		
Immofice		
Industrielle Cie ..		
Invest. (Sté Cent.)		
Jaeger		
Lafitte-Bail		
Lambert Frères .		
La Brosse-Dupont		
Lille-Bonnières .		
Locabail Immob .		
Loca-Expansion .		
Locafinancière ..		
Locatel		
Lordex (Ny) ...		
Louvre		
Machines Bull .		
Magasins Unipri		
Magnant S.A. .		
Maritimes Part.		
Métal Déployé		
M. H.		
Mors		
Naval Worms		
Navig. (Nat. de		
Nicolas		
Nobel Bozel .		
OPB Paribas .		
Optorg		
Origny-Desvrc		
Palais Nouvea		
Paris France		
Paris-Orléans		
Part. Fin. Ges		

VALEURS	Cours préc.	Dernier cours
Speichim	124 80	129 80
S.P.I.	571	571
Spie Batignolles ...	248	265
Stemi	440	430
Taittinger	1300	1300

VALEURS	Cours préc.	Dernier cours
Dow Chemical	340	341 50
Dresdner Bank	830	850
Finoutremer	240	....
Gén. Belgique	287	296
Gevaert	546	595
Glaxo	159	160

VALEURS	Cours préc.
SECOND MA	
A.G.P.-R.D.	183
BAFIP	62
Calberson	34
Cap Gemini Sogeti ..	104
	72

SICAV 4/7

VALEURS	Émission Frais incl.	Rachat net
A. A. A.	503 62	503 62
Actions France	294 14	280 80
Actions-Investiss.	283 81	270 94
Actions sélectives	421 36	402 25
Aedificandi	446 45	426 21
A.G.F. 5000	306 78	292 87
Agfimo	465 07	443 98
A.G.F. Interfonds	367 83	351 15
Altefi	213 96	204 26
A.L.T.O.	182 60	174 32
Amérique Gestion	450 52	430 09
Argonautes	277 22	264 65 ◆
Assoc. St-Honoré	12647 34	12584 42
Associc	23239 81	23239 81
Bourse-Investiss.	337 73	322 42
Bred Associations	2358 26	2351 21
Capital Plus	1445 89	1445 89
Columbia (ex W.I.) ...	731 04	697 89
Convertimmo	296 90	285 48
Cortal court terme	10720 30	10720 30
Cortexa	937 04	894 55
Credinter	383 59	366 20
Croiss. Immobil.	457 18	436 45
Déméter	12322 29	12322 2
Drouot-France	409 05	390
Drouot-Investiss.	786 98	751
Drouot-Sécurité	198 93	189
Drouot-Sélection	129 99	124
Energia	240	229
Eparcic	58287 07	58170
Eparcourt Sicav	7021 24	7003
Epargne Associations .	23231 07	23161
Epargne-Capital	6540 56	6475
Epargne-Croiss.	1408 79	1344
Epargne-Industr.	498 26	475
Epargne-Inter	618 19	59
Epargne-Long-Terme ..	1233 17	117
Epargne-Oblig.	182 69	17
Epargne-Unie	960 65	91
Epargne-Valeur	358 63	34
Eparoblig	1191 72	118
Eurocic	8516 63	813
Euro-Croissance	430 39	41
Europe Investiss.	1282 32	1224 17
Financière Plus	21550 55	21507 53
Foncier Investiss.	794 05	758 04
Foncival	191 19	182 52
France-Garantie	284 33	278 75
France-Investiss.	462 23	441 27
France-Net	113 55	111
France-Obligations ...	395 29	389 45

VALEURS	Émission Frais incl.	Rachat net
Fructivar	69273 71	69100 96
Fructi-Première	11731 44	11558 07
Gestilion	55889 93	55750 55
Gestion Associations ..	122 96	119 96
Gestion Mobilière	587	560 38
Gest. Rendement	466 33	445 18
Gest. Sél. France	476 30	454 70
Haussmann-Epargne ..	1121 02	1121 02
Haussmann Oblig.	1318	1258 23
Horizon	880	854 37
I.M.S.I.	455 98	435 30
Indo-Suez Valeurs	647 08	617 74
Ind. française	12631 96	12384 27 ◆
Interoblig.	10056 24	9669 46
Intersélect France	331 83	316 78
Intervaleurs Indust. ...	438 67	418 78
Invest. net	12481 22	12456 31
Invest.Obligataire	14771 87	14742 39
Invest. Placements ...	828 43	790 86
Japacic	121 39	115 89 ◆
Laffitte		
Laff		
Obli		
Orient-Gestion		
Pareurope	633 49	604 76
Paribas Epargne	13381 39	13328 08
Paribas Gestion	558 08	532 77
Parnasse-Valor	1017 17	1016 15

VALEURS	Émission Frais incl.	Rachat net
Placement crt-terme ..	60212 27	60212 27
P.M.E. St-Honoré	308 61	294 62
Priv'Association	20465 18	20465 18
Province Investiss. ...	334 98	334 98
Rentacic	155 84	153 54
Revenus Trimestriels ..	5523 33	5441 70
Revenu Vert	1048 35	1048 35
St-Honoré Bio-aliment.	535 61	511 32
St-Honoré Pacifique ..	407 01	388 55
St-Honoré Real	10322 79	10271 43
St-Honoré Rendement .	11534 01	11476 63
St-Honoré Technol. ...	654 79	625 10
Sécuricic	10093 56	10083 48
Sécur. Mobilière	403 95	385 63
Sél.court terme	11548 63	11462 66
Sélec. Mobil. Div.	349 21	340 69
Sélection-Rendem. ...	174 87	170 60
Sélect. Val. Franç.	232 07	221 55
Séquanaise Associat. .	57454 91	57454 91
Séquan. court terme ..	57637 78	57637 78
		411 66
		674 38
		10
		94
		866 24
		1012 47
Uni-Régions	1911 42	1824 74
Unirente	1871 61	1810 07
Univar	155 30	155 30
Univers-Obligations ..	1107 80	1071 37
Valorem	404 69	386 34

Notes sur la lecture :

la corbeille : le mot a ici un double sens : centre de la bourse et aussi panier, d'où l'allusion au panier percé.

un grief : une plainte.

mirobolant : merveilleux, trop beau pour avoir des chances de se réaliser.

s'envoler : se dit des oiseaux qui montent dans le ciel, au figuré : monter très vite et très haut.

grimper : monter.

chuter : baisser, tomber.

juteux : juicy.

paraphé : signé.

13. Les impôts - les syndicats

Paul : M. Verdier n'est pas très souriant aujourd'hui. Je ne sais pas ce qu'il a.

Mlle Simon : Il est en train de préparer la déclaration d'impôt pour la remettre à M. Lecomte, l'expert-comptable, qui la vérifie et la signe avant de l'envoyer, c'est très complexe et cela doit être fait avant le 22 février, alors cela explique sa mine soucieuse !

Paul : A propos d'impôt, j'ai déjà entendu le mot "fisc", mais je ne sais pas très bien ce que cela signifie...

Mlle Simon : On appelle "fisc" l'administration chargée de calculer et de percevoir les impôts.

Paul : Ah, oui, je vois, c'est l'équivalent de notre I.R.S. alors. Est-ce que les sociétés paient beaucoup d'impôts ici aussi ?

Mlle Simon : En principe, pour les sociétés de capitaux, les bénéfices sont imposables à 50 %, mais il y a des dégrèvements et des exonérations pour aider certains secteurs de l'industrie.

Paul : Et les particuliers ? Aux Etats-Unis, nous payons beaucoup de taxes sur le revenu.

Mlle Simon : Je crois que vous voulez dire : impôt, car on emploie le mot "taxe" uniquement pour les impôts indirects qui ne frappent que le consommateur ou l'utilisateur puisqu'ils sont perçus à l'achat de certaines marchandises ou lors de l'utilisation de certains services. La principale de ces taxes est la T.V.A., vous savez, la taxe dont vous devez indiquer le montant sur les factures...

Paul : A ce propos, je viens de lire un article sur la C.E.E. où l'on disait que c'était en France que la T.V.A. était la plus élevée. Est-ce que cela va poser des problèmes en 1992 ?

Mlle Simon : Oui, sans doute, puisqu'il va falloir que les 12 membres de la Communauté Economique Européenne se mettent d'accord sur un taux commun qui sera certainement inférieur à notre taux de 18,6%... Quand on sait que la T.V.A., rapporte plus de 40% à l'Etat, cela va faire un énorme manque à gagner qu'il va falloir compenser d'une manière ou d'une autre ! Mais cette diminution de taxe va augmenter d'autant le pouvoir d'achat des consommateurs et par conséquent cela aura un retentissement favorable sur l'économie.

Paul : En plus de la T.V.A., y a-t-il d'autres taxes ?

Mlle Simon : Oui, sur les spectacles, sur l'essence, sur les tabacs, etc. Elles sont toujours incluses dans le prix de vente, il y a une taxe spéciale sur la circulation de l'alcool qu'on appelle le "congé" et qui confère l'autorisation de transporter des bouteilles de vin ou de liqueur dans sa voiture ou dans ses bagages... Pour être encore plus précis, il faut aussi ajouter les droits de douane, les droits d'enregistrement, de succession, et aussi la vignette pour les automobiles : une taxe proportionnelle à la puissance et à l'âge de leur véhicule que les automobilistes doivent payer chaque année. Pour les sociétés, il y a aussi la taxe d'apprentissage, et, maintenant une contribution pour le fonds de chômage. Quant à l'impôt sur le revenu, l'I.R.P.P., cela équivaut à peu près à un mois et demi ou deux mois de salaire.

Paul : Comment le calcule-t-on ? Est-ce que vous savez le faire ?

Mlle Simon : Bien sûr. En général les Français établissent eux-mêmes leur déclaration de revenus, sans faire appel à un conseiller fiscal. Il faut tout d'abord pour établir l'assiette fiscale, c'est-à-dire la somme imposable, faire le total de ses revenus : son salaire, plus les dividendes touchés si l'on possède des actions, les loyers encaissés si l'on est propriétaire, les intérêts de l'argent placé, les rentes, les pensions alimentaires, etc., puis on déduit de ce total les frais professionnels soit de façon forfaitaire, c'est-à-dire un certain pourcentage admis, soit ses frais réels, à condition de pouvoir les justifier en cas de contrôle. On déduit aussi les exonérations auxquelles on a droit et on détermine ensuite le nombre de parts, c'est-à-dire le nombre de personnes dans le ménage, y compris les personnes à charge, enfants, parents âgés, etc. On divise le revenu imposable par le nombre de parts pour déterminer ainsi la tranche d'imposition à laquelle on appartient et on trouve, grâce au barême, le montant de l'impôt à payer.

Paul : Eh bien, cela n'a pas l'air tellement facile... Et une fois que l'on a réussi à faire cette déclaration, que se passe-t-il ?

Mlle Simon : On l'envoie à l'Inspecteur des Contributions Directes qui va la vérifier et l'inscrire sur le rôle — la liste des contribuables et de leur contribution — qu'il enverra au percepteur chargé du recouvrement.

Paul : Aux Etats-Unis, l'employeur retient les impôts chaque mois sur les salaires et les verse directement à l'I.R.S. En fin de compte, le contribuable paie la différence, si la retenue est inférieure à l'impôt, mais c'est bien souvent le contraire qui se produit et il reçoit un chèque du Trésor pour le trop-perçu.

Mlle Simon : En France, en général, on paie des tiers provisionnels basés sur l'impôt de l'année précédente et en fin d'exercice fiscal, en faisant le calcul que je viens d'indiquer, on sait combien on doit payer en soustrayant les tiers déjà versés, il ne reste que le reliquat à envoyer à la recette Perception. Si on a trop versé, le Ministère des Finances vous accorde un avoir à déduire de vos prochains impôts... pas de remboursement !

Paul : En définitive, c'est partout la même chose, plus on gagne d'argent, plus on paie d'impôts, mais je crois qu'aux Etats-Unis le contribuable paie l'équivalent de deux mois et demi de son salaire en impôt. On dit que c'est à partir du 15 mars que l'on commence à travailler pour soi ! Lorsqu'on est employé, l'impôt est assez facile à calculer puisque l'employeur le déclare et que l'employé en fait autant de son côté, mais que se passe-t-il pour les commerçants ?

Mlle Simon : Ils doivent déclarer leur chiffre d'affaires, mais bien souvent ils sont imposés au forfait, c'est-à-dire que le fisc estime le bénéfice qu'ils ont pu faire sur leur chiffre d'affaires et ils sont taxés sur cette somme. S'ils pensent qu'ils ont fait moins de bénéfices, alors ils peuvent dénoncer le forfait en fournissant des preuves. L'administration peut aussi augmenter le forfait si elle estime que le chiffre d'affaires étant supérieur, les bénéfices ont aussi augmenté. C'est toujours au commerçant qu'appartient de faire la preuve.

Paul : Et pour les membres des professions libérales ?

Mlle Simon : Les médecins, par exemple... S'ils sont conventionnés, c'est-à-dire s'ils ont signé une convention avec la Sécurité Sociale, leurs honoraires sont connus car ils figurent sur les feuilles de soins ou de maladie que les patients envoient à la Sécurité Sociale pour être remboursés de leurs frais médicaux ; s'ils ne le sont pas, ils sont aussi imposés au forfait. De même pour les architectes, les avocats, etc.

Paul : Vous avez parlé d'honoraires pour les médecins... cela me fait penser à vous demander la différence qu'il y a entre le traitement, les appointements, les émoluments...

Mlle Simon : C'est surtout une question de vocabulaire, car il s'agit de rémunération dans tous les cas, ou de salaire si vous voulez. Un employé touche des appointements, un fonctionnaire un traitement et un officier ministériel reçoit des émoluments pour sa rétribution. On parle aussi de gages pour les domestiques et gens de maison, de cachet pour les vedettes et de solde pour les soldats.

Paul : Cela je le savais, c'est même pour cela que sous la Restauration on appelait les soldats de Napoléon des demi-soldes... Mais puisqu'on parle de salaire, comment obtient-on des augmentations ?

Mlle Simon : Bonne question ! Par la qualité de son travail, à l'ancienneté, et aussi grâce à l'action syndicale qui oblige souvent le patronat à accorder des avantages aux ouvriers et employés. Les syndicats qui, comme vous le savez, sont des groupements formés pour la défense des intérêts communs à la profession, ont beaucoup contribué à l'amélioration du sort des travailleurs. Ils ont obtenu, dès 1936, le droit aux congés payés — deux semaines à l'époque et cinq maintenant — la semaine de 40 heures et de 39 maintenant en attendant celle de 35 heures. Ils ont fait ratifier les conventions collectives entre employeurs et employés pour réglementer les conditions de travail. Ils ont aussi obtenu la création des comités d'entreprise dans les usines et firmes employant plus de 50 personnes et la présence de délégués du personnel lors des réunions de la Direction. De même on peut leur attribuer le S.M.I.C., c'est-à-dire le Salaire Minimum Interprofessionnel de Croissance qui est le salaire minimum légal que l'on puisse donner à un ouvrier.

Paul : Nous aussi nous avons un tarif horaire minimum pour les gens qui travaillent. J'ai entendu parler de "temps posté" à propos des horaires de travail, mais je ne sais pas très bien ce que cela représente...

Mlle Simon : C'était surtout dans les usines que cela se produisait : l'usine tournait jour et nuit, sans arrêt et les ouvriers se relayaient par équipes et ils travaillaient à ce poste pendant 8 heures de suite.

Paul : C'est ce que je pensais, on appelle ces équipes des "shifts" aux Etats-Unis, mais vous avez employé le passé, cela ne se fait plus ?

Mlle Simon : En tout cas, beaucoup moins que dans les années 50, c'est un peu comme le travail à la chaîne, maintenant beaucoup de ces tâches sont exécutées par des robots...

Paul : Oui, mais cela supprime des postes et accroît le chômage !

Mlle Simon : Hélas, vous avez raison. Dans la conjoncture économique actuelle, ce sont les jeunes et les femmes qui sont les plus défavorisés sur le marché de l'emploi et les plus touchés par le chômage. Les syndicats font pression sur le gouvernement et le patronat pour éviter les licenciements en proposant comme solution la formation professionnelle allongée pour les jeunes ou le recyclage, ou bien la retraite anticipée ou même le travail à temps partiel, voire à mi-temps pour libérer des emplois pour les demandeurs d'emploi... Lorsque les pourparlers avec l'administration ou les pouvoirs publics échouent, les syndicats lancent alors un mot d'ordre de grève et le travail cesse.

Paul : Aux Etats-Unis, nos "unions" se préoccupent plus du renouvellement des contrats et des salaires que des conditions de travail. Vous avez parlé surtout des syndicats ouvriers. Tout le monde connaît la C.G.T., mais y en a-t-il d'autres ?

Mlle Simon : Oh, oui, en plus de la C.G.T. d'obédience communiste, qui était l'un des syndicats les plus puissants, il y a F.O., qui est de tendance socialiste mais plus centriste que la C.F.D.T. en majorité socialiste mais plus à gauche. Citons aussi la C.F.T.C. et n'oublions pas la C.G.E., la Confédération Générale de l'Encadrement, qui remplace la C.G.C. pour les cadres. Même les patrons se sont syndiqués en créant le C.N.P.F. pour les grandes entreprises alors que les dirigeants des P.M.E. et des P.M.I. se sont regroupés dans la C.G.P.M.E..

Paul : Je sais qu'il y a des délégués du personnel dans cette entreprise, est-ce que ce sont des délégués syndicaux ?

Mlle Simon : Théoriquement non, ce sont des ouvriers ou des employés élus par leurs camarades pour les représenter auprès de l'administration, mais pratiquement oui, car les candidats sont presque toujours des syndicalistes convaincus. Nous avons aussi un comité d'entreprise présidé par M. Perrier. Il comprend aussi des représentants du personnel qui assistent aussi aux réunions de la Direction. Bien que son rôle soit consultatif, cet organisme permet à la direction de mieux connaître les besoins et les vœux du personnel et de les satisfaire lorsque c'est possible. En plus ce comité est chargé d'organiser les fêtes du personnel, le gala et l'arbre de Noël, les excursions, etc., il prend aussi soin des œuvres sociales et d'entr'aide et il assure même le roulement pour les permanences et les congés annuels.

Paul Ce n'est pas une mauvaise idée, cela allège la tâche de l'administration et cela permet — sans doute — de faire plaisir au personnel !

VOCABULAIRE

La déclaration d'impôt : *income tax return form*
le fisc : *internal revenue service*
percevoir : *to collect, to levy*
imposable : *taxable*
un dégrèvement : *a tax cut, tax relief*
une exonération : *an exemption*
un particulier : *a private individual*
une taxe : *a tax, a duty*
le revenu : *revenue*
un consommateur : *a consumer*
la C.E.E. : *E.E.C.*
un taux : *a rate*
un manque à gagner : *lost opportunity of receiving (making) money*
la vignette : *sticker/tax on vehicles*
une taxe d'apprentissage : *a training tax*
le chômage : *unemployment*
I.R.P.P. : *Impôt sur le Revenu des Personnes Physiques*
le salaire : *salary, wages*
établir : *to draw up*
un conseiller fiscal : *a tax consultant*
l'assiette fiscale (f) : *taxable income*
le loyer : *the rent*
une rente : *unearned income*
la pension alimentaire : *alimony*
déduire : *to deduct*
le contrôle : *auditing*
la tranche d'imposition : *the tax bracket*
le barême : *the table*
Inspection des Contributions Directes : *Direct Taxation Office, I.R.S.*
le rôle : *the list, record*
le contribuable : *the tax payer*
le percepteur : *the collector*
le recouvrement : *collection*
le trop-perçu : *over payment*
un tiers provisionnel : *interim tax payment (1/3 of the tax paid the previous year)*
un exercice fiscal : *financial year*
le reliquat : *the remainder, the balance*
la recette-perception (ou perception) : *the tax collector's office*
gagner : *to earn*
un forfait : *a flat rate*
dénoncer un forfait : *to denounce the agreement*
les membres des professions libérales : *professional people*
les honoraires (m) : *fees*
le traitement : *salary*
les appointements (m) : *salary*
les émoluments (m) : *salary, fee*
une rémunération : *salary, remuneration*
un fonctionnaire : *a civil servant*
une rétribution : *salary, reward*
les gages (m) : *wages, salary*
un cachet : *artist or performer fee*
une solde : *soldier's pay*
un syndicat : *a trade-union*
un travailleur, les travailleurs : *a worker, labor force*
les congés payés (m) : *paid leave, paid vacation*
les conventions collectives (f) : *collective bargaining agreement*
un comité d'entreprise : *works council*
une usine : *a plant, a factory*
un délégué du personnel : *a personnel representative*
le S.M.I.C. : *Index linked guaranteed minimum wage*
le marché de l'emploi : *the job market*
touché : *hit, hurt*
le chômage : *unemployment*
un licenciement : *lay-off*
la formation professionnelle : *employee training*
le recyclage : *retraining*
la retraite anticipée : *early retirement*
le travail à temps partiel : *part time employment*
le travail à mi-temps : *half time employment*
un demandeur d'emploi : *a job applicant*
lancer un mot d'ordre de grève : *to call a strike*
la C.G.T. : *Confédération Générale du Travail*
F.O. : *Force Ouvrière*
C.F.D.T. : *Confédération Française Démocratique du Travail*
C.F.T.C. : *Confédération Française des Travailleurs Chrétiens*
C.G.C. : *Confédération Générale des Cadres*
se syndiquer : *to unionize*
C.N.P.F. : *Conseil National du Patronat Français*
les P.M.I. : *Petites et Moyennes Industries*
la C.G.P.M.E. : *Confédération Générale des Petites et Moyennes Entreprises*
un délégué syndical : *a union representative*
une excursion : *an outing*
un roulement : *a rotation*
une permanence (être de permanence) : *duties (to be on duty)*

QUESTIONS ORALES

1. Qu'est-ce que le "fisc" ?
2. Quelle différence faites-vous entre un impôt et une taxe ?
3. Que fait un percepteur ?
4. Comment sont généralement imposés les commerçants ?
5. Donnez des synonymes de "salaire" pour les médecins, les fonctionnaires, les employés, les ouvriers, les domestiques, les vedettes, les soldats et les officiers ministériels.
6. Quel est le rôle des syndicats ?
7. Qu'est-ce que le S.M.I.C. ?
8. De quelle "arme" disposent les syndicats en cas d'échec des pourparlers ?
9. Quels sont les syndicats français que vous connaissez ?
10. A quoi servent les comités d'entreprise ?

EXERCICES ECRITS

1. Ecrivez le mot ou l'expression qui vous paraît convenir :

1. Pour un particulier, les . . . . sont établis, perçus et contrôlés par l'Administration des Finances.
   - revenus
   - dépenses
   - bénéfices
   - impôts
2. Les architectes, médecins et avocats exercent une profession libérale et perçoivent des . . . . qui rétribuent leur travail.
   - appointements
   - honoraires
   - salaires
   - traitements
3. La plupart du temps, les revenus déclarés sont inférieurs aux revenus . . . .
   - indirects
   - fiscaux
   - réels
   - directs
4. L'abréviation T.V.A. signifie taxe à la valeur . . . .
   - additionnelle
   - ajoutée
   - additive
   - accumulée
5. Chaque année, nous devons faire . . . . à notre percepteur.
   - un cadeau
   - une déclaration de nos bénéfices
   - un serment
   - une déclaration de nos revenus
6. Les contribuables devront s'acquitter dès cette année d'une nouvelle contribution égale à 0,4 % de leur revenu . . . .
   - imposant
   - assujetti
   - contribuable
   - imposable
7. Cette usine tourne 24 heures sur 24, les ouvriers sont soumis au régime du travail . . . .
   - posté
   - à plein temps
   - à mi-temps
   - à temps partiel
8. De plus en plus les entreprises misent sur . . . . pour créer un nouveau climat social.
   - la pratique
   - la concordance
   - la formation
   - la procédure
9. Les syndicats ont le droit d' . . . . le tribunal de commerce des difficultés des entreprises et donc d'en favoriser le sauvetage, avant qu'il ne soit trop tard.
   - alarmer
   - avouer
   - alerter
   - aveugler
10. Le patronat a signé . . . . avec les syndicats.
    - des conventions collectives
    - un traité
    - un constat
    - des accords
11. Avec le Plan Epargne Retraite, vous pouvez vous constituer un capital tout en bénéficiant chaque année d'importantes . . . . d'impôts.
    - retenues
    - épargnes
    - déductions
    - remises
12. Il est impossible de remettre en cause certains acquis sociaux sans . . . . préalable.
    - innovation
    - concertation
    - conversation
    - concentration

2. Complétez les phrases suivantes :

1. Désormais, la durée du travail . . . .
2. Bien que le chômage . . . .

3. Vrai ou faux :

1. L'abréviation T.V.A. signifie Taxe à la Valeur Ajoutée. VRAI FAUX
2. L'impôt sur le revenu est un impôt direct. VRAI FAUX

4. Choisissez dans la liste de mots ci-dessous celui qui correspond à sa définition et écrivez-le sur la ligne correspondant au bon choix :

- chiffre d'affaires
- pouvoir d'achat
- bénéfice
- bilan
- actionnaire
- raison sociale
- détaillant
- impôt

.... : inventaire périodique de ce qui est possédé et de ce qui est dû par une entreprise.

.... : détenteur d'une fraction du capital d'une société.

.... : quantité de biens et de services qu'une somme d'argent permet d'acheter.

.... : appellation sous laquelle fonctionne une entreprise.

.... : ultime échelon entre le producteur et le consommateur.

.... : contribution obligatoire des membres d'une collectivité aux dépenses de l'Etat.

.... : montant total des ventes pour une période donnée.

.... : produit net d'une entreprise au terme d'un exercice.

5. Version :

1. Le directeur du personnel se rend de toute urgence dans notre succursale de Tours pour éviter une grève.

2. Si la demande des consommateurs se stabilise ou decroît, les employeurs n'auront finalement plus d'autre choix que de licencier du personnel.

3. Notre entreprise emploie sur ses chantiers un grand nombre de travailleurs étrangers de diverses nationalités.

4. On craint une brusque augmentation du nombre des chômeurs.

5. Un accord vient d'être signé entre les syndicats représentés dans l'entreprise et la direction de celle-ci.

6. Les contribuables remplissent une déclaration grâce à laquelle l'inspecteur des Contributions Directes établit le rôle d'imposition.

7. Nous sommes à votre disposition pour vous fournir toutes les pièces justificatives dont vous pouvez avoir besoin.

8. Il a dû payer une forte amende parce qu'il n'avait pas payé ses impôts en temps voulu.

9. Certains revenus ne sont pas imposables.

10. Les bénéfices agricoles sont imposés selon un régime forfaitaire largement favorable au contribuable.

6. Thème :

1. The wages they are paid are barely sufficient for them to live on.

2. Income tax forms must be filled out and sent to the I.R.S. before April 15.

3. The unemployment rate has gone up by 3 %.

4. The present state of the economy makes it impossible to meet the union demands.

5. The French value added tax is as high as 33% on many items.

6. Earned income is income you receive for personal services you have performed. It includes wages, salaries, tips and professional fees.

7. You may deduct contributions to organizations, that are religious, charitable, educational, scientific or literary in purpose.

8. Salaries below a certain amount may be exempt from income tax.

9. The Union leaders have called a strike.

10. They are asking for a 5 % increase in their salaries.

7. Correspondance :

[1] Vous venez de recevoir un courrier d'un de vos correspondants français vous demandant de lui trouver un stage pour l'été dans une entreprise industrielle.
En fonction des recherches que vous avez effectuées, vous lui répondez en lui décrivant, par la même occasion, la situation actuelle de l'emploi dans votre pays.

TRAVAIL A FAIRE

Rédigez la lettre demandée.

[2] DÉCOUVREZ LA VIE AVEC MOINS D'IMPOTS
ÉPARGNE - FISCALITÉ

Imaginez que vous puissiez payer moins d'impôts pour mieux profiter de votre argent.
Avec les conseils de notre banque c'est possible. Nous vous donnons les moyens de diminuer vos impôts en épargnant intelligemment.
Parmi les produits qui bénéficient d'avantages fiscaux, nous vous aidons à choisir ceux qui correspondent le mieux à votre cas particulier, au regard de votre situation fiscale.
Par exemple : Plan d'Epargne-Vie, investissements exonérés d'impôts, etc.
Prendre le temps de vous conseiller efficacement, c'est notre manière de créer des relations basées sur la confiance.

Notre banque, un banquier à votre service.
106 succursales dans la Région Parisienne.
(d'après une publicité parue dans la presse)

TRAVAIL A FAIRE

Intéressé par cette annonce, vous **écrivez** à cette banque pour exposer votre situation, demander des précisions, prendre rendez-vous...

BULLETIN DE PAIE

Référence 01/0151
Et. Se. Site 01-30-01 Salarié 02266
NOM - Prénom
Qualification
Coefficient 222 N° S.S.
Période du 01- au 31-

INTITULÉ	BASE	TAUX		MONTANT
SALAIRE DE BASE	16900	47405		801146
PRIME EXCEPTION				100000
PRIME ANCIENNET	491400	900		44226
HRES TRAVAIL H	16900			
BRUT ESPECE				945372
AVANT NAT MUTUE				000
SALAIRE BRUT				945372
SS MALAD DEPLAF	945372	560	-	52940
VIEILLESSE	873000	570	-	49761
ASSEDIC	945372	192	-	18151
APEC TRB	72372	0024	-	017
ASS CHOM TR B	72372	050	-	361
CIPC TRANCHE A	873000	219	-	19118
CIPC TRANCHE B	72372	7975	-	5771
TOTAL RETENUES -	146119			
NET IMPOSABLE				799253
CUMUL IMPOSABLE	799253			
MUTUELLE				000
AVANT NAT MUTUE	000	10000		000
CHEQUES RESTAUR	2200	800	-	17600
INDEMN TRANSP P				15250
NET A PAYER				796903

PAYE PAR VIREMENT LE 31-

CODES : BANQUE GUICHET
N° de COMPTE

EMPLOYEUR

CODES : SIRET 56211136900012 APE 5112
N° URSSAF 75 U N° AFFILIATION

8. Compréhension de texte :

UN RENDEZ-VOUS VITAL POUR LES CHEFS D'ENTREPRISE

L'INNOVATION est un thème cher au patronat puisqu'en moins de dix ans ce sera, les 23 et 24 octobre prochains, la troisième fois que le CNPF consacrera ses assises à cette question. En 1972, en effet, les chefs d'entreprises s'étaient penchés sur le problème de l'amélioration des conditions de travail.

Déjà, à cette époque, l'innovation sociale apparaissait comme, tout à la fois, le complément et la conséquence du progrès technique. En 1977, le patronat a voulu faire juge le public de l'élan qui avait été donné cinq ans plus tôt. Plusieurs expériences avaient alors été présentées qui devaient traduire l'effort accompli par les entreprises. 1980 sera donc pour la troisième fois une année de l'innovation.

Le renchérissement des matières premières, la concurrence de plus en plus vive de pays qui, il y a quelques années à peine, n'avaient pas ou peu de structures industrielles sont autant d'éléments qui demandent que les entreprises françaises multiplient leurs actions pour gagner en productivité et accroître leur compétitivité.

Dans ce que le président du CNPF définit comme un "combat", les chefs d'entreprises ont pour allié potentiel "la prodigieuse accélération du progrès technique de ce début des années 80". Les chefs d'entreprises doivent avoir pour objectif essentiel d'agir avec ce progrès ; l'ignorer serait renforcer leurs concurrents et, à terme, se condamner à disparaître.

Les prochaines assises de Strasbourg auront donc pour principal objet de susciter chez les dirigeants français un puissant désir d'innovation leur permettant d'être à la pointe de cette nouvelle révolution industrielle. Pour en arriver là, les responsables patronaux ont prévu trois clés. La première est d'alerter.

Il est, en effet, nécessaire de faire prendre à tous les participants de ces assises "la mesure des défis d'un monde en pleine transformation et des menaces que les moyens mis en œuvre par les pays industrialisés font peser sur les débouchés des produits nationaux". Il faut ensuite échanger. C'est, en effet, dans la confrontation des expériences, dans la diffusion des technologies que les chefs d'entreprise pourront puiser les armes de l'innovation.

La troisième clé est celle de l'information. L'innovation ne pourra se développer dans l'entreprise que si elle emporte l'adhésion de l'ensemble des salariés. S'il est, en effet, nécessaire d'intensifier l'effort de recherche, s'il faut libérer les entreprises des entraves administratives, si une plus grande collaboration est indispensable entre les chercheurs et les chefs d'entreprise, il est tout aussi important d'enlever l'adhésion du personnel.

Les craintes qui pèsent sur l'emploi dès que l'on parle de mettre en place de nouvelles techniques sont un frein à celle-ci.

Les responsables sont convaincus que ces craintes ne seront surmontées que si les chefs d'entreprise font un véritable effort de formation et d'information. L'innovation, c'est aussi ce défi social.

Jérôme FAURE
(Les Echos - 24.09.80)

A **Répondez** aux questions :
1. Donnez un autre titre à cet article.
2. Quelles sont les trois clés de l'innovation prévue par les chefs d'entreprise ?
3. Qu'est-ce qui contribue essentiellement à freiner l'innovation ?
4. Pourquoi les entreprises françaises doivent-elles nécessairement accroître leur productivité ?
5. En général, êtes-vous personnellement partisan du changement ? Justifiez brièvement votre attitude en quelques phrases.

B **Dégagez** les idées principales exprimées dans cet article (12 lignes maximum).

9. Jeu de rôles :

Vous n'êtes satisfait ni de vos conditions de travail, ni de votre salaire. Vous en parlez avec vos camarades de travail, puis avec le délégué syndical.

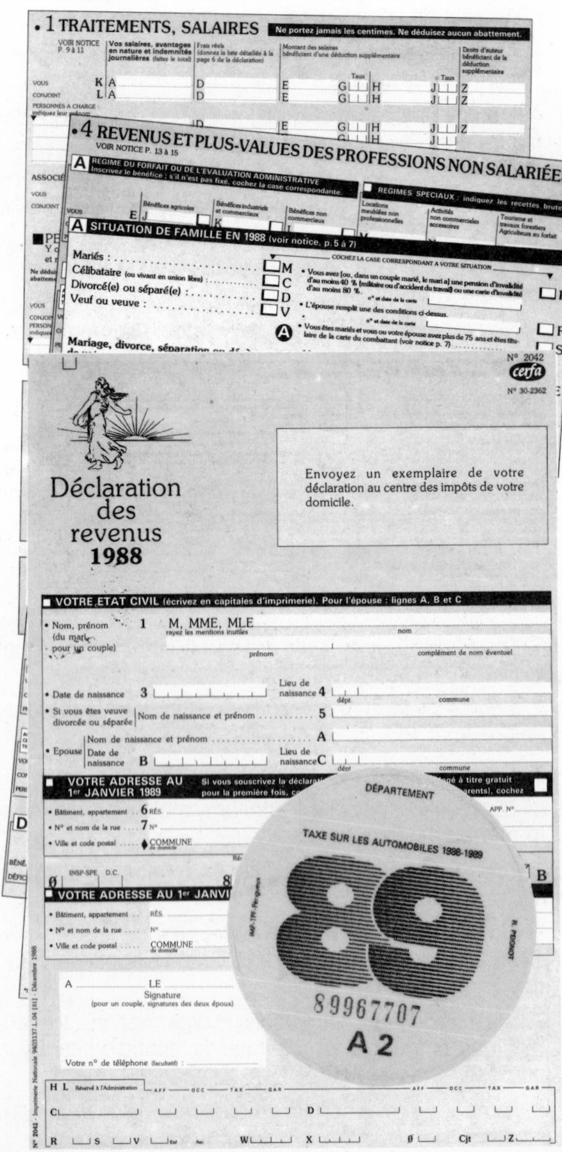

Profils de militants syndicalistes

Le militant de la CFDT

Le militant de base CFDT n'est pas un homme heureux qui se prélasse avec aisance dans son syndicat. Son insatisfaction et son état de grogne permanent contre ses leaders et l'organisation viennent de plusieurs raisons :

a) Le corps doctrinal est incertain et il n'y a pas de polarisation sur des thèmes simples : contre les monopoles, contre les communistes, pour le bifteck. Les thèmes CFDT sont compliqués : l'autogestion, les revendications qualitatives, etc.

b) L'assise de référence n'existe pas comme à la CGT et au PCF ou même chez les maoïstes qui peuvent invoquer à tout moment des centaines de millions d'hommes vivant leur doctrine. Même FO peut brandir les millions de syndiqués affiliés à la CISL. La CFDT n'a rien à exhiber ; ses peintures sont neuves, le mobilier n'a pas de style, le plafond vient à peine d'être terminé.

c) L'organisation ne sécurise pas non plus par son idéologie ; à l'intérieur on se sent parfois au milieu d'un maelström dans lequel les différents courants de pensée s'affrontent ou se tolèrent.

d) L'appareil est fragile ; il a peu d'argent, peu de permanents et des équipements souvent dérisoires.

e) La CFDT, en s'efforçant d'éviter le piège de l'anticommunisme — et ce ne fut pas là son moindre mérite — en conservant une certaine admiration pour la grande CGT, n'a pas attiré à elle que des amis conservateurs ; loin de là, elle réussit à attirer à elle des éléments jeunes et dynamiques, ce qui la fait considérer comme dangereuse par bien des directions d'entreprise.

Le militant de la CGT

Derrière ce colosse[1] se cache toute une société fraternelle de copains dans laquelle le militant aime se retremper pour éponger ses ennuis et avoir un avant-goût d'une société égalitaire et amicale. C'est surtout cette combinaison de force et de fraternité qui alimente le militant de base, sorte d'homme-orchestre qui remplit toutes les multiples tâches insidieuses qui permettent de faire marcher la machine en lui donnant une certaine cohésion. Il n'est pas le militant occasionnel qui de temps à autre "vient aider les copains", il est l'homme solide sur lequel reposent toutes les tâches ingrates qui n'apportent aucun prestige mais qui le mettent en règle avec sa conscience — ce qui semble bien être l'essentiel pour lui.

Il semblerait que le sur-moi est relié à la collectivité de l'organisation par tout un système d'habitudes provoquant des attitudes, des comportements et des réactions identiques.

1. Il s'agit de la CGT

Le militant de FO

Le militant FO semble être une sorte de négatif du militant PCF, mais tellement polarisé sur le premier qu'il a transformé toutes les valeurs de son adversaire en antivaleurs, qui sont autant de boucliers rassurants [...]

Le militant FO est souvent une personne qui a dépassé la quarantaine et qui ne cesse de se souvenir de la période de la guerre froide où il s'est retrouvé subitement, après la scission de 1948, au sein d'une organisation minoritaire [...]

Le militant FO vit toujours cette blessure et considère que le militant communiste est encore plus dangereux que son patron. Mais cette situation l'a placé dans une situation très délicate.

Il est difficile en effet d'avoir plusieurs ennemis ; il y en a toujours un que l'on privilégie et le militant FO combattant à la fois la direction de son entreprise et l'organisation syndicale majoritaire a été souvent entraîné à une politique plus conciliante envers la première qu'envers ses anciens camarades.

D. Mothé, Le métier de militant, Le Seuil, 1973

Notes sur la lecture :

se prélasser : prendre une attitude commode et satisfaite.

la grogne : le mécontentement.

le corps doctrinal : l'ensemble de la doctrine.

une assise de référence : une base de référence.

la C.I.S.L. : la Confédération Internationale des Syndicats Libres.

sécuriser : donner un sentiment de sécurité, ôter la crainte et l'inquiétude.

éponger : résorber.

un homme-orchestre : un homme capable de « jouer toutes les partitions », c'est-à-dire de tout faire.

ingrat : déplaisant et infructueux.

un bouclier : une protection...

Chambre de Commerce et d'Industrie à Paris

14. Chambres de Commerce & d'Industrie - l'économie

Perrier : Ah, Paul, vous voici, j'allais vous appeler... Il y a cet après-midi à la Chambre de Commerce et d'Industrie de Paris un important colloque sur l'économie, auquel prendront part des économistes très brillants, Raymond Barré, Jacques Esther et bien d'autres. J'ai pensé que cela vous intéresserait. J'ai une invitation mais je ne peux pas y aller, alors, profitez-en ! Vous me ferez un compte-rendu...

Paul : Merci beaucoup, Monsieur... Je venais justement vous demander la permission d'y aller ! C'est la C.C.I.P. qui organise ce colloque... cela m'amène à vous demander quel est exactement le rôle d'une Chambre de Commerce.

Perrier : Les Chambres de Commerce et d'Industrie, dont les membres sont élus par les commerçants et les industriels de la circonscription, assurent le lien entre les Pouvoirs Publics et leurs membres. Elles ont trois grandes missions. Une mission représentative : elles défendent les intérêts des commerçants et des industriels auprès des Pouvoirs Publics, mais à cette mission en correspond une autre, consultative cette fois : les C.C.I. informent leurs membres des changements survenus dans les réglementations juridique, fiscale, sociale ou financière. Elles peuvent aussi aider les industriels qui désirent exporter leurs produits, il y a un service d'assistance technique pour la décentralisation et l'implantation de nouvelles industries, en province par exemple.

Les C.C.I. publient des brochures, des annuaires pour renseigner leurs adhérents. Mais ce rôle consultatif n'est pas à sens unique, puisque les C.C.I. donnent aussi des avis aux Pouvoirs Publics en vue de la promotion de l'économie. De plus elles sont aussi chargées de la gestion des ports, des aéroports, des magasins généraux, etc., et enfin, un rôle que vous connaissez bien : je veux parler de leur mission éducative, puisque les C.C.I. ont fondé de grandes écoles de commerce, H.E.C., SupdeCo, entre autres, et qu'elles organisent des examens pour les étrangers comme celui que vous avez passé...

Paul : Ah oui, je comprends mieux maintenant pourquoi cette conférence a lieu à la C.C.I.P. plutôt qu'à H.E.C. par exemple.

Le lendemain

Perrier : Alors, ce colloque ?

Paul : C'était très intéressant, mais assez difficile à suivre.
Barré a parlé des grands problèmes actuels, le chômage, le travail clandestin, au noir, et des sanctions qu'il faudrait prendre ainsi que des dispositifs à mettre en place pour développer l'économie. Il a parlé de l'autofinancement qu'il préconise pour relancer l'économie. Après avoir rappelé les conséquences désastreuses de l'embargo sur le pétrole par l'O.P.E.P. en 1973, il a insisté sur la nécessité de faire des économies d'énergie, il semble penser que les réacteurs nucléaires ne sont pas toujours très fiables et qu'il pourrait être dangereux de continuer à implanter d'autres centrales atomiques. Il y avait aussi un sigle qui revenait très fréquemment dans son discours : P.N.B. mais je ne sais pas très bien ce qu'il signifie...

Perrier : C'est le Produit National Brut, c'est-à-dire le total des biens et services, y compris les investissements et amortissements produits dans un pays pendant un an.

Paul : Ah, je vois, c'est ce que nous appelons G.N.P. ! Il y aussi une autre chose que je n'ai pas très bien comprise... Attendez que je consulte mes notes... Ah voilà, il a parlé à plusieurs reprises des beaux commerciaux...

Perrier : Des baux, c'est le pluriel de bail ! Un bail est un contrat par lequel le propriétaire d'un local en cède la jouissance à un tiers, le locataire, pendant une période déterminée et moyennant le paiement d'une certaine somme appelée le loyer. Les commerçants et les industriels ont un droit au bail, c'est-à-dire que le propriétaire ne peut refuser le renouvellement du bail que sous certaines conditions — non paiement du loyer par exemple, ou pour occupation personnelle des locaux par lui-même, ses enfants ou ses parents, et ce, pendant une période de cinq ans minimum. Comme vous le voyez, la jurisprudence protège les commerçants.

Paul : Je corrige tout de suite, cela n'a rien à voir avec la beauté ! C'est d'autant plus stupide de ma part que je connaissais le mot bail au singulier !
Esther a fait un exposé sur l'économie en remontant à l'origine et en parlant du troc pour souligner qu'aujourd'hui on revient à cette forme d'échange avec les pays du Tiers Monde qui sont encore sous-développés et qui troquent des matières premières contre des produits finis.
Il a fait allusion, lui aussi, aux problèmes actuels et il pense que l'autogestion est un moyen de rentabiliser les entreprises. Il a aussi parlé des nationalisations et des privatisations, de leurs conséquences sur l'économie française. Il a expliqué les problèmes qui proviennent de l'appartenance de la France à la C.E.E., de sa participation à l'O.C.D.E. et au F.M.I., et bien sûr des difficultés qui découlent des fluctuations du dollar.
J'ai cru comprendre que tous deux penchaient pour la planification en économie plutôt que pour l'économie de marché. Tous deux ont évoqué le grand marché européen de 1993, mais je ne sais pas très bien s'ils le souhaitent ou le redoutent pour la France ! Ils ont envisagé les répercutions que cela va avoir sur l'économie française, les problèmes que va poser l'harmonisation de la T.V.A. dans les pays de la C.E.E., etc... Et bien sûr, ils ont parlé d'inflation, de stagflation, de récession, de dépression, de la balance des paiements, et de relance de l'économie, de croissance, d'expansion... Ils suivent de très près les "clignotants". A ce propos, j'ai une question : je croyais que les clignotants étaient, sur une voiture, ce qui servait à indiquer les changements de direction...

Perrier : Oui, vous avez raison, mais on appelle également ainsi les indicateurs, c'est-à-dire l'indice des prix, le taux d'inflation, de chômage, le pouvoir d'achat, le panier de la ménagère, etc.

Paul : Ce qui m'a surtout frappé c'était les disparités entre les solutions proposées pour pallier la crise. Lorsqu'on écoute le premier conférencier, on ne peut s'empêcher d'être d'accord avec son analyse et les remèdes proposés, mais lorsqu'on entend le second, sa démonstration semble tout aussi valable, si bien qu'en définitive, on ne sait plus que penser !

Perrier : Effectivement, le problème est des plus complexes et n'oubliez pas que ces deux économistes sont aussi des politiciens !

Paul : En tout cas, ce colloque m'a fait prendre conscience de mes déficiences en matière d'économie... Je vais m'abonner à une revue, car il faut absolument que je me tienne au courant. Quel magazine me conseillez-vous ?

Perrier : Il y en a plusieurs... Je pense à l'*Expansion* ou à *Vie Française* par exemple car en ce moment ils offrent des abonnements à des prix vraiment intéressants, ce qui met le numéro nettement au-dessous de son prix au kiosque.

Paul : Alors je vais en profiter. En ce qui concerne le colloque, je ne suis pas sûr d'avoir pu vous donner un compte-rendu vraiment précis, mais au début de la séance, on nous a dit que si nous voulions recevoir gratuitement les Actes du Colloque, il suffisait d'inscrire ses nom et adresse sur le registre. Alors j'ai pris la liberté de vous inscrire aussi sur la liste.

Perrier : Merci beaucoup, mon cher. Votre stage tire à sa fin maintenant, vous allez nous manquer...

Paul : Oui, le temps a passé bien vite et j'ai appris tellement de choses, je ne sais vraiment comment vous remercier...

Perrier : J'espère que, dans un proche avenir, vous trouverez le poste de vos rêves, que votre travail vous ramènera en Europe et que vous viendrez de temps en temps nous rendre visite.

Paul : Inutile de vous dire, Monsieur, que je ferai même un détour pour venir vous saluer et dire bonjour à tous mes amis !

VOCABULAIRE

un colloque : *a colloquium*
le travail clandestin : *moonlighting*
le travail au noir : *moonlighting*
un dispositif : *a device*
l'autofinancement (m) : *self financing*
relancer : *to revive/to boost*
le pétrole : *(crude) oil*
l'O.P.E.P. : *Organisation des Pays Exportateurs de Pétrole : O.P.E.C.*
un réacteur nucléaire : *a nuclear reactor*
fiable : *reliable*
un sigle : *an acronym*
P.N.B. : *Produit National Brut : G.N.P.*
un bail, des baux : *a lease*
le propriétaire : *owner (of the building)*
un local : *a building/premises*
le locataire : *the tenant*
le loyer : *the rent*
le droit au bail : *the right to the renewal of the lease*
la jurisprudence : *the law*
le troc : *barter*
le Tiers Monde : *the Third World*
sous-développé : *underdeveloped*
les matières premières (f) : *raw materials*
l'autogestion (f) : *self management*
rentabiliser : *to make (sthg) show a profit*
C.E.E. : *Communauté Economique Européenne : E.E.C.*
O.C.D.E. : *Organisation de Coopération et de Développement Economique : O.E.C.D.*
F.M.I. : *Fonds Monétaire International : I.M.F.*
la planification : *planning*
un clignotant : *a turn signal (on a car) an indicator*
un indicateur : *an (economic) indicator*
le panier de la ménagère : *the shopping cart*
pallier : *to palliate*
s'abonner à : *to subscribe to*
un abonnement : *a subscription*
un kiosque : *a newsstand*
tirer à sa fin : *to be drawing to an end*

QUESTIONS ORALES

1. Quelles sont les trois missions des Chambres de Commerce et d'Industrie ?
2. Quels sont les grands problèmes actuels ?
3. Qu'est-ce que le P.N.B. ?
4. Donnez une définition du mot "bail".
5. Qu'est-ce que le "troc" ? Se pratique-t-il encore ? Où ? Par qui ?
6. Donnez un synonyme de "pays sous-développé".
7. En quoi consiste la "stagflation" ?
8. Quels sont les indicateurs en économie ?
9. Que veut faire Paul pour se tenir au courant ?
10. Où achète-t-on les journaux et les magazines ?

EXERCICES ECRITS

1. Ecrivez le mot ou l'expression qui vous paraît convenir :

1. Pour lutter contre le travail clandestin, le gouvernement va renforcer les .... et prendre les sanctions utiles.
   - catégories
   - jurisprudences
   - dispositions
   - dispositifs

2. Le sigle P.N.B. signifie ....
   - production nationale brute
   - produit national brut
   - production normalisée brute
   - producteur naturalisé breton

3. La régionalisation aurait pour effet de remédier aux .... régionales.
   - égalités
   - disparités
   - parités
   - discussions

4. L'industrie automobile française a enregistré en 1982 un solde .... de son commerce par rapport à la Communauté Economique Européenne.
   - déficitaire
   - diminué
   - minoré
   - déficient

5. La .... de la production nationale de charbon s'avère nécessaire pour assurer l'indépendance énergétique de la France.
   - reprise
   - enjeu
   - relance
   - relais

6. La .... économique n'est pas particulièrement favorable à un relèvement des salaires.
   - conjecture
   - conjoncture
   - condition
   - constitution

7. Actuellement, sur le marché de l'emploi, les plus touchés par le .... sont les femmes et les jeunes.
- travail
- secteur
- pointage
- chômage

8. Le ministre de l'Economie et des Finances a pris des mesures .... pour juguler l'inflation.
- laxistes
- draconiennes
- éminentes
- bouleversantes

9. Le .... est la forme primitive du commerce.
- échange
- solde
- troc
- transfert

10. La majorité des entreprises a désormais pris conscience que .... pouvait être un moyen efficace d'accroître sa part de marché.
- le dépôt de bilan
- l'investissement publicitaire
- le travail à la chaîne
- l'autofinancement

11. Si la C.E.E. prend maintenant les décisions qui s'imposent, elle .... la tendance au déclin relatif de l'Europe.
- démontera
- déclinera
- détournera
- renversera

12. Une société parisienne de cent salariés, en phase de développement, a choisi la zone industrielle d'Angers pour y .... une nouvelle usine.
- innover
- décentraliser
- importer
- implanter

13. Les prévisions officielles pour l'indice de janvier .... entre 0,6 et 0,9%.
- oscillent
- alternent
- se fixent
- se meuvent

14. La crise de la construction navale s'est encore aggravée dans le monde au premier trimestre de cette année .... les dernières statistiques publiées à Londres.
- comme
- contre
- suivant
- selon

15. Le Monde Radio-Télévision est un .... de 32 pages en demi-format encarté dans votre quotidien : c'est plus pratique, plus maniable, plus facile à conserver.
- complément
- supplément
- supplémentaire
- supplétif

2. Mettez au pluriel :

Votre bail expire très bientôt.

3. Bâtissez une phrase à l'aide des mots suivants :

Conjoncture - taux d'intérêt - 12 %.

Etat - mesures économiques - inflation.

4. Complétez la phrase suivante :

.... de la conjoncture économique.

5. Lisez la première phrase, puis COMPLETEZ la seconde phrase pour qu'elle ait le même sens que la première :

Ils atteindront les objectifs qu'ils se sont assignés.

Ils atteindront les ...... qu'ils ....

6. Donnez deux synonymes des mots suivants :

pénurie = ... = ...

croissance = ... = ...

7. Donnez le contraire de :

récession ≠ ....

8. Ecrivez en toutes lettres tous les éléments de l'opération suivante :

$$\frac{174 \times 100}{193} = 90{,}15\ \%$$

9. Choisissez dans la liste ci-dessous le mot qui convient et écrivez-le sur la ligne correspondant à sa définition :

- déflation
- inflation
- dévaluation
- réévaluation
- stagflation

— .... : baisse volontaire de la parité d'une monnaie.

— .... : nouvelle évaluation, en hausse ou en baisse, d'une valeur.

— .... : processus cumulatif, plus ou moins important, de hausse des prix.

— .... : politique qui tend à freiner la hausse des prix ou à en provoquer la baisse.

— .... : hausse des prix accompagnée d'un arrêt de la croissance de l'activité économique.

- autofinancement
- autoconsommation
- devise
- autogestion
- numéraire
- besoin
- régime douanier
- autarcie

— .... : moyens de paiement constitués de pièces et de billets.

— .... : financement de ses investissements à l'aide de ses propres ressources.

— .... : consommation finale de biens et de services par leur producteur.

.... : réglementation applicable aux marchandises traversant la frontière d'un Etat.

— .... : gestion d'une organisation assurée par l'ensemble des intéressés.

— .... : régime économique se suffisant à lui-même et n'effectuant aucun échange avec les autres.

— .... : moyens de paiement libellés dans une monnaie étrangère.

— .... : manque ressenti par l'individu ou la collectivité.

10. Rétablissez la ponctuation dans la phrase suivante :

Des revues spécialisées Problèmes économiques Cahiers français traitent régulièrement de ces sujets épargne consommation revenu emploi

11 . Trouvez le mot qui manque dans les phrases suivantes (le même mot dans les phrases a, b et c) et faites vous-même une phrase (phrase d) en utilisant ce mot :

1er mot :

a. La Chambre de Commerce et d'Industrie de Paris est un .... public.

b. Cette entreprise a trois .... dans trois villes différentes : son siège social, son usine et son entrepôt.

c. L' .... d'une bonne image de marque est notre priorité commerciale pour cette année.

d. ....

2e mot :

a. Le .... de mon appartement vient d'être renouvelé pour 3 ans.

b. Ce commerçant a résilié son .... parce qu'il avait l'intention de transférer bientôt son fonds de commerce dans un autre arrondissement.

c. Le .... est un contrat par lequel un propriétaire donne à un locataire la jouissance d'un local pendant un temps déterminé.

d. ....

12. Version :

1. Le groupe hôtelier NOVOTEL-SOFITEL a des perspectives intéressantes sur le marché américain.
2. La mission de promotion de l'économie confiée aux Chambres de Commerce et d'Industrie les a conduites à créer des services d'assistance technique aux entreprises.
3. Dans les sociétés primitives, l'homme était obligé de recourir au troc pour se procurer ce dont il avait besoin.
4. Un colloque franco-américain sur les économies d'énergie dans l'industrie aura lieu prochainement à Paris.
5. L'économie allemande a augmenté ses placements à l'étranger pour assurer son approvisionnement en matières premières.
6. Les perspectives économiques à court terme sont plutôt décevantes.
7. Cette entreprise marche mal et connaît actuellement de graves difficultés financières.
8. De plus en plus les entreprises misent sur la formation pour créer un nouveau climat social.
9. Notre objectif principal est de faire échec à l'inflation.
10. Des subventions sont accordées dans le cadre du Marché Commun.

13. Thème :

1. French economic policy is unlikely to change after the next elections.
2. Citroën, the French car maker, has just closed down the 2CV factory outside Paris and moved production to Portugal.
3. To obtain Fortune at this low price, mail this order form in the enclosed reply envelope. Should you wish to order more than one copy, do call us for more information about discounts.
4. Our policy is to lay off people on a last-in first-out basis.
5. E.E.C. leaders fail to reach budget compromise pact.
6. The heavy concentration of industry and commerce in and around Lyon has favoured the evolution of the city into one of the major financial centres.
7. Rumania bought four nuclear reactors from Canada.
8. Oil is a source of power which has steadily gained in importance during the last half century.
9. Agriculture is the most important human activity as it supplies both food and clothing.
10. The ECU, which is a "basket" made up of ten of the Common Market's twelve national currencies, is also Europe's symbol of economic unity. It has been called "the new currency that can claim stability", but is it really a currency at all !

14. Compréhension de texte :

LES QUATRE CHOCS DE 1986

L'année 1986, année de toutes les chances ? Pour la première fois depuis 1973, les Français peuvent regarder devant eux. Deux chocs externes, la chute du prix du pétrole et la baisse du dollar ont éclairci l'horizon. A l'intérieur, l'extraordinaire réveil de la Bourse avait commencé bien avant le retour de la droite au pouvoir.

Le pétrole, le dollar, la Bourse, la droite : quatre « chocs » qui auront marqué cette année 1986. De quelle manière l'économiste peut-il les expliquer ou les interpréter !

• *Pétrole : une aubaine ambiguë*

Les premiers effets de la baisse du prix du pétrole sur les économies occidentales peuvent se résumer ainsi : moins d'inflation, plus de pouvoir d'achat pour les ménages, moins de charges sur les entreprises.

Pour la France, on a chiffré à 60 milliards de francs l'impact favorable immédiat. Quelles peuvent être les conséquences d'une telle injection, on pourrait dire « restitution », de pouvoir d'achat ? Il faut se méfier des raisonnements trop simplistes. Le choc pétrolier de 1973 et le contre-choc de 1986 n'ont pas des effets symétriques. Et cela pour au moins deux raisons :

1) Depuis 1973, on a cherché un peu partout de nouveaux équipements, de nouvelles fabrications, de nouveaux modes de vie plus économes en énergie. Maintenant, le pli est pris. La baisse du prix du pétrole ne fera pas remonter le taux de consommation. Celui-ci devrait même continuer de baisser.

2) Après le choc pétrolier de 1973, les industriels ont déclassé une bonne part de leurs équipements pour insuffisance de rentabilité. Il n'est pas question aujourd'hui de « rappeler » ces équipements. Les pertes en capital entraînées par les hausses du prix du pétrole sont définitives. Au total cependant, la baisse a des effets bénéfiques.

• *Dollar : la baisse pénalise l'Europe*

Il y a moins de dix-huit mois, le dollar était monté à Paris, jusqu'à près de 11 francs. Il était, en juin dernier, au voisinage de 7 francs, soit 35% de moins. Si l'on s'en tient aux moyennes annuelles, 1986 pourrait être de 20 à 25% au-dessous de 1985.

Quelles sont pour nous les conséquences du choc – ou du – contre-choc – du dollar de 1986 ? Le poids des Etats-Unis est tel que les effets de la dépréciation du dollar sont multiples. La baisse du dollar est relayée par trois courroies de transmission : le commerce mondial, les termes de l'échange, les parts de marché.

Quand le dollar baisse, le commerce mondial fléchit : les prix des produits made in USA et de ceux qui sont facturés en dollars (le pétrole notamment) baissent en Europe ; les produits américains devenant plus compétitifs, les Etats-Unis gagnent des parts du marché mondial au détriment des Européens.

Après une embellie due à la baisse des prix des produits américains qui traversent l'Atlantique, le vieux continent est doublement pénalisé : perte de compétitivité et diminution d'activité. Au total, on peut s'attendre à une dégradation de 4 à 5 milliards de dollars de la balance commerciale. Une menace nouvelle pour notre fragile équilibre extérieur.

• *Bourse : révolution chez l'épargnant*

La Bourse est une des vedettes des années récentes. Sur le marché des actions, on est passé, en trois ans, de 400 millions de francs par jour à 2,2 milliards de francs ; sur le marché des obligations, dans la même période, les transactions sont passées de 900 millions à 10 milliards de francs par jour.

Cette envolée spectaculaire a au moins trois causes : la reconstitution des marges des entreprises, l'innovation financière et, depuis peu, l'arrivée massive des investisseurs étrangers.

• *Droite : un libéralisme circonspect*

Aujourd'hui, certains se demandent si le « choc libéral » annoncé par la droite avant les élections aura lieu ou non. La prudence du gouvernement Chirac a deux explications.

Si la première est politique, la seconde raison est économique : notre situation reste fragile. Le taux d'épargne est à son plus bas niveau de l'après-guerre ; le déficit budgétaire, la dette publique et la dette extérieure ont du mal à descendre de leurs niveaux records : et si le commerce extérieur s'est redressé, l'équilibre de nos paiements courants masque un déficit commercial de 20 milliards de francs.

Il existe pourtant un élément favorable : les Français semblent avoir trouvé un certain consensus. En matière économique, le discours de gauche ne se distingue plus fondamentalement du discours de droite. Dans les deux cas, les objectifs s'appellent rigueur, désindexation des salaires, flexibilité des effectifs et des coûts, liberté des prix, ouverture des échanges et des mouvements de capitaux extérieurs. C'est une chance historique pour notre pays.

D'après un article de Michel Didier
L'Expansion *du 18 juillet/11 septembre 1986.*

[A] **Complétez** à l'aide du texte, la fiche de synthèse ci-dessous :

1. Thème de l'article : ....

2.3. Citez, d'après l'auteur, les faits importants de l'année 1986 :

a. ....
b. ....
c. ....
d. ....

4. Quelles ont été, depuis 1973, les conséquences de la hausse du pétrole ?

a. ....
b. ....

5. Quelles sont, actuellement, les conséquences de la baisse ?

a. ....
b. ....
c. ....

6. A combien estime-t-on l'économie faite sur les importations françaises de pétrole ?

7. Quelle est la conséquence sur le taux de consommation ?

8. Comment a évolué le cours du dollar de 1985 à 1986 ?

9. Qui en bénéficie ?

10. Quelles sont les conséquences pour les pays européens ?

11. Quel est le danger pour l'économie française ?

12. Citez trois raisons expliquant le développement récent des activités boursières.

13. Relevez des chiffres qui le prouvent.

14.15. Pour caractériser la situation économique française, mettez en évidence :

• ce qui est positif : ....
• ce qui est négatif : ....

16. En quoi l'attitude des Français a-t-elle changé ?

[B] Et pour vous, quels sont les événements importants (économiques, politiques, sociaux, artistiques, sportifs...) de l'année 1986 dans le monde ?

Exprimez librement votre opinion en une douzaine de lignes.

15. Correspondance :

[1] Vous voulez créer une nouvelle entreprise et vous **écrivez** à la Chambre de Commerce et d'Industrie de votre ville pour demander des renseignements et quelle aide on peut vous apporter. Vous préciserez le genre d'entreprise que vous entendez créer.

[2] Vous venez de passer à Paris, et de réussir, un examen de français des affaires de la Chambre de Commerce et d'Industrie de Paris.
Vous avez dû quitter la France un mois après l'examen, et vous n'avez toujours pas, trois mois après, reçu votre diplôme. En fait, vous n'êtes plus sûr(e) que la CCIP ait votre adresse à l'étranger.

TRAVAIL A FAIRE

Ecrivez la lettre qui s'impose au Service des Examens pour étrangers de la CCIP. (42, rue du Louvre, 75040 PARIS CEDEX 01).

3 Vous venez d'accomplir un stage agréable dans une entreprise française.
De retour dans votre pays, vous **écrivez** au responsable du personnel pour le remercier de l'accueil qui vous a été réservé et pour lui faire part de vos sentiments et impressions sur ce séjour professionnel.

4 Décidé à faire des études de gestion en France, vous avez rempli le dossier d'admission délivré par le Centre international d'admission ci-dessous aux études de management.

Au moment de renvoyer ce dossier, il vous manque toujours un document : le Certificat pratique de français commercial et économique, que vous venez de passer mais dont vous n'avez pas encore les résultats.
Ecrivez la lettre qui convient pour accompagner votre dossier incomplet.

CENTRE INTERNATIONAL D'ADMISSION AUX ETUDES DE MANAGEMENT
Madame HEBERT
1, rue de la Libération
78350 JOUY-EN-JOSAS (FRANCE)

Une procédure d'admission est mise en place à l'intention des étudiants titulaires d'un diplôme étranger d'enseignement supérieur du niveau de la licence française ou du bachelor anglo-saxon. Un bon niveau de français est requis pour les épreuves d'admission, qui ne nécessitent aucune préparation particulière.
AGE MOYEN D'ENTREE : 23-24 ans

Tests écrits
• le GRADUATE MANAGEMENT ADMISSION TEST-G.M.A.T. (information auprès : « Education Testing Service » Box 966 R Princeton, New Jersey 08541-USA)
et
le CERTIFICAT PRATIQUE DE FRANÇAIS COMMERCIAL ET ECONOMIQUE délivré par la Chambre de Commerce et d'Industrie de Paris

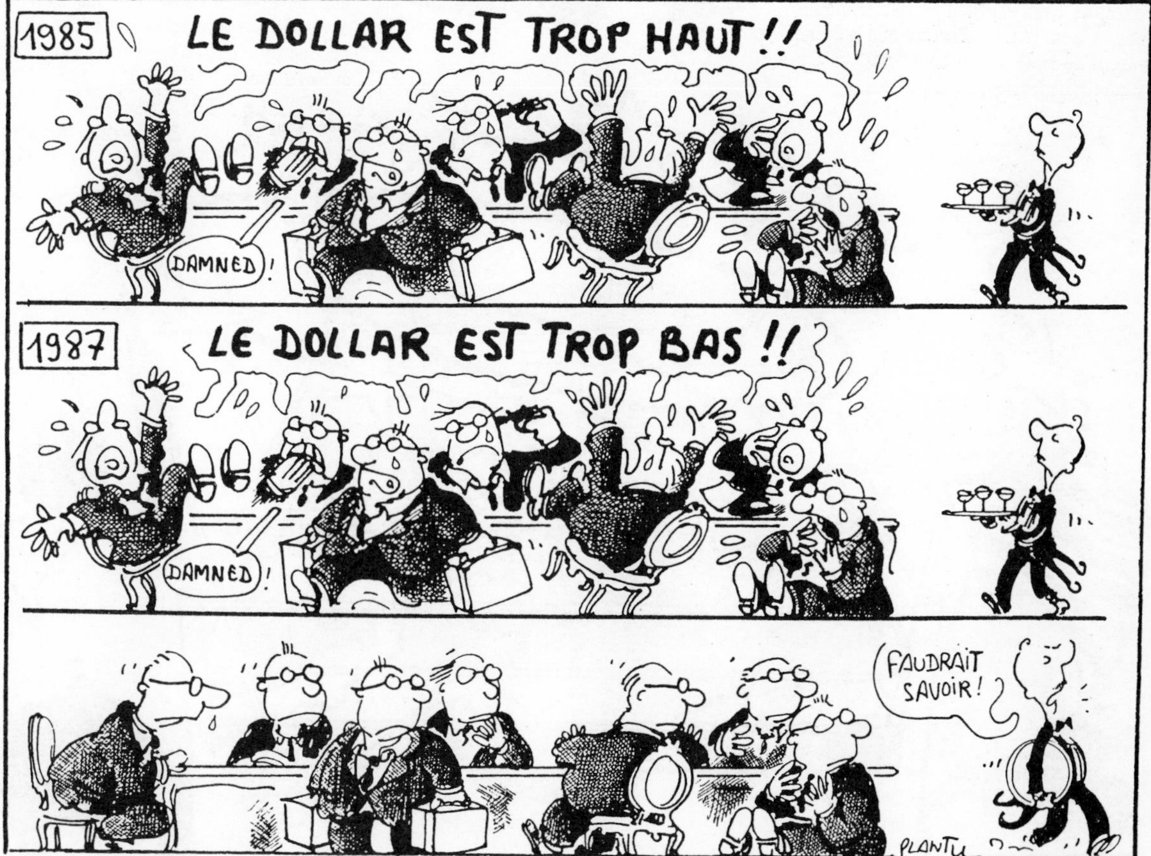

FINANCES MONDIALES : les ministres des finances des cinq pays les plus industrialisés se réunissent à Paris le 21 février pour discuter de la chute du dollar.

Qui a peur de 1993?

Eurofans et europhobes. L'Europe de 1992 a déjà ses ultras. Les premiers, on les connaît : les Européens qui rêvent d'un Vieux Continent miraculeusement rajeuni. Les seconds commencent à donner de la voix : les Américains et les Japonais, qui craignent de voir cette puissance de 325 millions d'habitants se transformer en forteresse économique.

« Pour les Etats-Unis, les conséquences de 1993 sont plus sérieuses qu'on ne le croit généralement ». Préoccupé, Clayton Yeutter, à son retour à Washington d'une visite dans les capitales de la CEE ! Le conseiller spécial de Ronald Reagan pour les questions commerciales, pronostique même que la Communauté pourrait bien remplacer le Japon dans le rôle du « méchant ». Propos de circonstance dans la bouche d'un homme réputé pour sa rudesse ? Non. Car, quelques jours plus tard, c'est le n° 2 du Trésor, Peter MacPherson, qui dénonçait les dangers d'un marché unique « réservant l'Europe aux Européens ». En termes plus diplomatiques, le Premier ministre japonais, Noboru Takeshita, avait exprimé les mêmes inquiétudes à la mi-juin : « J'espère que le grand marché de 1993 ne deviendra pas un bloc économique fermé aux pays tiers. »

Les réactions des deux géants du monde industrialisé sont-elles « peureuses, frileuses », comme l'estime Edith Cresson, ministre français des Affaires européennes ? Ou plutôt justifiées ? Père spirituel de cette nouvelle Europe, Jacques Delors n'a jamais caché ses desseins : « La constitution d'un espace économique commun n'a pas pour objet de livrer nos marchés domestiques aux appétits extérieurs. » La Communauté veut empêcher que les géants industriels et financiers américains et japonais ne soient les principaux bénéficiaires du regain de dynamisme attendu de l'élimination des barrières internes aux échanges.

Ce coup-ci, la Communauté est bien décidée à se défendre. Cette défense porte un nom, la « réciprocité ». Dans le secteur bancaire, par exemple, les établissements américains ne pourront avoir accès à certaines activités dans la CEE que si leurs concurrents européens ont la possibilité d'opérer aussi librement sur le même créneau aux Etats-Unis. Un sérieux obstacle, car la réglementation pour les banques est, outre-Atlantique, beaucoup moins ouverte que sur le Vieux Continent. Certains dirigeants économiques n'hésitent pas à parler de protectionnisme déguisé, alors que la Communauté est le premier acheteur au monde : 65 milliards de dollars en 1986, deux fois plus que les Etats-Unis et six fois plus que le Japon. D'autres cherchent à prendre position sur le sol communautaire avant la date fatidique du 31 décembre 1992. Les Japonais en tête : au cours des douze derniers mois, ils ont accru de 90% leurs investissements, avec un total de 6,6 milliards de dollars. « Maintenant, l'Europe devient un grand marché, constate Akio Morita, PDG de Sony ; si nous, Japonais devenons des industriels européens, ce sera bon pour nous ». Une autre façon d'être euroréaliste !

J.-L.L.

L'Express, n° 1942 du 30.9.88

LEXIQUE

FRANÇAIS-ANGLAIS

A

abonnement (m)	*a subscription (10) (14)*
abonné (m)	*subscriber (2)*
abonner (s')	*to subscribe to (14)*
absenter (s')	*to leave, to be gone (2)*
acceptation (f)	*acceptance (2)*
accepter une traite	*to accept a bill of exchange (4)*
accrochage (m)	*minor accident, "fender bender" (9)*
accroître	*to increase (5)*
accusé de réception (m)	*acknowledgment of receipt (2) (8)*
achat (m)	*buying (4)*
acheminement du courrier (m)	*mail forwarding (8)*
acheteur (m)	*a buyer (4)*
acquéreur (m)	*purchaser, buyer (1)*
acquit (pour acquit)	*receipt, (received/paid) (4) (6)*
actif (m)	*the assets (3)*
action (f)	*share, stock (1)*
actionnaire (m)	*a stock holder (3)*
ad nutum	*on demand (without explanation) (3)*
aérogramme (m)	*an airgram (8)*
affiche (f)	*a poster (10)*
affiché	*posted (2)*
affranchir (machine à) (f)	*a postage meter (8)*
affrètement (m)	*chartering (ship, aircraft) (7)*
à force de...	*by dint of, by means of (2)*
agence (f)	*branch (1)*
agence de publicité (f)	*an advertising agency (10)*
agent de change (m)	*a stock broker (12)*
agent en douane (m)	*a customs broker (11)*
agio (m)	*agio, exchange premium (1)*
agrafeuse (f)	*stapler (2)*
A.I.	*Air Inter (domestic airline) (2)*
à la longue	*in the long run (5)*
Allô, qui est à l'appareil ?	*Hello, who's speaking ? (8)*
amende (f)	*a fine (1) (11)*
amortissable	*redeemable (12)*
amortissement (m)	*depreciation (6)*
annonce (f)	*an advertisement, a classified ad (2) (10)*
annuaire téléphonique (m)	*a directory, a telephone book (8)*
annuler une commande	*to withdraw, or cancel an order (4)*
appel téléphonique (m)	*a telephone call (2)*
application (f)	*attention, care (2)*
appointements (m)	*salary (13)*
approvisionnement (m)	*supply, procurement (4)*
approvisionner	*to supply (4)*
archiver	*to file (2)*
argent liquide (m)	*cash (1)*
armateur (m)	*ship owner (7)*
arrhes (f)	*deposit (6)*
arriéré (m)	*overdue (6)*
Assemblée Générale (f)	*General Meeting of shareholders (3)*
assermenté	*sworn (in) (6)*
assiette fiscale (f)	*taxable income (13)*
associé (m)	*a partner, an associate (business) (3)*
atelier (m)	*a workshop (4)*
attirer l'attention de... sur...	*to call sb's attention to... (1)*
au comptant	*cash (6)*
augmentation (f)	*an increase (3)*
autofinancement (m)	*self financing (14)*
autogestion (f)	*self management (14)*
avaliser	*to back (a bill) to guarantee (2)*
avancement (m)	*promotion (2)*
avenant (m)	*additional clause, addendum (9)*
avis d'expédition (m)	*a delivery note (2)*
avoir (m)	*a credit (4)*
avoir l'œil	*to have an eye for (2)*

B

bail, des baux (m)	*a lease (14)*
baissier (m)	*a bear (12)*
balance commerciale (f)	*trade balance (11)*
balance déficitaire (f)	*negative trade balance, trade deficit (11)*
balance excédentaire (f)	*positive trade balance, balance surplus (11)*
barême (m)	*the table (13)*
B.D. (une bande dessinée) (f)	*a cartoon, a comic (10)*
bénéfice (m)	*profit (3)*
bénéficiaire (m)	*the beneficiary (1)*
bijou (m)	*a jewel (11)*
bilan (m)	*the balance sheet (3)*
blessé (m)	*an injured person, a casualty (9)*
« boîte » (f)	*one's firm, or office, or shop (fam.) (4)*
bon de livraison (m)	*delivery order (4)*
bon de réception (m)	*notice of receipt, of delivery (4)*
Bon du Trésor (m)	*a Treasury bond (12)*
bonne affaire (f)	*a real bargain (5)*
bordereau de versement (m)	*a deposit slip (1)*
Bourse (f)	*The Stock Exchange, the stock market (12)*
Bourse de commerce (f)	*the commodity exchange (12)*
Bourse des marchandises (f)	*the commodity exchange (12)*
bout du fil (au)	*on the line, on the phone (8)*
brochure (f)	*a booklet, a leaflet, a brochure (10)*
B.T.S. (m)	*un brevet de Technicien Supérieur (2)*
bulletin (m) de paie	*wage sheet, payroll stub (6)*
Bureau des douanes (m)	*Customs house (11)*
bureau de placement (m)	*employment bureau, agency (2)*

C

cachet (m)	*artist or performer fee (13)*
cadran (m)	*the dial (8)*
cadre (m)	*an executive (2)*
C.A.F. (coût, assurance, fret)	*Cost, insurance, freight, C.I.F. (7)*
caisse (f)	*the casier's window (1) crate, wooden box (4)*
caisse d'épargne (f)	*(national) savings bank (in the post-offices) (8)*
caissier (m)	*the cashier (1)*
calé(e) en...	*knowledgeable, well up in... (2)*
ça marche (fam.)	*it's working (2)*
cambiste (m)	*foreign exchange dealer/broker (12)*
cambrioleur (m)	*burglar (9)*
camionnette (f)	*a pick-up truck (7)*
campagne (publicitaire) (f)	*advertising campaign, a publicity drive (10)*
candidature (f)	*a candidacy, an application (2)*
C.A.P. (m)	*Certificat d'Aptitude Professionnelle (a proficiency certificate) (2)*
capital social (m)	*nominal capital, stock holder's equity, capital stock (3)*
cargo (m)	*a cargo boat (4) (7)*
carnet de chèques (m)	*a check-book (1)*
carrossier (m)	*the body shop man (9)*
carte de crédit (f)	*a credit card (1)*
carte d'identité nationale (f)	*an I.D. card issued by the Police Headquarters (Préfecture de Police) (1)*
carton (m)	*a box (4)*
case (f)	*a compartment, a pigeonhole (4)*
catalogue (m)	*a catalog (5) (10)*
cautionnement (m)	*caution money, security (12)*
céder	*to let somebody have (4)*
C.E.E.	*Communauté Economique Européenne : E.E.C. (11) (14)*
centre commercial (m)	*a shopping center (5)*
centre de groupage (m)	*a collection center (7)*
certificat de domicile (m)	*is delivered by the Police station to verify your address (1)*
certificat d'origine (m)	*a certificate of origin (11)*
cessible	*transferable (3)*
C.E.T.U.P.	*Centre de T.U.P. (8)*
C.F.D.T.	*Confédération Française Démocratique du Travail (13) French Trade-union*
C.F.T.C.	*Confédération Française des Travailleurs Chrétiens (13) French Trade-union*
C.G.C.	*Confédération Générale des Cadres (13) French Trade-union*
C.G.P.M.E. (f)	*Confédération Générale des Petites et Moyennes Entreprises (13)*
C.G.T. (f)	*Confédération Générale du Travail (13) French Trade-Union*
change (m)	*exchange (12)*
changer	*to exchange (12)*
chantier (m)	*yard, depot, site (13)*
charge (f)	*an office, a practice (12)*

chargement (m) — *loading (7)*
charger — *to load up (7)*
chargeur (m) — *shipper (7)*
chariot (m) — *a cart, a trolley, a fork lift truck (4)*
charte-partie (f) — *charter-party (7)*
chauffeur (m) — *the chauffeur, the driver (2) (9)*
chaussée (f) — *the roadway (9)*
chemise (f) — *a folder (2)*
chèque en blanc (m) — *a blank check (1)*
chèque omnibus (m) — *a counter check (1)*
chèque postal (m) — *a post office check (no real equivalent) (8)*
chèque sans provision (m) — *a check with insufficient funds (1)*
chéquier (m) — *a check-book (1)*
chiffre d'affaires (m) — *sales volume, the turnover (5)*
chômage (m) — *unemployment (13)*
chômeur (m) — *unemployed worker (13)*
cible (f) — *target, objective (9)*
circulaire (f) — *a circular (letter) (10)*
classement (m) — *filing (2)*
clavier (m) — *a keyboard (8) (10)*
clignotant (m) — *a turn signal (on a car) an indicator (14)*
C.N.P.F. — *Conseil National du Patronat Français (13) Trade-union*
cocher — *(to) check (2)*
colis (m) — *a parcel (4)*
colis en port payé (m) — *a prepaid parcel (7)*
colloque (m) — *a colloquium (14)*
combiné (m) — *the receiver (8)*
comité d'entreprise (m) — *Works Committee (6) works council (13)*
commande (f) — *an order (4)*
commande à titre d'essai (f) — *a trial order (4)*
commande (annuler une) — *to cancel, to withdraw an order (4)*
commanditaire (m) — *the sleeping partner (3)*
commandite (f) — *limited partnership (no real equivalent) (3)*
commandité (m) — *active partner (3)*
commerçant (m) — *trader, merchant (3)*
commission (f) — *commission (4) (5)*
commissionnaire (m) — *commission agent (4)*
commotionné — *suffering from concussion (9)*
compétitif — *keen, competitive (5)*
composer le numéro — *to dial the number (8)*
comptant (m) — *cash (5)*
compte (m) — *an account (1)*
concessionnaire (m) — *licence-holder, dealer (4) (7)*
conditionnement (m) — *packaging (5)*
congé de maladie (m) — *sick leave (6)*
congé de maternité (m) — *maternity leave (6)*
congés payés (m) — *paid leave, paid vacation (13)*
congressiste (m) — *a convention participant (10)*
conjoncture économique (f) — *the economic situation (3)*
connaissement (m) — *bill of lading (7)*
Conseil d'Administration (m) — *The Board of Directors (3)*
Conseil des Prud'hommes (m) — *Conciliation Board (3)*
Conseil de Surveillance (m) — *a board of supervisors (3)*
conseiller fiscal (m) — *a tax consultant (13)*
consentir un découvert — *to grant an overdraft (1)*
console (f) — *monitor (8)*
consommateur (m) — *a consumer (5) (13)*
contre remboursement — *C.O.D. (7)*
contribuable (m) — *the tax payer (13)*
contrôle (m) — *auditing (13)*
contrôle des changes (m) — *exchange control (11)*
conventions collectives (f) — *collective bargaining agreement (13)*
convoquer — *to call (2)*
corbeille (f) — *the trading floor (12)*
correspondancier/correspondancière — *a correspondance clerk (2)*
correspondant (m) — *the correspondent, the party (8)*
cotation à la criée (f) — *quotation by oral bid (12)*
cote (f) — *quotation (12)*
coté — *quoted (3)*
côté (mettre de) — *to set aside (2)*
cotisation (f) — *contribution (6) dues (9)*
coupon (m) — *a coupon (12)*
courant (mettre au) — *to put up to date, to fill (sb) in (6)*
courrier (m) — *mail (2) (8)*
cours (m) — *quotation, price (12)*
cours de l'or (m) — *the rate of gold (12)*
courtage (m) — *a broker's commission (12), brokerage (4)*
courtier (m) — *a broker (4) (12)*
courtier d'assurances (m) — *an insurance broker (9)*
crédit (m) — *credit, credit side (6)*
crédit documentaire (m) — *documentary credit (7)*
curriculum vitae (m) — *C.V., or resume (2)*

D

dactylographie (f) — *typing (2)*
dactylographier — *to type (2)*
dateur (m) — *date stamp (2)*
débit (m) — *debit, debit side (6)*
débouché (m) — *outlet, opening, market (9)*
décacheter — *to open letters (2)*
déclaration d'accident (f) — *an accident report (9)*
déclaration d'impôt (f) — *income tax return form (13)*
déchargement (m) — *unloading (7)*
découvert (m) — *an overdrawn account (1)*
décrocher — *to take the receiver off the hook, to pick up the receiver (8)*
dédouaner — *to clear through customs (11)*
déduire — *to deduct (13)*
défectueux — *defective (5)*
déformation professionnelle (f) — *professional idiosyncrasy (2)*
défrayer — *to defray, to pay (5)*
dégât des eaux (m) — *water damages (9)*
dégâts (m) — *damage (9)*
dégrèvement (m) — *a tax cut, tax relief (13)*
délai de livraison (m) — *lead time (4)*
délai de préavis (m) — *term of notice (9)*
délai de réflexion (m) — *time for consideration (4)*
délégué du personnel (m) — *personnel representative (3) (6) (13)*
délégué syndical (m) — *a union delegate (13)*
demande d'emploi (f) — *a job application (2)*
demandeur d'emploi (m) — *a job applicant (13)*
demeure (mise en) (f) — *formal notice (of summons) (8)*
démission (f) — *resignation (2)*
dénoncer un forfait — *to denounce the agreement (13)*
denrée (f) — *produce, commodity (10)*
dépense (f) — *an expense (5)*
dépenser — *to spend (1)*
dépliant (m) — *a folder, a leaflet (10)*
déposer sa signature — *to give an authorized signature (1)*
dépositaire (m) — *sole agent, dealer (4) (7)*
dépouiller — *to analyse, to sort (12)*
détaillant (m) — *a retailer (4)*
devis de réparation (m) — *repair cost estimate (9)*
devises (f) — *foreign money, currency (5)*
dilapider — *to waste, to squander (1)*
diminuer — *to lower, to diminish (5)*
directives (f) — *the general lines (of a policy) (2)*
Directoire (m) — *a directorate (3)*
disponibilités (f) — *available funds, liquid assets (1)*
dispositif (m) — *a device (14)*
disquette (f) — *a diskette (10)*
dissoudre — *to dissolve (3)*
distribuer (le courrier) — *to remit, deliver (2)*
distributeur automatique de billets (m) D.A.B. — *automatic teller machine (1)*
dividende (m) — *a dividend (12)*
documentation (f) — *information, "literature" (4)*
donner sa démission — *to resign (2)*
dossier (m) — *a file, a record, dossier (2)*
douane (f) — *customs (11)*
douanier (m) — *customs officer (11)*
droit au bail (m) — *the right to the renewal of the lease (14)*
droit de douane (m) — *a customs duty (11)*

E

échantillon (m) — *a sample (4) (10)*
échéance (f) — *date of maturity (3)*
échéancier (m) — *bills receivable/bills payable book (4) (6)*
écran (m) — *a screen, a monitor (10)*
effondrer (s') — *to collapse (12)*
emballage (m) — *a container, pack (7)*
emballage consigné (m) — *returnable container (7)*
emballer — *to pack, to wrap up (7)*
emballeur (m) — *a packer (5)*

embaucher	*to engage, to hire (6)*
embouteillage (m)	*a traffic jam, a bottle neck (8)*
emboutir	*to crash into... (9)*
émeute (f)	*riot (9)*
émission de chèque sans provision (f)	*(writing) bad checks (1)*
émoluments (m)	*salary, fee (13)*
emploi (m)	*employment, job, occupation (1) (2)*
emprunt (m)	*borrowing (1)*
emprunt d'Etat (m)	*government bond (12)*
emprunter	*to borrow (1)*
encaissement (m)	*collection (6)*
encaisser	*to cash (1)*
en cas de litige	*in case of litigation (2)*
endossataire (m)	*an endorsee (1)*
endosser	*to endorse (1)*
en franchise	*duty-free (11)*
engagement (m)	*appointment (of employee) (2)*
enlever un marché	*to get a contract/a deal (11)*
en panne	*down, out of order (2)*
en partance	*outward bound (for ship or train) (7)*
en réclame	*special offer (5)*
enregistrer	*to record, to enter (incoming mail) (2)*
entamer des poursuites judiciaires	*to inititate legal proceedings (6)*
entraver	*to impede, to hinder (4)*
entrepôt (m)	*a warehouse (4)*
entreprise (f)	*a firm (2)*
entreprise de pointe (f)	*high technology firm, leading firm (3)*
épargne-logement	*a special savings plan to buy a house (1)*
épargner	*to save (10)*
escompte (m)	*a discount (5) (bills for) discount (6)*
escroquerie (f)	*swindling (1)*
ESSEC	*Ecole Supérieure de Sciences Economiques et Commerciales (2)*
essor (m)	*expansion, boom (2)*
établir	*to draw up (13)*
étiquette (f)	*a label (5)*
être à court de	*to be short of/out of (10)*
être à la tête de	*to be head of (4)*
être en mesure de	*to be in a position to (5)*
être témoin	*to witness (9)*
excursion (f)	*an outing (13)*
exécution de la commande (f)	*the handling of the order (4)*
exercice (m)	*fiscal year (6)*
exercice comptable (m)	*financial year (3)*
exercice fiscal (m)	*a financial year (13)*
exonération (f)	*an exemption (13)*
expédier	*to ship, to forward (7)*
expéditeur (m)	*a dispatcher (5)*
expert-comptable (m)	*C.P.A. (6)*
exposant (m)	*an exhibitor (10)*
exposer	*to exhibit (10)*
exposition (f)	*a show, an exhibit (of goods) (10)*

F

F.A.B. / franco à bord	*free on board (7)*
fabricant (m)	*a maker, a manufacturer (4)*
fabrique (f)	*manufacture, a factory (2)*
facilités de paiement (f)	*easy terms (5)*
facture (f)	*an invoice, a bill (1) (4)*
facture d'avoir (f)	*a credit note (4) (7)*
facture d'essence (f)	*a gas (gasoline) bill (5)*
facture "pro forma" (f)	*a pro forma invoice (11)*
facture rectifiée (f)	*a revised bill (4)*
facturer	*to bill (4)*
faillite (f)	*bankruptcy (3)*
faire face à la concurrence	*to meet competition (5)*
faire la preuve	*to show proof (1)*
faire la queue	*to stand in line, to queue up (1) (8)*
fente (f)	*the slot (8)*
fermeture (f)	*closing time (1)*
ferroviaire	*pertaining to the railways (7)*
feuille (f) de paie	*wage sheet, salary sheet, payroll sheet (1) (6)*
fiable	*reliable (14)*
fiche (f)	*a memo (2)*
fiche (f) de paie	*wage sheet, salary sheet (6)*
fin de série (f)	*close-out, oddment (5)*
financement (m)	*financing (1)*
fisc (m)	*internal revenue service (13)*
fixe mensuel (m)	*a fixed monthly salary (5)*
F.L.B. / franco long du bord	*free alongside ship (7)*
F.M.I.	*Fonds Monétaire International : I.M.F. (14)*
F.O.	*Force Ouvrière (13) a French Trade-union*
foire (f)	*a fair (10)*
fonctionnaire (m)	*a civil servant (13)*
fondé de pouvoir (m)	*proxy, signing clerk (6)*
fonds d'état (m)	*government stocks/securities (12)*
F.O.R. / franco wagon	*free on rail (7)*
forfait (m)	*a flat rate (13)*
forfait vacances (m)	*a "package holiday" (7)*
formalités (douanières) (f)	*formalities/customs formalities (11)*
formation professionnelle (f)	*employee training (13)*
formulaire (m)	*a form (1) (4) (9) formulary (2)*
fournisseur (m)	*a supplier (4)*
fourniture (f)	*supply (4)*
frais (m)	*expenses (5)*
frais (m) de déplacements	*travel expenses (2)*
frais de port	*delivery charges (7)*
frais de transport (m)	*delivery charges (7)*
frais généraux (m)	*overheads (6)*
frais portuaires (m)	*port charges (7)*
franchisage (m)	*franchising (7)*
franchise postale (f)	*postage free status, franking (8)*
franco de port et d'emballage	*free shipping and handling (7)*
franco sur place	*carriage forward (am.) F.O.B. plant (7)*
frein (m)	*the brake (9)*
freiner	*to curb, to restrain (11)*
fret (m)	*freight (7)*
frontière (f)	*the border (1)*
frontière (f)	*the border (11)*
fuite (f) des capitaux	*flight of capital abroad (9)*
fusion (f)	*a merger (3)*

G

gages (m)	*wages, salary (13)*
gagner	*to earn (13)*
gagner du temps	*to save time (7)*
gamme (f)	*a line, a range (5)*
gérant	*manager (2)*
grade (m)	*a rank (4)*
grande surface (f)	*a hypermarket (5)*
grève (f)	*strike (6)*
grossiste (m)	*a wholesaler (4)*
groupeur (m)	*a forwarding agent (7)*
guelte (f)	*commission (on sales) (6)*
guichet (m)	*a window (in a bank) (1)*
guichet automatique de banque / G.A.B.	*automated teller machine / A.T.M. (1)*
guichetier (m)	*the teller (1)*

H

haussier (m)	*a bull (12)*
haut de gamme	*among the best in the range of products (5)*
H.E.C.	*Ecole des Hautes Etudes Commerciales, one of the most famous French graduate schools of business (1)*
heure supplémentaire (f)	*overtime (6)*
honoraires (m)	*fees (13)*
honorer	*to honor, meet, accept (1)*
hors cote	*unlisted, off-board (12)*
hors-taxe (H.T.)	*exclusive of tax (5)*
hypermarché (m)	*hypermarket (huge supermarket) (5)*

I

image de marque (f)	*a brand/corporate image (10)*
implanter	*to set up, to establish (14)*
imposable	*taxable (13)*
imprimante (f)	*a printer (10)*

incendie (m) — *a fire, a conflagration (9)*
incoterme (m) — *incoterm (7)*
indemnité (f) — *compensation (9)*
indicateur (m) — *an (economic) indicator (14)*
informatique (f) — *computer science (3)*
Inspection des Contributions Directes — *Direct Taxation Office, I.R.S. (13)*
intérêt (m) — *an interest (1)*
intermédiaire (m) — *a middleman (4)*
inventaire (m) — *an inventory, a stock-list (4)*
investissement (m) — *an investment (1)*
I.R.P.P. — *Impôt sur le Revenu des Personnes Physiques (13)*

J

jeton (m) — *a token (8)*
jeton de présence (m) — *director's fees (3)*
jurisprudence (f) — *the law (14)*

K

kiosque (m) — *a newsstand (14)*

L

lancer sur le marché — *to launch (a new product) on the market (5)*
lancer un emprunt — *to issue/to float a loan (12)*
lancer un mot d'ordre de grève — *to call a strike (13)*
lettre de change (f) — *bill of exchange, draft (2)*
lettre de rappel (f) — *a reminder (2)*
liasse (f) — *set of multipart forms (6)*
libre-échange (m) — *free trade (11)*
libre-service (m) — *self-service (5)*
licence d'exportation (f) — *an export licence (11)*
licencié(e) en droit — *bachelor of laws (2)*
licenciement (m) — *lay-off (13)*
liquidation des biens (f) — *liquidation (3)*
liquider — *to sell off (5)*
litige (m) — *litigation, dispute, law suit (2)*
livraison (f) — *delivery (7)*
livreur (m) — *a delivery man (7)*
local (m) — *premises, building (5) (9) (14)*
locataire (m) — *the tenant (14)*
louage (m) — *rental (7)*
louche — *shady (adjective) (3)*
loyer (m) — *rent (1) (13) (14)*

M

M.A.A.I.F. — *Mutuelle d'Assurance Automobile des Instituteurs de France (9)*
machine à affranchir (f) — *a postage meter (8)*
machine à décacheter (f) — *letter opening machine (2)*
machine à traitement de textes (f) — *word processor (2)*
magasinier (m) — *the warehouse supervisor (4)*
majorer — *to increase (5)*
mandat (m) — *a money order (8)*
mandataire (m) — *general agent (5)*
manifestation (f) — *an exhibit (10)*
manifeste (m) — *manifest (7)*
manœuvre frauduleuse (f) — *swindling (5)*
manque à gagner (m) — *lost opportunity of receiving (making) money (13)*
manutentionnaire (m) — *a warehouse man, a warehouse hand (4)*
marchandise (f) — *goods, merchandise, commodity (4)*
marché (m) — *the market (5)*
marché à terme (m) — *forward market/options market (12)*
marché de l'emploi (m) — *the job market (13)*
marge bénéficiaire (f) — *profit margin (6)*
matériel roulant (m) — *rolling-stock (7)*
matières premières (f) — *raw materials, commodities (4) (14)*
media (m) — *the media (10)*
membres des professions libérales — *professional people (13)*
mensualité (f) — *monthly payment (5)*
mercuriale (f) — *the market price-list (12)*
messageries (f) — *parcel delivery company (7)*
mettre au courant — *to put up to date, to fill sb in (6)*
mettre de côté — *to set aside (2)*
mettre en mémoire — *to store (in a computer) (2)*
meuble (m) — *a piece of furniture (2)*
micro-ordinateur (m) — *a personal computer (10)*
mise en demeure (f) — *a formal notice (of summons) (8)*
miser sur — *to speculate on, to bid (13)*
modique — *moderate (2)*
monnaie (f) — *currency, small change (12)*
monopole (m) — *a monopoly (5) (12)*
montant (m) — *the amount (1)*
motif (m) — *the cause (9)*
muter — *to transfer (5)*
mutiler (se) — *to injure, maim oneself (9)*
mutuelle (f) — *mutual insurance (9)*

N

net d'impôt — *tax-free (1)*
niveau (m) — *level (10)*
nomenclature (f) — *list, catalogue, schedule (4) (6)*
normaliser — *to standardize, to normalize (2)*
note de service (f) — *a memo (2)*
note d'hôtel (f) — *a hotel bill (5)*
numéraire (m) — *cash (14)*
Numéro Vert (m) — *800 number (8)*

O

obligataire (m) — *a bond holder (12)*
obligation (f) — *a bond (1) (12)*
occuper un poste — *to hold a position (2)*
O.C.D.E. — *Organisation de Coopération et de Développement Economique : O.E.C.D. (14)*
offre (f) — *an offer, a tender (4)*
offre et la demande (l') — *supply and demand (12)*
O.P.E.P. — *Organisation des Pays Exportateurs de Pétrole : O.P.E.C. (14)*
ordinateur (m) — *a computer (2)*
ordre du jour (m) — *agenda (of a meeting) (6)*
organigramme (m) — *an organization chart (2)*
ouvrable (jour) — *working (day) (5)*

P

paiement au comptant (m) — *a cash payment (5)*
pallier — *to palliate (14)*
panier de la ménagère (m) — *the shopping cart (14)*
papier à en-tête (m) — *letter-head stationery (2)*
Parquet (m) — *trading floor (12)*
part d'intérêt (f) — *a stake, a share (3)*
partenaire (m) — *a partner (sports, games) (3)*
particulier (m) — *a private individual (13)*
passer de (se) — *to do without (4)*
passer en contrebande — *to smuggle in/out (11)*
passer en correctionnelle — *to appear in a district court for criminal cases (1)*
passer en douane — *to clear through customs (11)*
passer une commande d'urgence — *to place a rush order (4)*
passible de — *liable to (1)*
passif (m) — *the liabilities (3)*
patronat (m) — *employers (13)*
P.C.V. — *a PerCeVoir (collect) (reversed charges) (8)*
P.D.G. (Président-Directeur-Général) (m) — *Chairman of the Board of Directors (3)*
peine (f) — *a penalty, punishment, sentence (1)*
péniche (f) — *barge (7)*
pension alimentaire (f) — *alimony (13)*
percepteur (m) — *the collector (13)*
percevoir (à) — *to collect, to levy (13)*
périodique (m) — *a periodical, a magazine (10)*
permanence (f) (être de) — *duties, to be on duty (13)*
pertes et profits — *profit and loss account (6)*
peser — *to weigh (5)*

pétrole (m)	*(crude) oil (14)*
P.&T.	*postes et télécommunications (8)*
pièce justificative (f)	*a voucher (5)*
pièces jointes (f)	*enclosures (2)*
place disponible (f)	*available space, vacancy (10)*
placement (m)	*an investment (1)*
placier (m)	*a door to door salesman (5)*
planification (f)	*planning (14)*
P.M.E.	*Petites et Moyennes Entreprises (2) (Small & Medium Size firms)*
P.M.I.	*Petites et Moyennes Industries (13)*
P.N.B.	*Produit National Brut : G.N.P. (14)*
poids lourd (m)	*heavy truck (9)*
point de vente (m)	*a (retail) outlet, point of sale (5)*
police (f) (d'assurance)	*the policy (9)*
police flottante (f)	*a floater, a floating policy (9)*
port dû	*carriage forward, freight collect (7)*
portefeuille (m)	*portfolio (1)*
porteur (au) (m)	*to the bearer (1)*
position (d'un compte)	*balance (of an account) (1), statement of account, bank statement (8)*
potentiel (marché)	*potential (market) (5)*
pourboire (m)	*a tip (7)*
préjudice (m)	*detriment, prejudice, loss (4)*
prélèvement à la source (m)	*tax deduction at source/pay as you go (13)*
prélèvement automatique (m)	*automatic deduction (1)*
prélever	*to deduct, to set aside*
prendre congé	*to leave (3)*
prendre des contacts	*to make contacts (10)*
prendre en charge	*to take over (2)*
prendre le courrier sous la dictée	*to take dictation (2)*
prendre sa retraite	*to retire (2)*
prendre un verre	*to have à drink (1)*
prescriptions (f)	*the regulations (2)*
présenter une traite à l'acceptation	*to present a bill for acceptance (2)*
prestation (f)	*benefits (2)*
prêt (m)	*loan (1)*
prétentions (f)	*the applicant's expectations (2)*
prêter	*(to) lend, (to) loan (1)*
preuve (f)	*a proof (2)*
prévenir	*to inform (2)*
prime (f)	*a premium (9)*
prix courant (m)	*current price (2) a price-list (4)*
prix d'appel (m)	*a rock bottom price (to attract customers) (5)*
prix de lancement (m)	*an introductory offer/price (10)*
prix de revient (m)	*actual cost, cost price (6)*
prix forfaitaire (m)	*a flat rate (7)*
procédure (f)	*proceedings (6)*
procès-verbal (m)	*the minutes, the report (3)*
producteur (m)	*producer (4)*
produit fini (m)	*finished product, end product (4)*
produit semi-ouvré (m)	*semi-manufactured product (4)*
promouvoir	*to promote (10)*
prononcer une sanction	*to assess a penalty (6)*
propriétaire (m)	*the owner (of the buildings) (14)*
prorata	*proportional part (3)*
prospectus (m)	*a hand-out, a flyer, a leaflet (10)*
protêt (m)	*protest (6)*
P.T.T.	*postes, télégraphes, téléphones (8)*
pub (f)	*short for "publicité" (10)*
publicitaire (m)	*an ad-man (10)*
publicité (f)	*adversiting, advertisement, an ad (10)*
puce (f)	*chip (8)*

Q

quittance de loyer (f)	*a rent receipt (1)*
quote-part (f)	*a quota (3)*

R

rabais (m)	*a rebate (5)*
raccrocher	*to hang up (8)*
raison sociale (f)	*trade name (2), corporate name (3)*
rappel (m)	*reminder (1)*
rappeler	*to call back (2)*
rapport annuel (m)	*the yearly report (3)*
rapporter un intérêt	*to bear an interest (12)*
R.A.T.P. (f)	*Régie Autonome des Transports Parisiens (7)*
rattraper le temps perdu	*to make up for lost time (11)*
rayonnant	*beaming (11)*
réacteur nucléaire (m)	*a nuclear reactor (14)*
recensement (m)	*census, inventory (4)*
récépissé (m)	*the receipt (7)*
récépissé-warrant (m)	*industrial-warrant (7)*
réceptionner	*to receive (4)*
récession (f)	*recession (3)*
recette-perception (ou perception) (f)	*the tax collector's office (13)*
réclame (f)	*a special offer (10)*
recommandé	*registered (8)*
recours des voisins (m)	*neighbors claim (9)*
recouvrement (m)	*collection (6) (13)*
recouvrer (la perte)	*to recover, to collect, to recoup (9)*
reçu (m)	*a receipt (1)*
recyclage (m)	*retraining (13)*
redevance (f)	*tax, dues, rental charge (telephone) (1) (8)*
réduction (f)	*reduction, cutting down (of price) (5)*
règlement (m)	*the settlement (4)*
règlement intérieur (m)	*internal regulations (3)*
règlement judiciaire (m)	*judiciary settlement (3)*
relance (f) (lettre de)	*boost, follow-up (letter) (14)*
règlement judiciaire (m)	*judiciary settlement (3)*
relancer	*to revive (to boost) (14)*
relations publiques (f)	*public relations (10)*
relevé bancaire (m)	*a bank statement (1)*
reliquat (m)	*the remainder, the balance (13)*
remise (f)	*discount (6) (10) commission (12)*
remisier (m)	*an intermediate broker (12)*
remplir	*to fill (1)*
rémunération (f)	*salary, remuneration (3) (13)*
rentabiliser	*to make (sthg) show a profit (14)*
rente (f)	*unearned income (13)*
rente (f) (d'état)	*a government bond (12)*
réparateur (m)	*the repair man (2)*
répartir	*to share, to divide (3)*
repasser au bureau (fam.)	*to stop back at the office, to drop by the office (2)*
représentant (m)	*a regional representative (5)*
R.E.R. (m)	*Réseau Express Régional (7) (Fast subway trains)*
réseau (m)	*network (8) (10)*
réservation (f)	*a reservation (7)*
résidence secondaire (f)	*a summer home (week-end home) (7)*
résiliation (f)	*cancellation (9)*
résilier	*to cancel, to terminate (9)*
responsable (m)	*person in charge (2)*
résumé (m)	*a summary (2)*
retenir	*to reserve (7)*
retenue (f)	*deduction (6)*
retirer des affaires (se)	*to retire from business (3)*
retrait (m)	*withdrawal (1)*
retraite anticipée (f)	*early retirement (13)*
rétribution (f)	*salary, reward (13)*
revenu (m)	*revenue (13)*
R.I.B.	*Relevé d'Identité Bancaire (Bank identification) (8)*
rien à déclarer	*nothing to declare (11)*
R.I.P. / Relevé d'Identité Postale	*Postal Identification form (8)*
risques et périls du destinataire (m)	*at owner's risks (7)*
risque locatif (m)	*tenant's risks (9)*
rôle (m)	*the list, record (13)*
roulement (m)	*rotation (13)*
routier (m)	*a trucker (7)*
rupture de contrat (f)	*a breach of contract (4) (9)*
rupture de stock (f)	*stock shortage (4)*

S

s'abonner à	*to subscribe to (14)*
s'absenter	*to leave, to be gone (2)*
sachet (m)	*a small bag (5)*
saisonnier	*seasonal (5)*
salaire (m)	*salary, wages (1) (2) (13)*
salon (m)	*a show (10)*
savoir gré à quelqu'un de + inf.	*to be grateful to sb for doing sthg (2)*
secrétaire de direction (f)	*executive secretary (2)*
Sécurité Sociale (f)	*Social Security (but the French system covers much more that the American one) (9)*
s'effondrer	*to collapse (12)*
se mutiler	*to injure, maim oneself (9)*
se passer de	*to do without (4)*
se rendre à	*to go to (2)*
se retirer des affaires	*to retire from business (3)*
SERNAM (m)	*SERvice NAtional de Messageries (7)*
service après-vente (m)	*client servicing, aftersale service (5)*
service de relations publiques (m)	*public relations (10)*
service des achats (m)	*purchasing department (4)*
service du contentieux (m)	*legal department (5)*
service routier (m)	*road transport (7)*
service des titres (m)	*investment department (1)*
se syndiquer	*to unionize (13)*
S.I.C.A.V. (f)	*mutual funds (12)*
S.I.C.O.B.	*Salon des Industries du Commerce et de l'Organisation du Bureau (10)*
S.I.C.O.V.A.M. (f)	*Société Interprofessionnelle de COmpensation des VAleurs Mobilières (12)*
siège (m)	*the head office, the main office (4)*
sigle (m)	*an acronym (14)*
sinistre (m)	*an accident, a disaster (9)*
slogan (m)	*a slogan (10)*
S.M.I.C. (m) Salaire Minimum Interprofessionnel de Croissance	*Index linked guaranteed minimum wage (13)*
s'occuper de	*to take care of, to deal with (4)*
Société Anonyme (f) (S.A.)	*a corporation (no real equivalent) (3)*
Société de Bourse (f)	*Stock Exchange Company (12)*
Société A Responsabilité Limitée (f) (S.A.R.L.)	*Limited (liability) Company (no real equivalent) (3)*
société de capitaux (f)	*a joint stock company (3)*
société de personnes (f)	*a partnership (3)*
société en nom collectif (f)	*a general partnership (3)*
solde (f)	*soldier's pay (13)*
solde (m)	*sale item (5)*
solder	*to sell off, to clear (5)*
solder un compte	*to balance, to settle an account (6)*
soldes (m)	*sales, stocking sales, end-of-season sales (10)*
sondage (m)	*a poll, a survey (10)*
sortie (f)	*removal (from warehouse) (4)*
sous-développé	*underdeveloped (14)*
sous-traitant (m)	*a subcontractor (4)*
souscrire	*to sign (9)*
specimen (m)	*a complimentary copy (10)*
spot publicitaire (m)	*a short commercial (10)*
stage (m)	*an internship (1)*
stagiaire (m or f)	*an intern (1) a trainee*
stagnation (f)	*stagnation, dullness (3)*
stand (m)	*a booth (10)*
standardiste (f)	*the operator (8)*
sténographie (f)	*short hand (2)*
stock (m)	*supply, stock (4)*
subir	*to sustain (9)*
subventionné	*subsidized (2)*
SupdeCo	*Ecole Supérieure de Commerce (2)*
support (m)	*a medium (10)*
syndicat (m)	*trade union (3) (13)*
syndicat d'initiative (m)	*a tourist information office (10)*
système d'alarme (m)	*a burglar alarm (9)*

T

talon (m)	*the stub (8)*
tantième (m)	*a percentage (no real equivalent) (3)*
taper à la machine	*to type (2)*
tarif dégressif (m)	*quantity discount (4)*
taux (m)	*rate (13)*
taxe (f)	*a tax, a duty (13)*
taxe d'apprentissage (f)	*a training tax (13)*
T.C.I. / Termes commerciaux internationaux (m)	*incoterms (7)*
télécarte (f)	*telephone card (8)*
télécopie (f)	*fax (8)*
télégramme (m)	*a telegram, a cable, a wire (2)*
téléscripteur (m)	*a teleprinter (2)*
télex (m)	*telex (2)*
témoin (m)	*a witness (9)*
tenir au courant	*to keep posted (4)*
tenir les comptes	*to keep the accounts (the books) (6)*
terminal (m)	*terminal (8)*
T.G.V. (m)	*Train à Grande Vitesse (speed train) (7)*
tiers (m)	*third party (9)*
Tiers Monde (m)	*the Third World (14)*
tiers provisionnel (m)	*interim tax payment (1/3 of the tax paid the previous year) (13)*
timbre (m)	*a stamp (8)*
T.I.P. / Titre Interbancaire de Paiement	*(interbank instrument of paiement) (8)*
tirer à sa fin	*to be drawing to an end (14)*
titre (m)	*stock, security (12)*
titulaire (adj.)	*holder (2)*
tonalité (f)	*the dial tone (8)*
touché	*hit, hurt (13)*
toucher des dividendes	*to receive dividends (3)*
toucher un chèque	*to cash a check (1)*
tous risques	*all-in policy, comprehensive (9)*
traite (f)	*a bill of exhange, adraft (2)*
traitement (m)	*salary (13)*
traitement de textes (m)	*word processing (2)*
tranche d'imposition (f)	*the tax bracket (13)*
transaction (f)	*a deal, a transaction (4)*
transaction boursière (f)	*stock exchange transaction (1)*
transitaire (m)	*a forwarding agent (7), transit agent (11)*
transports aériens, (m)	*air transportation (7)*
transports fluviaux (m)	*river transport, inland navigation (7)*
transports maritimes (m)	*marine transport, sea shipping (7)*
travail à mi-temps (m)	*half time employment (13)*
travail à temps partiel (m)	*part time employment (13)*
travail à temps posté (m)	*work in shift (13)*
travail au noir (m)	*moonlighting (14)*
travail clandestin (m)	*moonlighting (14)*
travailleur, les travailleurs (m)	*a worker, labor force (13)*
trier	*to sort (2)*
troc (m)	*barter (14)*
trois étoiles (m)	*a three star restaurant (2)*
trop-perçu (m)	*over payment (13)*
T.T.C. (toutes taxes comprises)	*taxes included (5)*
T.U.P.	*Titre Universel de Paiement (universal document of paiement) (no real equivalent) (8)*
tuyau (m)	*a tip (12)*
T.V.A. (Taxe à la Valeur Ajoutée)	*value added tax (5)*

U

U.R.S.S.A.F.	*Union pour le Recouvrement des cotisations de Sécurité Sociale et des Allocations Familiales (6)*
usine (f)	*a plant, a factory (13)*

V

valeurs mobilières (f) — *stocks and bonds, transferable securities (12)*
valeur vénale (f) — *market value (9)*
vandalisme (m) — *vandalism (9)*
vedette (f) — *name and address of addressee (2)*
vente (f) — *selling (4)*
vente-réclame (f) — *a bargain sale (10)*
vérification par épreuve (f) — *customs examination (11)*
vérifier — *to check (2)*
verser — *to pay (1)*
verso (au) (m) — *on the back (1)*
vignette (f) — *sticker, tax on vehicles (13)*
virement (m) — *transfer (1)*
vignette (f) — *sticker, tax on vehicles (13)*
virer — *to transfer (1)*
visiteur (m) — *a visitor (10)*
voix (f) — *a vote (3)*
vol (m) — *theft (9)*
volet (m) — *a tear-off, a detachable section (8)*
volumineux — *bulky (7)*
voyageur de commerce (m) — *a traveling salesman (5)*
V.P.C. (vente par correspondance) — *mail order business (5)*
V.R.P. — *traveling salesman, representative*

LEXIQUE

ANGLAIS-FRANÇAIS

A

(to) accept a bill of exchange (4)	*accepter une traite*
acceptance (2)	*l'acceptation (f)*
accident report (9)	*une déclaration d'accident*
accident (9)	*un accident, un sinistre*
account (1)	*un compte*
account card (1)	*carte de crédit (d'un magasin)*
account (overdrawn) (1)	*un découvert*
account (profit and loss) (6)	*pertes et profits*
account (to settle an) (6)	*solder un compte*
account (statement of) (8)	*relevé, position de compte*
acknowledgment of receipt (8)	*un accusé de réception*
acronym (14)	*un sigle*
active partner (3)	*le commandité*
actual cost, cost price (6)	*le prix de revient*
ad (10)	*une annonce*
addendum (9)	*un avenant*
additional clause (9)	*un avenant*
addressee (2)	*le destinataire*
addressee's name and address (2)	*la vedette*
ad-man (10)	*un publicitaire*
advertisement (2) (10)	*une annonce (2), la publicité (10)*
advertising (10)	*la publicité*
advertising agency (10)	*une agence de publicité*
advertising campaign (10)	*une campagne publicitaire*
agenda (of a meeting) (6)	*l'ordre du jour (m)*
agent (forwarding) (7) (11)	*un groupeur, un transitaire*
airgram (8)	*un aérogramme*
air transportation (7)	*les transports aériens*
alarm (burglar) (9)	*un système d'alarme*
alimony (13)	*la pension alimentaire*
all-in policy (9)	*(une police) tous risques*
amount (1)	*le montant*
(to) analyze (12)	*dépouiller*
(to) appear in court for criminal cases (1)	*passer en correctionnelle (1)*
application (2)	*une candidature*
assets (3)	*l'actif*
(to) assess a penalty (6)	*prononcer une sanction*
assets (liquid) (1)	*des disponibilités (f)*
A.T.M. (1)	*G.A.B.*
attention (2)	*l'application (f)*
auction (4)	*la vente aux enchères*
auditing (13)	*le contrôle*
automated teller machine / A.T.M. (1)	*guichet automatique de banque / G.A.B.*
available funds (1)	*les disponibilités*

B

bachelor of laws (2)	*licencié en droit*
bad checks (writing) (2)	*l'émission de chèques sans provision*
bag (small) (5)	*un sachet*
balance (13)	*le reliquat*
balance (of an account) (1)	*position (d'un compte) (f)*
balance trade (11)	*la balance commerciale*
balance (showing a deficit) (11)	*une balance déficitaire*
balance sheet (3)	*le bilan*
(to) balance an account (6)	*solder un compte*
bank identification form (8)	*R.I.B. (relevé d'identité bancaire)*
bankruptcy (3)	*la faillite*
bank statement (1)	*un relevé bancaire*
bargain (5)	*une bonne affaire*
bargain sale (10)	*une vente-réclame*
barge (7)	*une péniche*
barter (14)	*le troc*
(to) be drawing to an end (14)	*tirer à sa fin*
(to) be gone (2)	*s'absenter*
(to) be grateful to sb for (2)	*savoir gré à quelqu'un de + inf.*
(to) be head of (4)	*être à la tête de*
(to) be in a position to (5)	*être en mesure de*
(to) be short of (4)	*être à court de*
beaming (11)	*rayonnant*
bear (12)	*un baissier*
(to) bear an interest (12)	*rapporter un intérêt*
bearer (1)	*le porteur*
beneficiary (1)	*le bénéficiaire*
benefits (2)	*une prestation*
bill (1) (4)	*une facture*
bill (gas) (5)	*une facture d'essence*
bill (hotel) (5)	*une note d'hôtel*
bill (revised) (4)	*une facture rectifiée*
bill of exchange (2)	*une traite/une lettre de change*
bill of lading (7)	*un connaissement*
(to) bill (4)	*facturer*
blank check (1)	*un chèque en blanc*
Board of Directors (3)	*le Conseil d'Administration*
Board of Supervisors (3)	*un Conseil de Surveillance*
body shop man (9)	*le carrossier*
bond (1) (12)	*une obligation*
bond holder (12)	*un obligataire*
bond (government) (12)	*une rente*
book (telephone) (8)	*un annuaire téléphonique*
book keeper (6)	*aide-comptable*
booklet (10)	*une brochure*
(to) boost (14)	*relancer*
a booth (10)	*un stand*
border (11)	*la frontière*
(to) borrow (1)	*emprunter*
borrowing	*emprunt (m)*
box (4)	*un carton*
box (wooden) (4)	*une caisse*
branch (1)	*agence (f)*
brand image (10)	*une image de marque*
breach of contract (4) (9)	*une rupture de contrat*
breakdown (2) (5)	*panne (f), détail (m), analyse (f)*
broker (12)	*un courtier*
broker (insurance) (9)	*un courtier d'assurances*
broker (foreign exchange) (12)	*un cambiste*
broker (stock) (12)	*un agent de change*
brokerage (4)	*courtage (m)*
broker's commission (12)	*un courtage*
brake (9)	*le frein*
brochure (10)	*une brochure*
building (14)	*un local*
bulky (7)	*volumineux*
bull (12)	*un haussier*
burglar (9)	*un cambrioleur*
burglar alarm (9)	*un système d'alarme*
buyer (4)	*un acheteur*
buying (4)	*l'achat (m)*
by dint of, by means of (2)	*à force de...*

C

cable (2)	*un télégramme*
(to) call (2)	*convoquer*
(to) call a strike (13)	*lancer un mot d'ordre de grève*
(to) call back (2)	*rappeler*
(to) call sb's attention to... (1)	*attirer l'attention de... sur...*
(to) cancel (9)	*résilier*
cancellation (9)	*la résiliation*
candidacy (2)	*une candidature*
call (telephone) (2)	*un appel téléphonique*
capital stock (3)	*le capital social*
cargo boat (4) (7)	*un cargo*
carriage forward (7)	*franco sur place, port dû*
cart (4)	*un chariot*
cartoon (10)	*une B.D. (une bande dessinée)*
cash (1)	*l'argent liquide (m)*
cash payment (5)	*un paiement au comptant*
(to) cash	*encaisser*
(to) cash a check (1)	*toucher un chèque*
cashier (1)	*le caissier*
cashier's window (1)	*la caisse*
casualty (9)	*un blessé*
catalog (5) (10)	*un catalogue*
cause (9)	*le motif*
caution money, (12)	*un cautionnement*
center (shopping) (5)	*un centre commercial*
certificate of origin (11)	*un certificat d'origine*
Chairman of the Board of Directors (3)	*un P.D.G. (Président-Directeur Génér.*

(to) charge (5)	*facturer, imputer, compter*
chart (organization) (2)	*un organigramme*
charter party (7)	*une charte-partie*
check (blank) (1)	*un chèque en blanc*
check with insufficient funds (1)	*un chèque sans provision*
check-book (1)	*un carnet de chèques, un chéquier*
(to) check (2)	*vérifier*
chip (8)	*puce (f)*
circular (letter) (10)	*une circulaire*
civil servant (13)	*un fonctionnaire*
classified ad (2)	*une (petite) annonce*
clause (additional) (9)	*un avenant*
(to) clear (5)	*solder*
(to) clear through customs (11)	*passer en douane, dédouaner*
client servicing, aftersale service (5)	*le service après-vente*
close-out (5)	*une fin de série*
closing time (1)	*la fermeture*
C.O.D. (7)	*contre remboursement*
(to) collapse (12)	*s'effondrer*
collect (8)	*P.C.V.*
(to) collect (13)	*percevoir*
collection (6) (13)	*le recouvrement, l'encaissement (m)*
collection center (7)	*un centre de groupage*
collective bargaining agreement (13)	*les conventions collectives (f)*
collector (13)	*le percepteur*
colloquium (14)	*un colloque*
comic (10)	*une bande dessinée (B.D.)*
commercial (short) (10)	*un spot publicitaire*
commission (5) (4) (12)	*une remise, une commission*
commission agent (4)	*commissionnaire (m)*
commission (on sales) (6)	*la guelte*
commodities (4) (14)	*les matières premières, les marchandises, les denrées*
commodity exchange (12)	*la Bourse de commerce, des marchandises*
company (joint-stock) (3)	*une société de capitaux*
compartment (4)	*une case*
compensation (9)	*une indemnité*
competition (5)	*concurrence (f)*
competitive (5)	*compétitif*
complimentary copy (10)	*un spécimen*
comprehensive (policy) (9)	*(une police) tous-risques*
computer (2)	*un ordinateur*
computer (personal) (P.C.) (10)	*un micro-ordinateur*
computer science (3)	*l'informatique (f)*
conflagration (9)	*un incendie*
consultant (tax) (13)	*un conseiller (fiscal)*
consumer (5) (13)	*un consommateur*
container (7)	*un emballage*
contribution (6)	*cotisation (f)*
convention participant (10)	*un congressiste*
corporate image (10)	*une image de marque*
corporation (no real equivalent) (3)	*une Société Anonyme*
correspondance clerk (2)	*un(e) correspondancier/correspondancière*
correspondent (8)	*le correspondant*
cost (actual) (6)	*le prix de revient*
cost price (6)	*le prix de revient*
cost, insurance, freight (7)	*C.A.F. (coût, assurance, fret)*
counter check (1)	*un chèque omnibus*
(to) countersign (9)	*contresigner*
coupon (12)	*un coupon*
C.P.A. (6)	*un expert-comptable*
(to) crash into... (9)	*emboutir*
crate (4)	*une caisse*
credit (4)	*un avoir*
credit card (1)	*une carte de crédit*
credit note (4) (7)	*une facture d'avoir*
credit, credit side (6)	*le crédit*
(to) curb (11)	*freiner*
current price (2)	*un prix courant*
customs broker (11)	*un agent en douane*
customs duty (11)	*un droit de douane*
customs examination (11)	*la vérification par épreuve*
customs house (11)	*le bureau des douanes*
customs officer (11)	*un douanier*
cut (tax) (13)	*un dégrèvement*
C.V. (2)	*un curriculum vitae*

D

damage (9)	*des dégâts (m)*
date of maturity (3)	*une échéance*
date stamp (2)	*le dateur*
deal (4)	*une transaction*
dealer (foreign exchange) (12)	*un cambiste*
debit, debit side (6)	*le débit*
decade (1)	*décennie (f)*
(to) deduct (13)	*déduire*
deduction (6)	*une retenue*
deduction (automatic) (1)	*un prélèvement automatique*
defective (5)	*défectueux*
(to) defray (5)	*défrayer*
delegate (union) (13)	*un délégué syndical*
(to) deliver (2)	*distribuer (courrier)*
delivery (7)	*la livraison*
delivery charges (7)	*les frais de transport (ou port)*
delivery man (7)	*un livreur*
delivery note (2)	*un avis d'expédition*
delivery order (4)	*un bon de livraison*
(to) denounce the agreement (13)	*dénoncer un forfait*
deposit (6)	*les arrhes (f)*
deposit slip (1)	*un bordereau de versement*
depreciation (6)	*un amortissement*
detriment (4)	*un préjudice*
device (14)	*un dispositif*
dial (8)	*le cadran*
(to) dial the number (8)	*composer le numéro*
dial tone (8)	*la tonalité*
Direct Taxation Office, I.R.S. (13)	*Inspection des Contributions Directes*
directorate (3)	*un Directoire*
director's fees (3)	*un jeton de présence*
directory (8)	*un annuaire téléphonique*
disaster (9)	*un sinistre*
discount (5) (6) (10)	*un escompte, une remise*
discount (bills for) (6)	*à l'escompte (m)*
diskette (10)	*une disquette*
dispatcher (5)	*un expéditeur*
dispute (2)	*un litige*
(to) dissolve (3)	*dissoudre*
(to) divide (3)	*répartir*
dividend (12)	*un dividende*
dividend (to receive) (3)	*toucher des dividendes*
door to door salesman (5)	*un placier*
documentary credit (7)	*le crédit documentaire*
domestic (1)	*intérieur, du pays*
dossier (2)	*un dossier*
(to) do without (4)	*se passer de*
down, out of order (2)	*en panne*
draft (2)	*une lettre de change, une traite*
(to) draw up (13)	*établir*
driver (9)	*le chauffeur*
(to) drop by the office (2)	*repasser au bureau (fam.)*
dues (1) (9)	*une redevance, une cotisation*
dullness (3)	*la stagnation*
duly (9)	*dûment*
duties, to be on duty (13)	*une permanence, être de permanence*
duty (13)	*une taxe*
duty-free (11)	*en franchise*

E

early retirement (13)	*la retraite anticipée*
(to) earn (13)	*gagner*
easy terms (5)	*des facilités de paiement (f)*
economic situation (3)	*la conjoncture économique*
E.E.C. (14)	*C.E.E.*
800 number (8)	*Numéro Vert (m)*
employee training (13)	*la formation professionnelle*
employment bureau, agency (2)	*le bureau de placement*
employment (half-time) (13)	*le travail à mi-temps*
employment (part-time) (13)	*le travail à temps partiel*
enclosures (2)	*les pièces jointes (f)*
end product (9)	*un produit fini*
(to) endorse (1)	*endosser*
endorsee (1)	*un endossataire*
(to) engage (6)	*embaucher*
enquiry (4)	*demande (f), enquête (f)*

(to) enter (2)	*enregistrer*
equity (stock holders) (3)	*le capital social*
estimate (9)	*un devis*
exchange (12)	*le change*
(to) exchange (12)	*changer*
Exchange (commodities) (12)	*la Bourse de commerce*
exchange control (11)	*le contrôle des changes*
exclusive of tax (5)	*hors-taxe (H.T.)*
executive (2)	*un cadre*
executive secretary (2)	*une secrétaire de direction*
exemption (13)	*une exonération*
(to) exhibit (10)	*exposer*
exhibit (10)	*une manifestation*
exhibit (of goods) (10)	*une exposition*
exhibitor (10)	*un exposant*
expectations (2)	*les prétentions (f)*
expense (5)	*une dépense*
expenses (5)	*les frais (m)*
export licence (11)	*une licence d'exportation*

F

fair (10)	*une foire*
factory (13)	*une usine*
F.A.S. / free alongside ship (7)	*F.L.B. / franco long du bord*
fax (8)	*télécopie (f)*
fee (artist or performer) (13)	*le cachet*
fees (13)	*les honoraires (m), les émoluments (m)*
fees (Directors') (3)	*les jetons de présence (m)*
fender bender (9)	*un accrochage*
file (2)	*un dossier*
(to) file (2)	*archiver*
filing (2)	*classement (m)*
(to) fill (1)	*remplir*
(to) fill (someone) in (6)	*mettre (quelqu'un) au courant*
financial year (3) (6) (13)	*un exercice comptable, fiscal*
financing (1)	*financement (m)*
fine (1) (11)	*une amende*
finished product, (4)	*un produit fini*
fire (9)	*un incendie*
firm (2) (3)	*une entreprise*
firm (high technology) (3)	*une entreprise de pointe*
fiscal year (6)	*un exercice*
fixed monthly salary (5)	*un fixe mensuel*
flat rate (7) (13)	*un forfait, un prix forfaitaire*
flight (7)	*vol (m)*
floater, a floating policy (9)	*une police flottante*
floor (trading) (12)	*la corbeille*
flyer (10)	*un prospectus, un dépliant*
F.O.B. / free on board (7)	*F.A.B. / franco à bord*
folder (2) (10)	*une chemise, un dépliant*
F.O.R. / free on rail (7)	*F.O.R. / franco wagon*
foreign exchange dealer/broker (12)	*un cambiste*
foreign money, currency (5)	*des devises*
fork lift truck (4)	*un chariot (à fourche)*
form (1) (2) (9)	*un formulaire*
formalities/customs formalities (11)	*des formalités (douanières) (f)*
formulary (2)	*formulaire*
forward market (12)	*le marché à terme*
(to) forward (7) (11)	*expédier*
forwarding agent	*un groupeur, un transitaire*
franking (8)	*la franchise postale*
free alongside ship F.A.S. (7)	*F.A.S. (franco à quai)*
free on board (7)	*F.O.B. (franco à bord)*
free shipping and handling (7)	*franco de port et d'emballage*
free trade (11)	*le libre-échange*
freight (7)	*le fret*
freight collect	*un port dû*
funds (available) (1)	*des disponibilités (f)*

G

garment (2)	*vêtement (m)*
gas (gasoline) bill (5)	*une facture d'essence*
General Meeting of shareholders (3)	*une Assemblée Générale*
(to) get a contract/a deal (11)	*enlever un marché*
(to) give an authorized signature (1)	*déposer sa signature*
(to) go to (2)	*se rendre à*
G.N.P. (14)	*P.N.B.*
goods (4)	*une marchandise*
government bond (12)	*emprunt d'état (m)*
government stocks (12)	*des fonds d'état (m)*
(to) grant an overdraft (1)	*consentir un découvert*

H

half time (employment) (13)	*(le travail à) mi-temps*
hand out (10)	*un prospectus*
handling of the order (4)	*l'exécution de la commande (f)*
(to) hang up (8)	*raccrocher*
(to) have a drink (1)	*prendre un verre*
(to) have an eye for (2)	*avoir l'œil*
head office (4)	*le siège (social)*
Hello, who's speaking ? (8)	*Allô, qui est à l'appareil ?*
herewith (4)	*ci-joint, ci-inclus*
high technology firm (3)	*une entreprise de pointe*
(to) hinder (4)	*entraver*
(to) hire (2)	*engager, embaucher*
hit (13)	*touché*
(to) hold a position (2)	*occuper un poste*
holder (2)	*titulaire (adj. & nom)*
holder (stock) (3)	*un actionnaire*
home (summer, week-end) (7)	*une résidence secondaire*
(to) honor, meet, accept (1)	*honorer*
hotel bill (5)	*une note d'hôtel*
hurt (13)	*touché*
hypermarket (5)	*une grande surface, un hypermarché*

I

I.D. card (1)	*une carte d'identité*
idiosyncrasy (professional) (2)	*la déformation professionnelle*
I.M.F. (14)	*F.M.I.*
(to) impede (4)	*entraver*
in case of litigation (2)	*en cas de litige*
income (13)	*le revenu*
income (unearned) (13)	*une rente*
income tax return form (13)	*la déclaration d'impôt*
incoterms (7)	*T.C.I. / Termes commerciaux internationaux (m)*
increase (3)	*une augmentation*
(to) increase (5)	*acccroître, majorer*
Index linked guaranteed minimum wage (13)	*le S.M.I.C.*
indicator (economy) (14)	*un clignotant, un indicateur*
individual (private) (13)	*un particulier*
information, "literature" (4)	*une documentation*
(to) inform (2)	*prévenir*
(to) initiate legal proceedings (6)	*entamer des poursuites judiciaires*
(to) injure oneself (9)	*se mutiler, se blesser*
injured person, a casualty (9)	*un blessé*
Instabank / cash machine (1)	*D.A.B. / Distributeur automatique de billets*
insurance broker (9)	*un courtier d'assurances*
insurance (mutual) (9)	*une mutuelle*
interbank instrument of paiement (8)	*T.I.P. / Titre Interbancaire de Paiement*
interest (1)	*un intérêt*
intern (1)	*un(e) stagiaire*
Internal Revenue Service (13)	*le fisc*
internship (1)	*un stage*
in the long run (5)	*à la longue*
introductory offer/price (10)	*un prix de lancement*
inventory (4)	*un inventaire*
investment (1)	*un investissement, un placement*
investment department (1)	*service des titres*
invoice (1) (4)	*une facture*
invoice (pro forma) (11)	*une facture pro forma*
I.R.S. (13)	*Inspection des Contributions Directes*
(to) issue/to float a loan (12)	*lancer un emprunt*

J

jam (traffic) (8)	*un embouteillage*
jewel (11)	*un bijou*
job applicant (13)	*un demandeur d'emploi*
job application (2)	*une demande d'emploi*
job market (13)	*le marché de l'emploi*
joint stock company (3)	*une société de capitaux*

judiciary settlement (3) *le règlement judiciaire*

K

keen (5) *compétitif*
(to) keep posted (4) *tenir au courant*
(to) keep the accounts (the books) (6) *tenir les comptes*
keyboard (8) (10) *un clavier*
knowledgeable (2) *calé (e)*

L

label (5) *une étiquette*
labor force (13) *les travailleurs, les ouvriers*
(to) launch (a new product) on the market (5) *lancer sur le marché*
law (14) *la jurisprudence*
law suit (2) *un litige, un procès*
lay-off (13) *un licenciement*
lead time (4) *un délai de livraison*
leading firm (37 *une entreprise de pointe*
leaflet (10) *un dépliant, un prospectus, une brochure*
lease (14) *un bail, des baux*
leave (maternity) (6) *un congé (de maternité)*
leave (sick) *un congé (de maladie)*
(to) leave (2) (3) *s'absenter, prendre congé*
legal department (5) *le service du contentieux*
(to) lend (1) *prêter*
(to) let somebody have (4) *céder*
letter-head stationery (2) *le papier à en-tête*
letter opening machine (2) *une machine à décacheter*
(to) levy (13) *percevoir*
liabilities (3) *le passif*
liable to (1) *passible de*
limited partnership (no equivalent) (3) *la commandite*
line (5) *une gamme*
liquidation (3) *la liquidation des biens*
list (13) *le rôle*
litigation (2) *un litige*
loading (1) *le chargement*
loan (1) *prêt (m)*
(to) loan (1) *prêter*
loan (12) *un emprunt*
loan (to issue, to float a) (12) *lancer un emprunt*
loss (4) *une perte, un préjudice*
lost opportunity of receiving (making) money (13) *manque à gagner (m)*
(to) lower (5) *diminuer*

M

magazine (10) *un magazine, un périodique*
mail (2) (8) *le courrier*
mail forwarding (8) *l'acheminement du courrier (m)*
mail order business (5) *V.P.C. (vente par correspondance) (f)*
(to) maim oneself (9) *se mutiler*
maintenance (5) *entretien (m)*
(to) make (sthg) show a profit (14) *rentabiliser*
(to) make contacts (10) *prendre des contacts*
(to) make up for lost time (11) *rattraper le temps perdu*
maker (4) *un fabricant*
manager (2) *le gérant*
manifest (1) *le manifeste*
manufacture (2) *une fabrique*
manufacturer (4) *un fabricant*
margin (profit) (6) *la marge bénéficiaire*
marine transport, sea shipping (7) *les transports maritimes (m)*
market (5) *le marché*
market (forward) (12) *le marché à terme*
market (job) (13) *le marché de l'emploi*
market (options) (12) *le marché à terme*
market price-list (12) *la mercuriale*
material (raw) (4) *les matières premières (f)*
maternity leave (6) *le congé maternité*
media (10) *les medias (m)*
medium (10) *un support*
(to) meet competition (5) *faire face à la concurrence*
memo (2) *une note de service, une fiche*
merchandise (4) *la marchandise*
merchant (3) *un commerçant*
merger (3) *une fusion*
middleman (4) *un intermédiaire*
minor accident (9) *un accrochage*
minutes (3) *le procès-verbal*
moderate (2) *modique*
money order (8) *un mandat*
monitor (8) (10) *un écran, une console*
monopoly (5) (12) *un monopole*
monthly payment (5) *une mensualité*
moonlighting (14) *le travail clandestin, au noir*
mutual funds (12) *la S.I.C.A.V.*
mutual insurance (9) *une mutuelle*

N

name (trade, corporate) (3) *raison sociale (f)*
name and address of addressee (2) *la vedette*
network (8) (10) *un réseau*
newsstand (14) *un kiosque*
nominal capital (3) *le capital social*
(to) normalize (2) *normaliser*
nothing to declare (11) *rien à déclarer*
notice of receipt, of delivery (4) *un bon de réception*
notice of summons (8) *une mise en demeure*
nuclear reactor (14) *un réacteur nucléaire*

O

oddment (5) *une fin de série*
O.E.C.D. (14) *O.C.D.E.*
off-board (12) *hors cote*
offer (4) *une offre*
offer (introductory) (10) *un prix de lancement*
offer (special) (10) *une réclame*
office (12) *une charge*
office (head or main) (4) *le siège (social)*
oil (crude) (14) *le pétrole*
on the back (1) *au verso*
on the line, on the phone (8) *au bout du fil*
O.P.E.C. (14) *O.P.E.P.*
operator (8) *la standardiste*
options market (12) *le marché à terme*
order (4) *une commande*
order (rush) (4) *une commande d'urgence*
order (to cancel an) (4) *annuler une commande*
order (handling of) (4) *l'exécution de la commande*
order (money) (8) *un mandat*
order (trial) (4) *une commande à titre d'essai*
organization chart (2) *un organigramme*
outing (13) *une excursion*
outlet (retail) (5) *un point de vente*
outward bound (for ship or train) (7) *en partance*
overdraft (17 *un découvert*
overdraft (to grant an) (1) *consentir un découvert*
overdrawn account (1) *un découvert*
overdue (6) *arriéré*
overheads (6) *les frais généraux (m)*
over payment (13) *le trop-perçu*
overseas (1) *d'outremer, extérieur*
overtime (6) *une heure supplémentaire (f)*
owner (of the building) (14) *le propriétaire*
owner's risk (at) (7) *aux risques et périls du destinataire*

P

pack (7) *un emballage*
"package holiday" (7) *un forfait vacances*
packaging (5) *le conditionnement*
packer (5) *un emballeur*
packing (5) *emballage (m)*
packing-list (11) *liste (f) de colisage*
paid leave, paid vacation (13) *les congés payés (m)*
(to) palliate (14) *pallier*
parcel (4) *un colis*
parcel delivery company (7) *les messageries (f)*
part time employment (13) *le travail à temps partiel*

partner (sports, games) (3)	*un partenaire*
partner (business) (3)	*un associé*
partnership (3)	*une société de personnes*
partnership (general) (3)	*une société en nom collectif*
party (third) (9)	*un tiers*
(to) pay (1) (5)	*verser, défrayer*
payment (cash) (5)	*un paiement (au) comptant*
payroll stub (1)	*une feuille de paye*
P.C. (personal computer) (10)	*un micro-ordinateur*
penalty (1)	*une peine*
periodical (noun) (10)	*un périodique*
person in charge (2)	*un responsable*
personnel representative (13)	*un délégué du personnel*
pick-up truck (7)	*une camionnette*
(to) pick up the receiver (8)	*décrocher (le combiné)*
pigeonhole (4)	*une case*
(to) place a rush order (4)	*passer une commande d'urgence*
planning (14)	*la planification*
plant (13)	*une usine*
point of sale (3)	*un point de vente*
policy (9)	*la police (d'assurances)*
policy (all-in) (comprehensive) (9)	*une assurance "tous risques"*
policy (floating) (9)	*une police flottante*
poll (10)	*un sondage*
port charges (7)	*les frais portuaires (m)*
portfolio (1)	*un portefeuille (de titres)*
position (2)	*un poste*
postage free status (official paid) (8)	*la franchise postale*
postage meter (8)	*une machine à affranchir*
Postal Identification form (8)	*R.I.P. / Relevé d'Identité Postale*
posted (2)	*affiché*
post and telecommunications (8)	*P. & T.*
poster (10)	*une affiche*
post office check (8)	*un chèque postal*
post, telegraph, telephone (8)	*P.T.T.*
potential (market) (5)	*potentiel (marché)*
practice (12)	*une charge*
premises (5) (9) (14)	*un local*
premium (9)	*une prime*
prepaid parcel (7)	*un colis en port payé*
(to) present a bill for acceptance (2)	*présenter une traite à l'acceptation*
price (introductory) (10)	*un prix de lancement*
price-list (4)	*un prix courant*
price (rock bottom) (5)	*un prix d'appel*
printer (10)	*une imprimante*
private individual (13)	*un particulier*
proceedings (6)	*la procédure*
procurement (4)	*l'approvisionnement (m)*
produce (10)	*une denrée*
product (finished) (4)	*un produit fini*
product (semi-manufactured) (4)	*un produit semi-ouvré*
professional idiosyncrasy (2)	*la déformation professionnelle*
professional people (13)	*les membres des professions libérales*
profit (3)	*le bénéfice*
profit and loss account (6)	*pertes et profits*
profit margin (6)	*la marge bénéficiaire*
pro forma invoice (11)	*une facture "pro forma"*
producer (4)	*un producteur*
(to) promote (10)	*promouvoir*
promotion (2)	*l'avancement (m)*
(to) prompt sb to do sthg (6)	*inciter qql à faire qqch*
proof (2)	*une preuve*
proportional part (3)	*prorata*
protest (6)	*un protêt*
proxy (6)	*un fondé de pouvoir*
public relations (10)	*le service de relations publiques*
purchasing department (4)	*le service des achats*
punishment (1)	*une peine*
(to) put up to date (6)	*mettre au courant*

Q

quantity discount (4)	*un tarif dégressif*
quota (3)	*une quote-part*
quotation (12)	*la cote*
quotation by oral bid (12)	*la cotation à la criée*
quotation by written bid (12)	*la cotation par casier*
quotation, price (12)	*le cours*
quoted (3)	*coté*

R

railways (pertaining to) (7)	*ferroviaire*
rank (4)	*un grade*
range (5)	*une gamme*
rate (13)	*taux (m)*
rate (flat) (7) (13)	*un forfait, un prix forfaitaire*
rate of gold (12)	*le cours de l'or*
raw materials (4) (14)	*les matières premières (f)*
rebate (5)	*un rabais*
receipt (1) (7)	*un reçu, un récépissé*
(to) receive (4)	*réceptionner*
receiver (8)	*le combiné*
recession (3)	*la récession*
record (2) (13)	*un dossier, un rôle*
(to) record (incoming mail) (2)	*enregistrer (le courrier)*
redeemable (12)	*amortissable*
reduction (of price) (5)	*une réduction*
registered (8)	*recommandé*
regulations (2)	*les prescriptions*
reliable (14)	*fiable*
relief (tax) (13)	*un dégrèvement*
remainder (13)	*un reliquat*
reminder (2)	*une lettre de rappel*
(to) remit (2)	*distribuer (le courrier)*
removal (from warehouse) (4)	*la sortie*
rent (1) (13) (14)	*le loyer*
rent receipt (1)	*une quittance de loyer*
rental charge (telephone) (8)	*une redevance*
repair cost estimate (9)	*un devis de réparation*
repair man (2)	*le réparateur*
report (3)	*le procès-verbal*
report (yearly) (3)	*le rapport annuel*
representative (regional) (5)	*un représentant*
representative (union) (3) (13)	*un délégué syndical*
reservation (7)	*une réservation*
(to) reserve (7)	*retenir*
(to) resign (2)	*donner sa démission*
resignation (2)	*une démission*
(to) restrain (11)	*freiner*
resume (2)	*un curriculum vitae*
restaurant (3 stars) (2)	*un "trois étoiles"*
retail outlet (5)	*un point de vente*
retailer (4)	*un détaillant*
(to) retire (2)	*prendre sa retraite*
(to) retire from business (3)	*se retirer des affaires*
retraining (13)	*le recyclage*
returnable container (7)	*un emballage consigné*
revenue (13)	*le revenu*
reversed charge (8)	*P.C.V.*
(to) revive (14)	*relancer*
reward (13)	*une rétribution, une rémunération.*
right to the renewal of the lease (14)	*le droit au bail*
river transport (7)	*les transports fluviaux*
roadway (9)	*la chaussée*
road transport (7)	*le service routier*
rolling-stock (7)	*le matériel roulant*
rotation (13)	*un roulement*

S

salary (1) (3) (13)	*le salaire, le traitement, les appointements la rémunération, la rétribution, les émoluments (m)*
salary (fixed monthly) (5)	*un fixe mensuel*
sales (10)	*les soldes (m)*
sales volume (5)	*chiffre d'affaires (m)*
salesman (door to door) (5)	*un placier*
salesman (traveling) (5)	*un voyageur de commerce*
sample (4) (10)	*un échantillon*
(to) save (10)	*épargner*
(to) save time (7)	*gagner du temps*
savings bank (in the post-offices) (8)	*la Caisse d'Epargne*
savings plan to buy a house (1)	*épargne-logement*
screen (10)	*un écran*
season (end-of) sales (10)	*des soldes (m)*
security (12)	*une caution, un cautionnement*
self financing (14)	*l'autofinancement (m)*
self management (14)	*l'autogestion (f)*

self-service (5)	*libre-service*
(to) sell off (5)	*liquider, solder*
selling (4)	*la vente*
sentence (1)	*une peine*
service (after-sale) (5)	*le service après-vente*
servicing (client) (5)	*le service après-vente*
set of multipart forms (6)	*une liasse*
set of pigeon-holes (12)	*un casier*
(to) set aside (2)	*mettre de côté*
(to) settle an account (6)	*solder un compte*
settlement (4)	*le règlement*
settlement (judiciary) (3)	*le règlement judiciaire*
shady (adjective) (3)	*louche*
share (3)	*une part d'intérêt*
share holder (3)	*un porteur de parts*
share (stock) (1)	*une action*
(to) share (3)	*répartir*
(to) ship (7)	*expédier*
ship owner (7)	*un armateur*
shipper (7)	*le chargeur*
shipping (sea) (7)	*les transports maritimes*
shopping cart (14)	*le panier de la ménagère*
shopping center (5)	*un centre commercial*
short hand (2)	*la sténographie*
show (10)	*un salon, une exposition*
(to) show proof (1)	*faire la preuve*
sick leave (6)	*un congé de maladie*
(to) sign (9)	*souscrire*
signature (to give an authorized) (1)	*déposer sa signature*
signing clerk (6)	*le fondé de pouvoir*
situation (economic) (3)	*la conjoncture économique*
size (5)	*taille (f)*
slogan (10)	*un slogan*
sleeping partner (3)	*le commanditaire*
slot (8)	*la fente*
(to) smuggle in/out (11)	*passer en contrebande*
Social Security (9)	*la Sécurité Sociale*
soldier's pay (13)	*une solde*
(to) sort (2) (12)	*trier, dépouiller*
special offer (5)	*en réclame*
stagnation (3)	*la stagnation*
stamp (8)	*un timbre*
(to) stand in line (1) (8)	*faire la queue*
(to) standardize (2)	*normaliser*
stapler (2)	*une agrafeuse*
statement (bank) (1) (8)	*le relevé bancaire, la position de compte*
sticker (13)	*la vignette*
stock (4)	*l'approvisionnement*
stock Exchange, stock market (12)	*la Bourse*
Stock Exchange Company (12)	*Société de Bourse (f)*
stock (security) (12)	*un titre*
stock broker (12)	*un agent de change*
stock exchange transaction (1)	*une transaction boursière*
stock holder (3)	*un actionnaire*
stock holders' General Meeting (3)	*l'Assemblée générale*
stock holder's equity (3)	*le capital social*
stock-list (4)	*un inventaire*
stock shortage (4)	*une rupture de stock*
stocking sales (10)	*les soldes (m)*
stocks, bonds (12)	*les valeurs mobilières (f)*
stocks (government) (12)	*les fonds d'état (m)*
(to) stop back at the office (2)	*repasser au bureau (fam.)*
(to) store (in a computer) (2)	*mettre en mémoire*
strike (6)	*la grève*
stub (8)	*le talon*
subcontractor (4)	*un sous-traitant*
(to) subscribe to (14)	*s'abonner à*
subscription (10) (14)	*un abonnement*
subsidiary (1) (2) (3)	*filiale (f)*
subsidized (2)	*subventionné*
suffering from concussion (9)	*commotionné*
suit (law) (2)	*un litige*
summary (2)	*un résumé*
summer home (week-end home) (7)	*une résidence secondaire*
summons (notice of) (8)	*une mise en demeure*
supplier (4)	*un fournisseur*
supply (4)	*une fourniture*
(to) supply (1)	*fournir, approvisionner*
supply and demand (12)	*l'offre et la demande*
supply (4)	*un approvisionnement*
supply (4)	*le stock*
(to) supply (4)	*approvisionner*
survey (10)	*un sondage*
swindling (1) (5)	*une escroquerie, une manœuvre frauduleuse*
sworn (in) (6)	*assermenté*

T

table (13)	*le barème*
(to) take care of, to deal with (4)	*s'occuper de*
(to) take dictation (2)	*prendre le courrier sous la dictée*
(to) take over (2)	*prendre en charge*
(to) take the receiver off the hook (8)	*décrocher*
taxable (13)	*imposable*
taxable income (13)	*l'assiette fiscale (f)*
tax bracket (13)	*la tranche d'imposition*
tax collector's office (13)	*la recette-perception (ou perception)*
tax consultant (13)	*un conseiller fiscal*
tax cut, tax relief (13)	*un dégrèvement*
tax deduction at source (13)	*le prélèvement à la source*
tax (dues) (1) (duty) (13)	*une redevance (1), une taxe (13)*
tax (exclusive of) (5)	*hors taxe (H.T.)*
tax-free (1)	*net d'impôt*
tax payer (13)	*le contribuable*
tax (training) (13)	*une taxe d'apprentissage*
taxes included (5)	*T.T.C. (toutes taxes comprises)*
tear-off (noun) (8)	*un volet*
telegram (2)	*un télégramme*
telephone book (8)	*un annuaire téléphonique*
telephone call (2)	*un appel téléphonique*
telephone card (8)	*télécarte (f)*
teleprinter (2)	*un téléscripteur*
telex (2)	*le télex*
teller (1)	*le guichetier, la guichetière*
tenant (14)	*le locataire*
tenant's risks (9)	*un risque locatif*
tender (4)	*une offre*
term of notice (9)	*un délai de préavis*
(to) terminate (9)	*résilier*
theft (9)	*le vol*
third party (9)	*un tiers*
Third World (14)	*le Tiers Monde*
three star restaurant (2)	*un trois étoiles*
time for consideration (4)	*un délai de réflexion*
tip (7) (12)	*un tuyau, un pourboire*
token (8)	*un jeton*
tourist information office (10)	*un syndicat d'initiative*
trade balance (11)	*la balance commerciale*
trade balance showing a surplus (11)	*une balance excédentaire*
trade (free) (11)	*le libre-échange*
trade name (2)	*la raison sociale*
trader (3)	*un commerçant*
trade representative (5)	*un représentant*
trade-union (13)	*un syndicat*
rading floor (12)	*Parquet (m)*
traffic jam, a bottle neck (8)	*un embouteillage*
training (13)	*l'apprentissage*
transaction (4)	*une transaction*
transfer (1)	*virement (m)*
(to) transfer (1) (5)	*virer, muter*
transferable (3)	*cessible*
transit agent (11)	*transitaire (m)*
travel expenses (2)	*les frais (m) de déplacements*
traveler (5)	*un voyageur de commerce*
traveling salesman (5)	*un voyageur de commerce*
Treasury bond (12)	*un Bon du Trésor*
trial order (4)	*une commande à titre d'essai*
trolley (4)	*un chariot*
truck (2)	*un poids lourd*
trucker (7)	*un routier*
turnover (3) (5)	*le chiffre d'affaires*
turn signal (on a car) (14)	*un clignotant*
(to) type (2)	*dactylographier, taper à la machine*
typing (2)	*la dactylographie*

U

underdeveloped (14)	*sous-développé*
unearned income (13)	*une rente*
unemployment (13)	*le chômage*
(to) unionize (13)	*se syndiquer*
union (3)	*un syndicat*
union representative (3) (13)	*un délégué syndical*
unlisted (12)	*hors cote*
unloading (7)	*le déchargement*

vacancy (at work) (10)	*une place disponible*
vacation (paid) (13)	*les congés payés*
value added tax (5)	*T.V.A. (taxe à la valeur ajoutée)*
vandalism (9)	*le vandalisme*
visitor (10)	*un visiteur*
vote (3)	*une voix*
voucher (5)	*une pièce justificative*

W

wage (garanteed minimum) (13)	*le S.M.I.C.*
wages (13)	*le salaire, les gages (domestiques)*
wage sheet (6)	*bulletin (m), feuille (f), fiche (f) de pai*
warehouse (4)	*un entrepôt*
warehouse hand (4)	*un manutentionnaire*
warehouse supervisor (4)	*un magasinier*
warrant (7)	*un récipissé-warrant*
water damages (9)	*le dégât des eaux*
(to) weigh (5)	*peser*
wholesaler (4)	*un grossiste*
window (in a bank) (1)	*un guichet*
wire (2)	*un télégramme*
(to) withdraw an order (4)	*annuler une commande*
withdrawal (1)	*retrait (m)*
witness (9)	*un témoin*
(to) witness (9)	*être témoin*
word processor (2)	*une machine à traitement de textes*
worker, labor force (13)	*un travailleur, les travailleurs*
works committee (6)	*un comité d'entreprise*
works council (13)	*un comité d'entreprise*
workshop (4)	*un atelier*
World (Third) (14)	*le Tiers Monde*

year (financial) (3) (6) (13)	*un exercice comptable*
yield (an interest) (12)	*rapporter, produire*

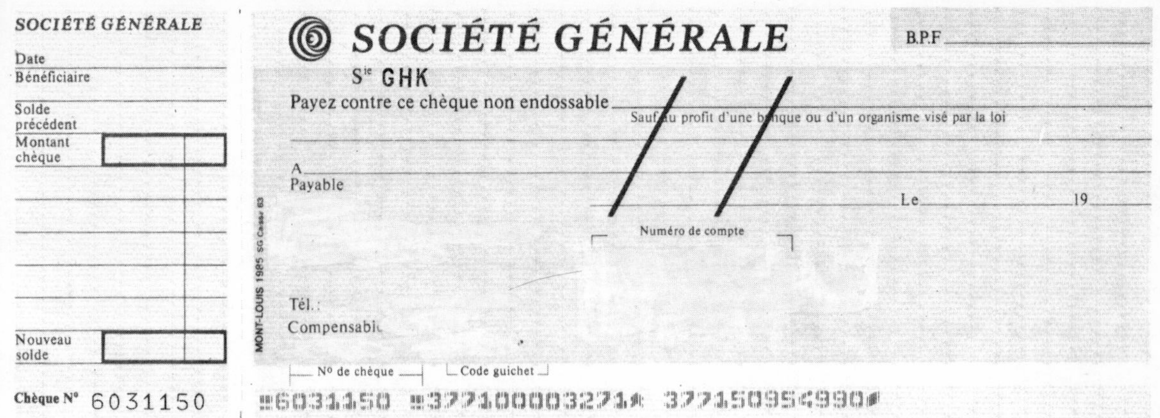

SOCIÉTÉ GÉNÉRALE

Date
Bénéficiaire
Solde précédent
Montant chèque
Nouveau solde
Chèque N° 6031150

SOCIÉTÉ GÉNÉRALE
B.P.F
S^te GHK
Payez contre ce chèque non endossable
Sauf au profit d'une banque ou d'un organisme visé par la loi
A
Payable
Le 19
Numéro de compte
Tél. :
Compensable
N° de chèque
Code guichet
MONT-LOUIS 1985 SG Cassa 83
⑈6031150 ⑆377100003271⑈ 377150954990⑈

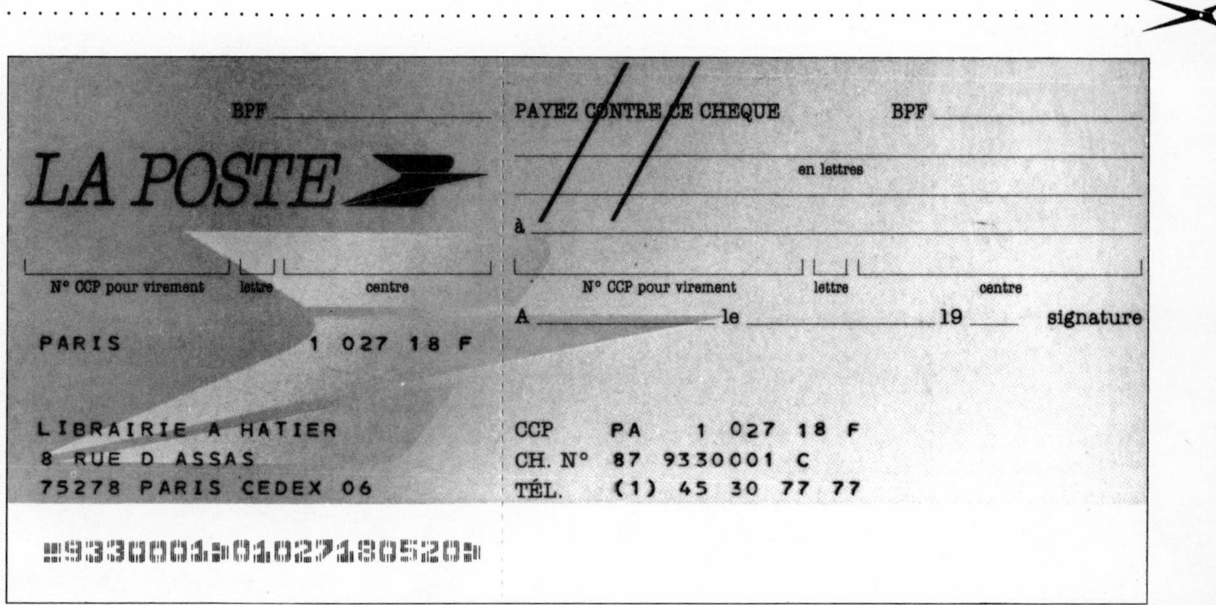

BPF
LA POSTE
N° CCP pour virement
lettre
centre
PARIS 1 027 18 F
LIBRAIRIE A HATIER
8 RUE D ASSAS
75278 PARIS CEDEX 06

PAYEZ CONTRE CE CHEQUE
BPF
en lettres
à
N° CCP pour virement
lettre
centre
A le 19 signature
CCP PA 1 027 18 F
CH. N° 87 9330001 C
TÉL. (1) 45 30 77 77

⑈9330001⑈01027180520⑈

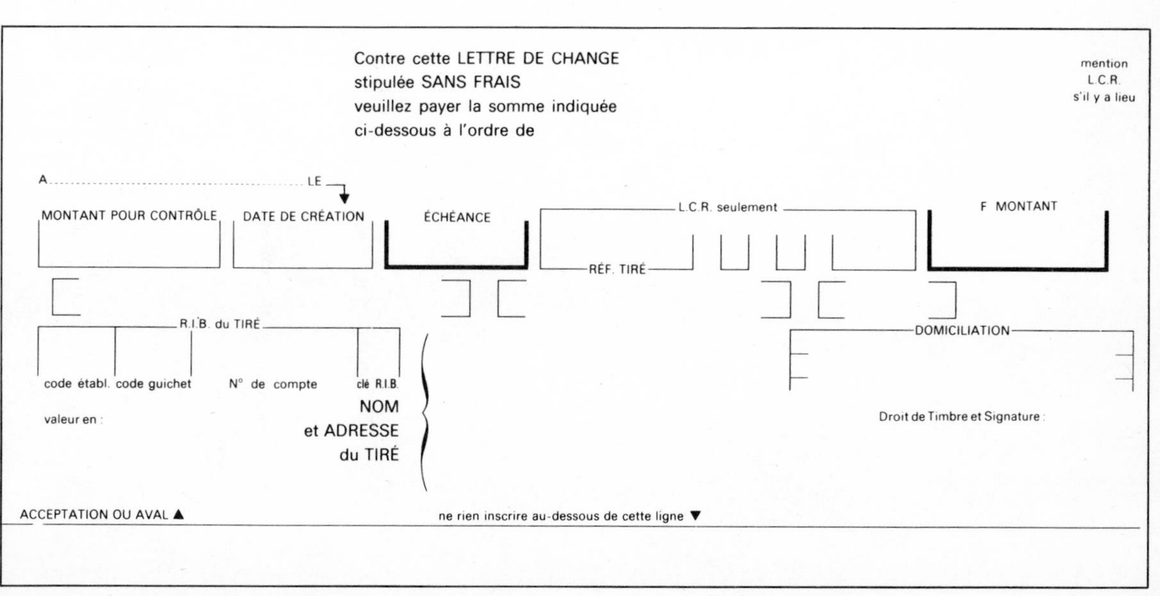

Contre cette LETTRE DE CHANGE
stipulée SANS FRAIS
veuillez payer la somme indiquée
ci-dessous à l'ordre de

mention
L.C.R.
s'il y a lieu

A .... LE

MONTANT POUR CONTRÔLE
DATE DE CRÉATION
ÉCHÉANCE
L.C.R. seulement
RÉF. TIRÉ
F MONTANT

R.I.B. du TIRÉ
code établ. code guichet
N° de compte
clé R.I.B.
valeur en :

NOM
et ADRESSE
du TIRÉ

DOMICILIATION
Droit de Timbre et Signature :

ACCEPTATION OU AVAL ▲
ne rien inscrire au-dessous de cette ligne ▼

Bénéficiaire
N° d'affaire | Nom du bénéficiaire

Relevé d'Identité Bancaire du bénéficiaire
Code banque | Code guichet | Numéro de compte | Clé RIB

Libellé (facultatif)

Banque du bénéficiaire ______ Guichet du bénéficiaire ______

IMPORTANT

Ce chèque vous a été remis par l'un de vos débiteurs.
Avant de l'envoyer pour encaissement au centre de chèques postaux qui tient son compte, portez dans le cadre ci-dessous votre cachet ou votre signature.

Ce nouveau chèque postal (durée de validité : 1 an) ne comporte que deux volets.

POUR VOTRE CORRESPONDANCE

Cet effet ne peut être endossé qu'aux fins de recouvrement.

Payez à l'ordre de :

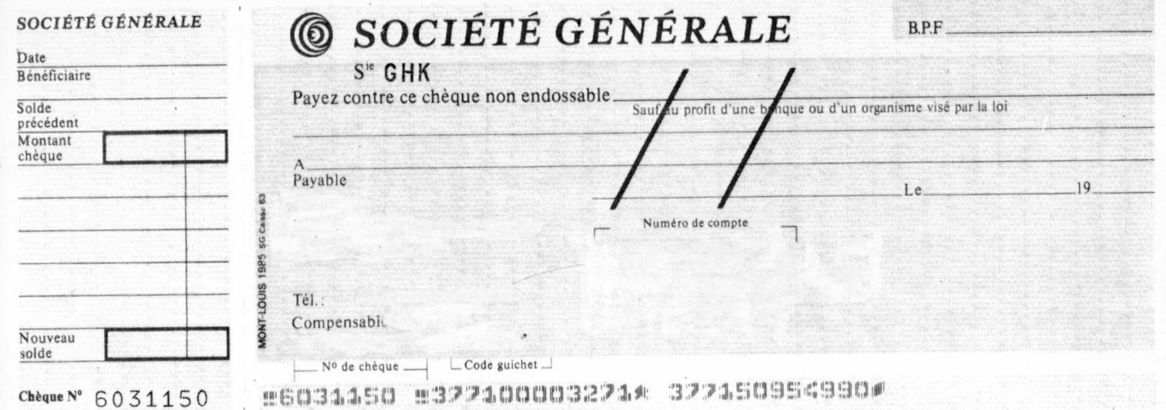

SOCIÉTÉ GÉNÉRALE

Date

Bénéficiaire

Solde précédent

Montant chèque

Nouveau solde

Chèque N° 6031150

SOCIÉTÉ GÉNÉRALE

S^te GHK

B.P.F

Payez contre ce chèque non endossable

Sauf au profit d'une banque ou d'un organisme visé par la loi

A

Payable

Le 19

Numéro de compte

Tél. :

Compensable

MONT-LOUIS 1985 SG Caisse 63

N° de chèque

Code guichet

⑈6031150 ⑈377100003271⑆ 377150954990⑇

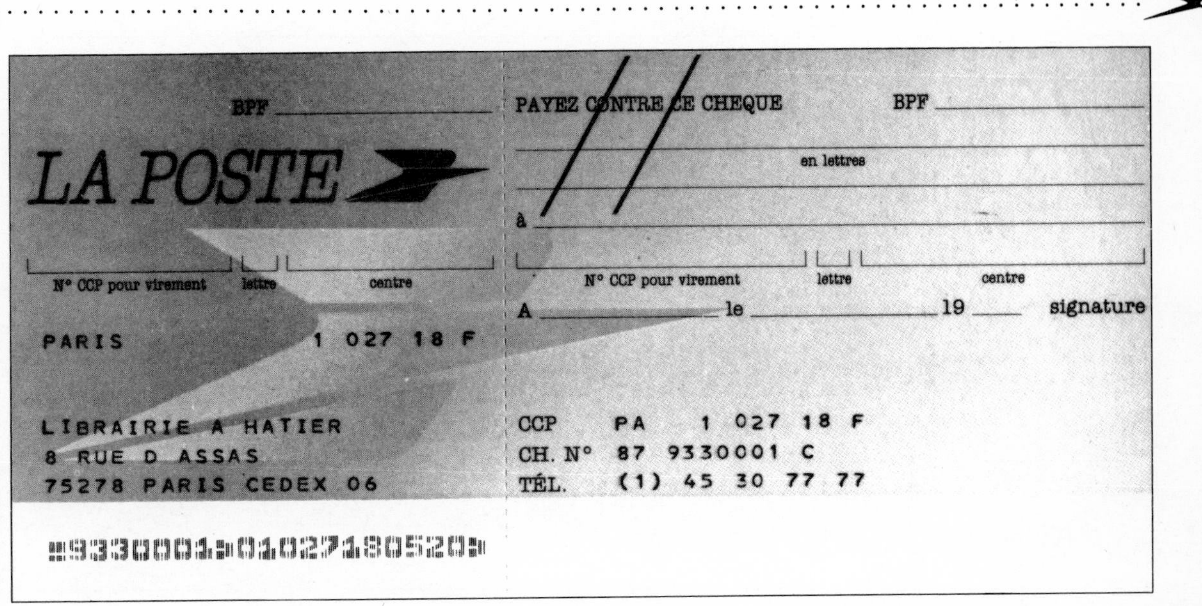

LA POSTE

BPF

N° CCP pour virement lettre centre

PARIS 1 027 18 F

LIBRAIRIE A HATIER

8 RUE D ASSAS

75278 PARIS CEDEX 06

PAYEZ CONTRE CE CHEQUE BPF

en lettres

à

N° CCP pour virement lettre centre

A le 19 signature

CCP PA 1 027 18 F

CH. N° 87 9330001 C

TÉL. (1) 45 30 77 77

⑈9330001⑈01027180520⑈

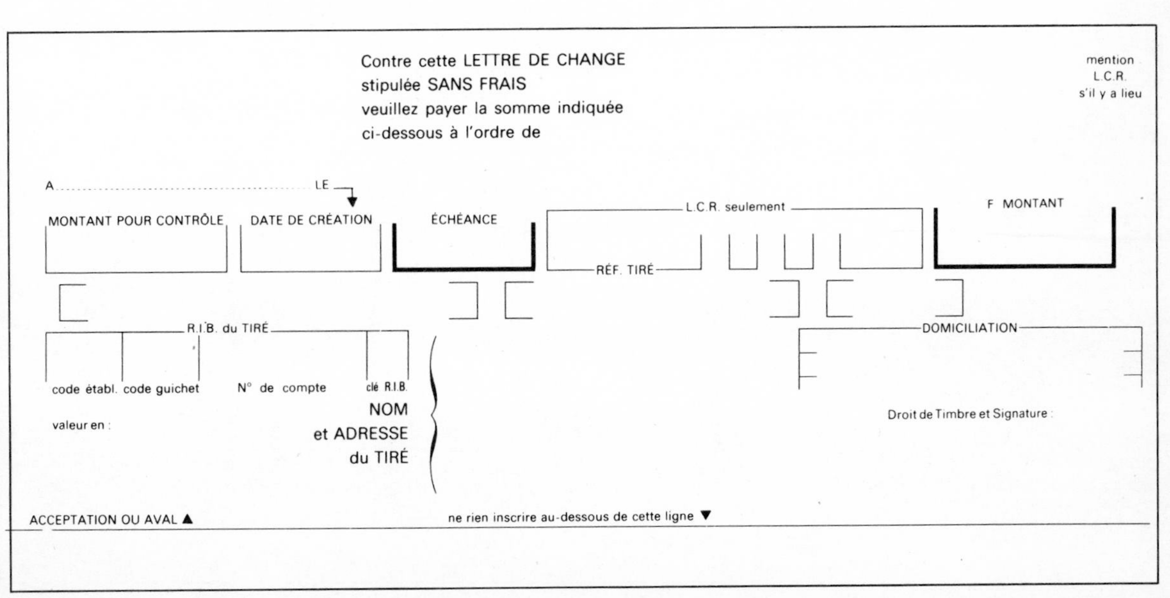

Contre cette LETTRE DE CHANGE
stipulée SANS FRAIS
veuillez payer la somme indiquée
ci-dessous à l'ordre de

mention L.C.R. s'il y a lieu

A ... LE

MONTANT POUR CONTRÔLE

DATE DE CRÉATION

ÉCHÉANCE

L.C.R. seulement

RÉF. TIRÉ

F MONTANT

R.I.B. du TIRÉ

code établ. code guichet N° de compte clé R.I.B.

valeur en :

NOM
et ADRESSE
du TIRÉ

DOMICILIATION

Droit de Timbre et Signature :

ACCEPTATION OU AVAL ▲

ne rien inscrire au-dessous de cette ligne ▼

Bénéficiaire | N° d'affaire | Nom du bénéficiaire

Relevé d'Identité Bancaire du bénéficiaire | Code banque | Code guichet | Numéro de compte | Clé RIB

Libellé (facultatif)

Banque du bénéficiaire ______ Guichet du bénéficiaire ______

IMPORTANT

Ce chèque vous a été remis par l'un de vos débiteurs.
Avant de l'envoyer pour encaissement au centre de chèques postaux qui tient son compte, portez dans le cadre ci-dessous votre cachet ou votre signature.

Ce nouveau chèque postal (durée de validité : 1 an) ne comporte que deux volets.

POUR VOTRE CORRESPONDANCE

Cet effet ne peut être endossé qu'aux fins de recouvrement.

Payez à l'ordre de :

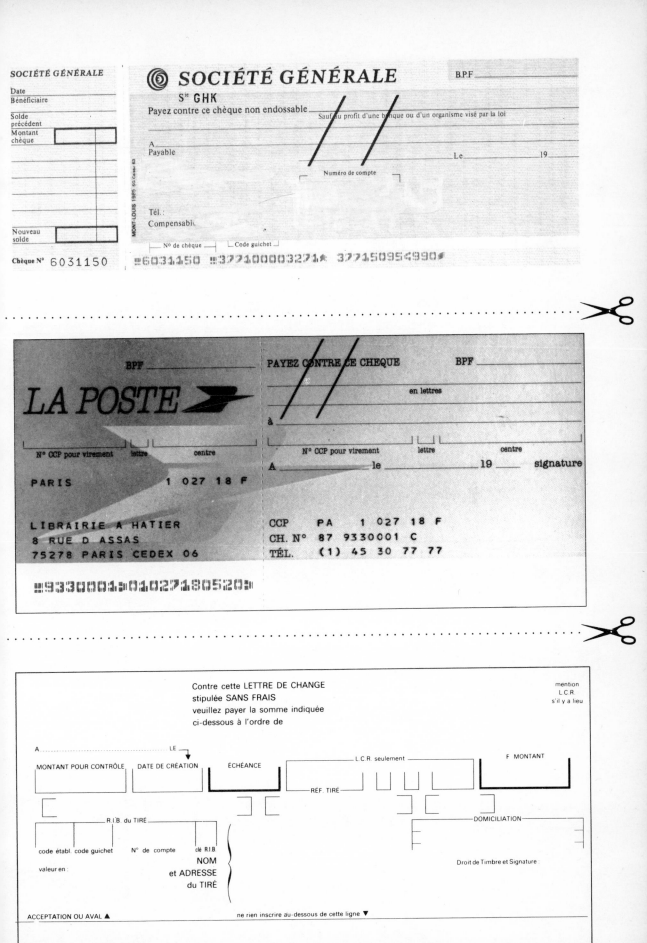

SOCIÉTÉ GÉNÉRALE

Date
Bénéficiaire
Solde précédent
Montant chèque
Nouveau solde

Chèque N° 6031150

SOCIÉTÉ GÉNÉRALE

B.P.F

S^ie GHK

Payez contre ce chèque non endossable

Sauf au profit d'une banque ou d'un organisme visé par la loi

A

Payable

Le 19

Numéro de compte

Tél.:

Compensable

MONT-LOUIS 1985 SG Caisse 63

N° de chèque — Code guichet

⑈6031150 ⑈3771000032714 377150954990⑈

BPF

LA POSTE

N° CCP pour virement — lettre — centre

PARIS 1 027 18 F

LIBRAIRIE A HATIER
8 RUE D ASSAS
75278 PARIS CEDEX 06

⑈9330001⑈0102718052⑈

PAYEZ CONTRE CE CHEQUE BPF

en lettres

à

N° CCP pour virement — lettre — centre

A le 19 signature

CCP PA 1 027 18 F
CH. N° 87 9330001 C
TÉL. (1) 45 30 77 77

Contre cette LETTRE DE CHANGE
stipulée SANS FRAIS
veuillez payer la somme indiquée
ci-dessous à l'ordre de

mention
L.C.R.
s'il y a lieu

A .... LE

MONTANT POUR CONTRÔLE — DATE DE CRÉATION — ÉCHÉANCE — L.C.R. seulement — RÉF. TIRÉ — F MONTANT

R.I.B. du TIRÉ

code établ. — code guichet — N° de compte — clé R.I.B.

valeur en :

NOM
et ADRESSE
du TIRÉ

DOMICILIATION

Droit de Timbre et Signature :

ACCEPTATION OU AVAL ▲

ne rien inscrire au-dessous de cette ligne ▼

Bénéficiaire

N° d'affaire — Nom du bénéficiaire

Relevé d'Identité Bancaire du bénéficiaire

Code banque — Code guichet — Numéro de compte — Clé RIB

Libellé (facultatif)

Banque du bénéficiaire ______

Guichet du bénéficiaire ______

IMPORTANT

Ce chèque vous a été remis par l'un de vos débiteurs.
Avant de l'envoyer pour encaissement au centre de chèques postaux qui tient son compte, portez dans le cadre ci-dessous votre cachet ou votre signature.

Ce nouveau chèque postal (durée de validité : 1 an) ne comporte que deux volets.

POUR VOTRE CORRESPONDANCE

Cet effet ne peut être endossé qu'aux fins de recouvrement.

Payez à l'ordre de :

N° 698 TÉLÉGRAMME

Étiquettes

Timbre à date

N° d'appel :

INDICATIONS DE TRANSMISSION

Ligne de numérotation

ZCZC

N° télégraphique

Taxe principale.

Taxes accessoires

Ligne pilote

N° de la ligne du P.V. :

Bureau de destination | Département ou Pays

Total . .

Bureau d'origine | Mots | Date | Heure | Mentions de service

Services spéciaux demandés :
(voir au verso)

Inscrire en **CAPITALES** l'adresse complète (rue, n° bloc, bâtiment, escalier, etc...), le texte et la signature (une lettre par case ; **laisser une case blanche entre les mots**).

Nom et adresse

TEXTE et éventuellement signature très lisible

Pour accélérer la remise des télégrammes indiquer le cas échéant, le numéro de téléphone (1) ou de télex du destinataire

TF ______ TLX ______

Pour avis en cas de non remise, indiquer le nom et l'adresse de l'expéditeur (2) :

728678 Y - Cy, Paris - 7/80.

N° 698 TÉLÉGRAMME

Étiquettes

Timbre à date

N° d'appel :

INDICATIONS DE TRANSMISSION

Ligne de numérotation

ZCZC

N° télégraphique

Taxe principale.

Taxes accessoires

Ligne pilote

N° de la ligne du P.V. :

Bureau de destination | Département ou Pays

Total . .

Bureau d'origine | Mots | Date | Heure | Mentions de service

Services spéciaux demandés :
(voir au verso)

Inscrire en **CAPITALES** l'adresse complète (rue, n° bloc, bâtiment, escalier, etc...), le texte et la signature (une lettre par case ; **laisser une case blanche entre les mots**).

Nom et adresse

TEXTE et éventuellement signature très lisible

Pour accélérer la remise des télégrammes indiquer le cas échéant, le numéro de téléphone (1) ou de télex du destinataire

TF ______ TLX ______

Pour avis en cas de non remise, indiquer le nom et l'adresse de l'expéditeur (2) :

728678 Y - Cy, Paris - 7/80.

TABLE DES ILLUSTRATIONS

COUVERTURE MAREK / WANSKI

Achevé d'imprimer sur les presses
de l'imprimerie TARDY QUERCY S.A. - Bourges
Dépôt légal : 8276 - Novembre 1989
N° d'imprimeur : 15599